融合型·新形态教材
复旦社云平台 fudanyun.cn

健康养老专业系列教材

老龄产业
市场营销基础

主　编　李来酉　赵　静
副主编　王秀玲

复旦大学出版社

本书编委（按姓氏音序排列）

付雪连（湘潭医卫职业技术学院）

黄军喜（新疆财经大学）

姜　丹（上海九如城企业（集团）有限公司）

李来酉（宁波卫生职业技术学院）

李少霞（阿克苏职业技术学院）

李欣怡（泰康之家甬园（宁波）养老服务有限公司）

楼　凯（杭州朗和银湖养老服务有限公司）

王秀玲（黑龙江护理高等专科学校）

严俊鑫（东北林业大学）

赵　静（浙江东方职业技术学院）

钟凯颖（宁波卫生职业技术学院）

周静思（上海慧享福养老服务有限公司）

健康养老专业系列教材编委会

学术顾问　吴玉韶（复旦大学）
编委会主任　李　斌（长沙民政职业技术学院）

编　　委
唐四元（中南大学湘雅护理学院）
张永彬（复旦大学出版社）
黄岩松（长沙民政职业技术学院）
范　军（上海开放大学）
田奇恒（重庆城市管理职业学院）
杨爱萍（江苏经贸职业技术学院）
朱晓卓（宁波卫生职业技术学院）
罗清平（长沙民政职业技术学院）
王　婷（北京劳动保障职业学院）
高　华（广州卫生职业技术学院）
张国芝（北京青年政治学院）
陶　娟（安徽城市管理职业学院）
李海芸（徐州幼儿师范高等专科学校）
王　芳（咸宁职业技术学院）
罗　欣（湖北幼儿师范高等专科学校）
刘书莲（洛阳职业技术学院）
张伟伟（聊城职业技术学院）
朱建宝（复旦大学出版社）

石晓燕（江苏省社会福利协会）
郭明磊（泰康医疗管理有限公司）
邱美玲（上海九如城企业（集团）有限公司）
丁　勇（上海爱照护医疗科技有限公司）
关延斌（杭州暖心窝科技发展有限公司）
刘长松（上海福爱驿站养老服务集团有限公司）
李传福（上海瑞福养老服务中心）
谭美花（湖南康乃馨养老产业投资置业有限公司）
马德林（保利嘉善银福苑颐养中心）
曾理想（湖南普亲养老机构运营管理有限公司）

编委会秘书　张彦珺（复旦大学出版社）

前 言
Preface

随着中国社会经济的持续发展和医疗保健水平的显著提升,人口预期寿命不断延长,我国老龄化进程正以前所未有的速度不断加深。国家统计局发布的数据显示,截至2024年末,我国60岁及以上老年人口为31031万人,占全国总人口22%,其中65岁及以上老年人口为22023万人,占全国总人口15.6%。预计2035年前后,我国60岁及以上老年人口将突破4亿,占比超30%,我国将进入重度老龄化社会。如此庞大且迅速增长的老年群体,其养老、健康、生活照料等各方面需求将井喷式爆发,给社会各领域带来全方位而深刻的变革,老龄产业应运而生,并肩负起满足老年人多元化需求,助力老龄社会平稳运行的历史使命。

在此背景下,国家高度重视老龄产业发展,出台了一系列重磅政策予以全方位支持与引导。党的十九届五中全会明确提出"实施积极应对人口老龄化国家战略",将其上升至国家战略高度,为老龄产业发展锚定顶层设计方向。《中华人民共和国国民经济和社会发展第十四个五年规划和2035年远景目标纲要》中更是将"推动养老事业和养老产业协同发展"列为重要任务,旨在构建层次丰富、结构合理的老龄产业体系,既保障老年人基本生活福祉,又充分挖掘老龄社会潜能,实现老龄事业与产业双轮驱动的良性发展格局。2024年初,国务院重磅发布《国务院办公厅关于发展银发经济 增进老年人福祉的意见》,这份纲领性文件坚持以人民为中心的发展思想,提出"推动有效市场和有为政府更好结合,促进事业产业协同,加快银发经济规模化、标准化、集群化、品牌化发展",为老龄产业发展描绘出系统且具象的路线图,为产业发展注入强大政策动能。

银发经济作为老龄产业的核心内涵,其范畴远超传统养老观念,深度融合科技、文化、旅游、医疗等现代产业元素,催生出诸如智能养老设备、老年文化娱乐、适老化旅游产品等新兴业态,全力托举起老年人高品质生活的愿景。然而,当下老龄产业市场营销领域却存在专业人才匮乏、营销理论与实践脱节、市场认知局限等诸多掣肘。一方面,产业迅猛发展致使市场对专业营销人才需求旺盛且迫切,现有从业人员多从传统行业跨界而来,缺乏系统性老龄产业市场营销知识武装,难以精准把握老年群体独特消费心理与行为模式,在产品定位、渠道拓展、品牌建设等关键营销环节多凭经验摸索,导致营销效能低下。另一方面,现有营销实践多聚焦于单一产品或服务推销,缺乏对老龄产业全链条、多维度市场规律的深度洞察,难以适应银发经济复杂多元的产业生态,更难以在激烈市场竞争中凸显产品服务优势、构筑品牌护城河。

《老龄产业市场营销基础》正是立足于这一时代浪潮之巅,应产业发展之需、解人才短缺之困而精心编撰。教材编写严格遵照国家专业教学标准,以产教融合、理实一体为理念。

编写准备上,宁波卫生职业技术学院等7所高职院校资深教师、本科院校学者,以及4家养老服务企业一线精英组成编写团队,历时2年,深度调研全国多地老龄产业龙头企业、养老社区、老年用品市场等实践前沿阵地,精准提取成功营销案例与失败教训精髓,将其有机融入理论阐述,确保内容兼具学术深度与实践温度。

内容上,教材编写深度锚定老龄产业市场营销的独有特性,充分考量老年人特殊消费诉求——既注重产品与服务的功能适配性、价格亲民性,又关切消费过程中的情感陪伴、心理慰藉等软性价值维度。同时,深度融合当下前沿营销理论,从市场调研、产品开发、定价策略、渠道建设、促销活动、有形环境、流程优化以及内部营销,全方位勾勒老龄产业营销战略框架与实操路径。

体例构架上,教材依据职业教育教材编写要求,采用项目式任务型模式编写。全书分为 10 个项目,通过"项目导读"提纲挈领,构建知识地图。下设 27 个任务,每个任务主要分为"案例导入""任务目标""知识梳理""案例实操""课后思考"5 个板块。用"案例导入"激发学生兴趣,用"任务目标"驱动学生建立学习目标,用"知识梳理"阐述理论体系,用"案例实操"强化学生实务能力,用"课后思考"沉淀知识内化。

本教材基于教学内容配套丰富资源。扫描书中二维码,即可浏览案例实操准备资料。登录复旦社云平台(www.fudanyun.cn),搜索书名,可下载相关课件。复旦社云平台使用方法,可扫码查看:

云平台使用方法

本教材编写分工如下:李来酉负责项目一的编写,赵静、黄军喜负责项目二的编写,王秀玲负责项目三的编写,周静思负责项目四的编写,姜丹负责项目五的编写,李少霞负责项目六的编写,楼凯负责项目七的编写,严俊鑫、李欣怡负责项目八的编写,钟凯颖负责项目九的编写,付雪连负责项目十的编写。

本教材在编写过程中参考了大量的国内外市场营销和养老服务产品方面的研究资料,在此对各位先行研究者表示真诚的感谢。特别感谢复旦大学出版社本系列教材的负责人朱建宝副编审和张彦珺编辑对本教材的大力支持,在你们的关心爱护下,这本具有超前意识和产业意义的专业教材才能及时面世。由于时间紧促,加上我们的水平有限,书中难免存在错误或不足之处,恳请广大读者提出宝贵意见,以便我们修订时完善。

编者

2025 年 6 月

目　录

Contents

项目一　老龄产业市场营销认知 001

　　任务一　老龄产业的现状与发展 003
　　任务二　养老服务产品 008
　　任务三　养老服务产品营销 014

项目二　顾客消费心理与行为分析 020

　　任务一　老年群体的消费需求和消费心理 022
　　任务二　为顾客创造价值 031
　　任务三　了解顾客的评价 036

项目三　养老服务产品市场战略 041

　　任务一　老龄市场调研 043
　　任务二　老龄市场定位 049

项目四　养老服务产品开发策略 056

　　任务一　养老服务产品开发战略和原则 058
　　任务二　养老服务产品开发流程 063
　　任务三　养老服务品牌创建与维护 069

项目五　养老服务产品分销渠道建设 075

　　任务一　分销渠道的设计 077
　　任务二　分销渠道的模式与成员管理 082
　　任务三　分销渠道的管理 086

项目六　养老服务产品定价设计 093

　　任务一　价格体系的目标 095
　　任务二　价格体系影响要素 100
　　任务三　制订价格策略 104

项目七　养老服务产品促销策略 ... 110

  任务一　广告策略 ... 112
  任务二　公共关系策略 ... 119
  任务三　营业推广策略 ... 128
  任务四　人员推销策略 ... 134

项目八　养老服务产品环境设计 ... 142

  任务一　服务产品有形展示 ... 144
  任务二　服务产品场景管理 ... 153

项目九　养老服务产品流程设计 ... 159

  任务一　服务蓝图及应用 ... 161
  任务二　服务过程设计与再造 ... 171

项目十　养老服务人员管理与内部营销 ... 179

  任务一　养老服务人员管理 ... 181
  任务二　内部营销 ... 186

主要参考文献 ... 193

项目一

老龄产业市场营销认知

项目导读

市场营销是创造、传播、传递和交换对顾客、客户、合作伙伴和整个社会具有价值的提案的过程。
——[美]菲利普·科特勒、凯文·莱恩·凯勒《营销管理》

随着社会的进步和人口结构的变化，老龄产业逐渐成为经济发展的新热点。一方面，老年人口数量庞大且持续增长，给社会带来了巨大的养老压力；另一方面，社会对养老服务的需求也在不断演变，老年人不再仅仅满足于基本的生活照料，而是追求更高品质、更多元化、更具个性化的服务体验。这促使老龄产业不断拓展和深化其服务内容，其市场规模不断扩大，预计未来将在国民经济中占据更加重要的地位。深入理解老龄产业的市场营销，对于把握这一领域的商业机会和满足老年人日益增长的多样化需求至关重要。

本项目细分为"老龄产业的现状与发展""养老服务产品""养老服务产品营销"三个任务。"老龄产业的现状与发展"是认知老龄产业全貌的宏观起点，它通过分析人口结构变化、社会需求演变、市场规模潜力及政策分类，明确营销活动的背景与舞台。老龄产业舞台上的明星主角无疑是养老服务产品，它作为产业核心输出，具有"有形"与"无形"相结合的独特属性及营销意义，为营销策略提供针对性依据。"养老服务产品营销"则是认知的实践落脚点，基于对市场和产品的深刻理解，引入并阐释以顾客需求为中心、以7Ps框架（产品、价格、渠道、促销、服务人员、有形展示、服务流程）为工具的系统营销理念与方法。

本项目系统介绍了老龄产业背景、养老服务产品特性和营销方法的基础理论框架，揭示人口老龄化带来的巨大市场机遇与挑战，为后续深入学习老龄产业具体营销策略奠定坚实的理论基础，为深入学习和掌握老龄产业市场营销知识开启理想之门。

项目导图

- **任务一：老龄产业的现状与发展**
  - 老龄产业背景
    - 人口老龄化趋势
    - 政策支持与推动
    - 社会需求变化
  - 老龄产业分类
    - 养老照护服务
    - 老年医疗卫生服务
    - 老年健康促进与社会参与
    - 老年社会保障
    - 养老教育培训和人力资源服务
    - 养老金融服务
    - 养老科技和智慧养老服务
    - 养老公共管理
    - 其他养老服务
    - 老年用品及相关产品制造
    - 老年用品及相关产品销售和租赁
    - 养老设施建设
  - 老龄产业现状和发展趋势
    - 老龄产业链结构
    - 老龄产业发展趋势

- **任务二：养老服务产品**
  - 养老服务产品
    - 有形产品
    - 服务产品
  - 服务产品和有形产品的特性差异
    - 无形性
    - 流程性
    - 异质性
    - 易逝性
  - 服务产品的层次和关键要素
    - 服务产品的层次
    - 服务产品关键要素

- **任务三：养老服务产品营销**
  - 营销
    - 营销及其目标
    - 营销与推销的区别
  - 养老服务产品的营销挑战
    - 养老服务无形性的营销挑战
    - 养老服务流程性的营销挑战
    - 养老服务异质性的营销挑战
    - 养老服务易逝性的营销挑战
  - 养老服务产品营销的关键要素
    - 产品
    - 价格
    - 渠道
    - 促销
    - 服务人员
    - 有形展示
    - 服务流程

任务一 老龄产业的现状与发展

案例导入

小张的高考志愿选择困惑

小张是一名面临高考的高三学生,他的父母都是普通工人,家庭经济条件一般。在填报高考志愿时,小张对选择什么专业感到非常迷茫。他了解到随着人口老龄化的加剧,老年人口越来越多,与老年人相关的产业可能会有很大的发展潜力。于是,他开始关注老龄产业,但对这个领域又不太了解。他听说养老照护服务、老年医疗卫生服务、老年健康促进与社会参与等领域都是老龄产业的重要组成部分,但这些领域具体是做什么的,发展前景如何,他心里没底。他看到一些新闻报道说,现在的养老院设施简陋,服务质量不高,但又有一些高端养老社区,环境优美,设施齐全,让他对养老产业的未来发展充满期待。同时,他也了解到政府出台了很多政策支持老龄产业的发展,比如对养老机构的税收优惠、对老年用品研发的扶持等。小张想知道,这些政策支持能否真正推动老龄产业的发展,让老年人享受到更好的服务。他还在想,如果自己选择老龄产业相关专业,未来就业前景如何,是从事养老服务工作,还是从事老年用品的研发和销售,或者是其他与老龄产业相关的领域。他希望通过深入了解老龄产业的现状和发展趋势,能够做出一个明智的选择。

问题:
1. 你认为小张选择老龄产业相关专业有哪些优势和挑战?
2. 如果你是小张,你会如何深入了解老龄产业的现状和发展趋势,为自己的高考志愿选择提供依据?

任务目标

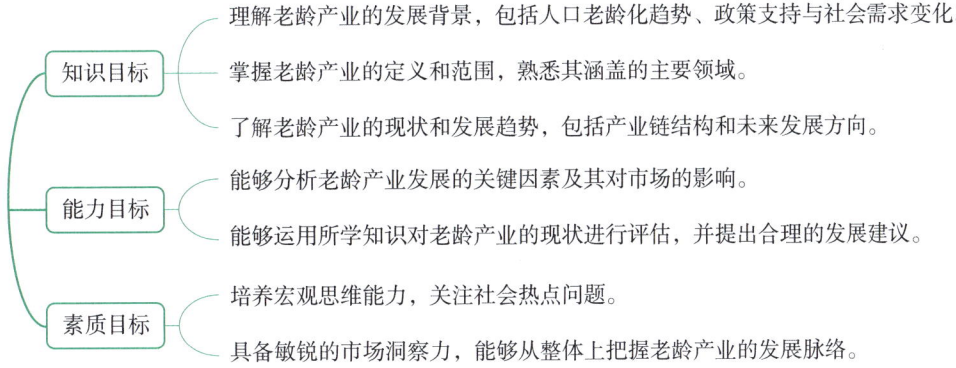

(一) 老龄产业背景

1. 人口老龄化趋势

人口老龄化是全球性趋势,而中国作为世界上人口第二的国家,老龄化程度尤为显著。根据国家统计局数据,截至2024年末,全国60岁及以上老年人口达3.1亿,占总人口的22%;65岁及以上老年人口2.2亿,占总人口的15.6%。这一数据表明,中国已正式步入中度老龄化社会。少子化、寿命延长和人口迁移等因素进一步加剧了老龄化进程,预计到2035年,60岁及以上老年人口将突破4亿(见图1-1-1),占比超30%,中国将进入重度老龄化社会。人口老龄化不仅带来了养老需求的激增,还推动了老龄产业的快速发展。老年人口的增多使得对养老服务、医疗保健、老年用品等需求大幅上升,同时也促使政府和社会更加重视老龄产业的发展。这一人口结构的变化,使得养老产业成为社会关注的焦点,为老龄产业的蓬勃发展提供了广阔的空间。

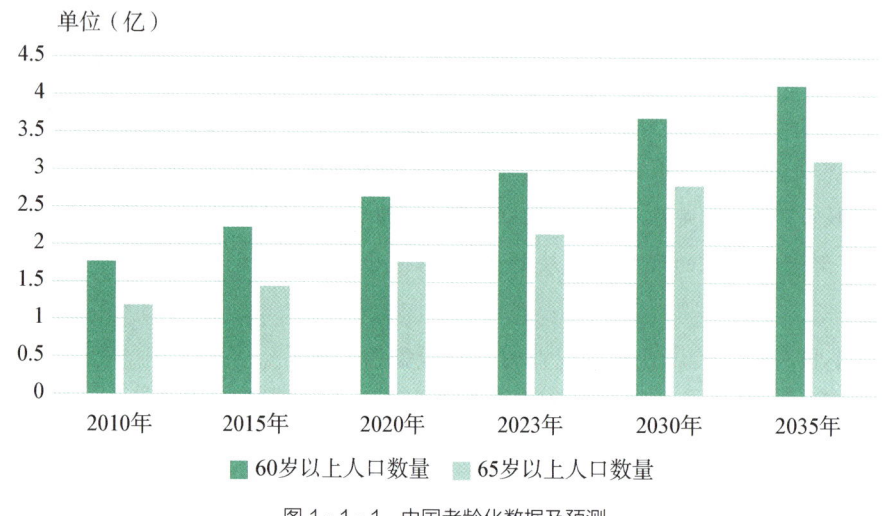

图1-1-1 中国老龄化数据及预测

2. 政策支持与推动

为应对人口老龄化的挑战,中国政府出台了一系列政策支持养老产业的发展。在十九届五中全会上提出了"实施积极应对人口老龄化国家战略",并在2021年《中华人民共和国国民经济和社会发展第十四个五年规划和2035年远景目标纲要》中明确提出推动养老事业和养老产业协同发展。2023年政府工作报告强调积极应对人口老龄化,发展社区和居家养老服务,切实推动老龄事业和老龄产业发展。国家从税费、用房、水电成本等多方面提供支持,推动符合老年人需求的商业养老服务发展。2024年初,《国务院办公厅关于发展银发经济 增进老年人福祉的意见》明确要求坚持以人民为中心的发展思想,推动有效市场和有为政府更好结合,促进事业产业协同,加快银发经济规模化、标准化、集群化、品牌化发展。这些政策的出台和实施,为养老产业创造了良好的发展环境,推动了养老产业的快速发展。

3. 社会需求变化

随着社会的发展和生活水平的提高,老年人对养老服务的需求也在不断变化。现代老年人更加注重生活质量,对养老服务的需求从单一的生活照料向多元化、个性化转变。市场上出现了更多具有针对性的服务与产品,满足不同身体状况、经济水平及爱好的老年人的消费需求。老年旅游、老年教育、老年健身等新兴领域成为老龄产业多元化发展的重要组成部分。老龄产业不仅局限于福利性政府项目,还将包含更多商业化专业项目,产业具有广阔发展空间。同时,老年人对科技产品的接受度也在提高,智能化、适老化产品和服务受到欢迎。这些变化反映了老年人消费观念的转变,也为老龄产业的创新发展提供了方向。

(二) 老龄产业分类

根据国家统计局《养老产业统计分类(2020)》,老龄产业范围涵盖多个领域,具体如下:

1. 养老照护服务

养老照护服务是老龄产业的核心组成部分,主要包括居家养老服务、社区养老服务和机构养老服务。居家养老服务指家庭成员或专业人员为居家老年人提供生活照料、康复护理等服务;社区养老服务依托社区设施提供日托、全托等服务;机构养老服务则由养老院等提供集中养护和专业护理。这些服务旨在满足老年人的基本生活和健康需求,是老龄产业的基础。

2. 老年医疗卫生服务

老年医疗卫生服务涵盖老年预防保健、疾病诊疗、康复护理、康复辅具配置和安宁疗护等。这些服务通过预防、治疗和康复等手段,减少老年人损伤和疾病的发生,提高其健康水平。随着老年人口的增加,专业医疗和康复服务的需求也日益增长,成为老龄产业的重要领域。

3. 老年健康促进与社会参与

该领域包括老年体育健身、文化娱乐活动和老年旅游等服务。这些活动旨在提升老年人的生活质量,增强其社会参与感和幸福感。随着老年人消费观念的转变,健康促进和休闲娱乐的需求不断增加,推动了相关产业的快速发展。

4. 老年社会保障

老年社会保障涉及养老保险、医疗保险、长期护理保险和社会救助等。这些保障措施为老年人提供了经济支持和安全保障,是老龄产业的重要支撑。政府通过完善社会保障体系,减轻老年人及其家庭的经济负担,促进老龄产业的可持续发展。

5. 养老教育培训和人力资源服务

该领域包括养老教育、技能培训和家庭护老技能培训等。通过提升老年人及其家庭照护者的技能和知识,为养老服务行业提供专业的人力资源支持。同时,养老教育培训也为老年人提供了继续学习的机会,促进其社会参与和自我提升。

6. 养老金融服务

养老金融服务涵盖商业保险、健康保险、住房反向抵押养老保险等。这些金融产品和服务为老年人提供了经济保障和财富管理方案,满足其多样化的金融需求。随着老年人财富积累的增加,养老金融服务市场潜力巨大。

7. 养老科技和智慧养老服务

该领域包括智能硬件、康复辅具、互联网养老服务平台和物联网技术服务等。通过科技手段提升养老服务的质量和效率,满足老年人对智能化、适老化产品的需求。智能健康管理设备、家庭服务机器人等产品受到市场欢迎。

8. 养老公共管理

养老公共管理涉及政府对养老机构、老年学校等的安全管理和养老服务的政策制定。通过规范养老服务市场,保障老年人的合法权益,推动老龄产业的健康发展。

9. 其他养老服务

其他养老服务包括老年法律服务、婚姻服务、公益公证等。这些服务为老年人提供多元化的支持,满足其在法律、情感等方面的需求。

10. 老年用品及相关产品制造

该领域涵盖老年食品、日用品、健身产品、保健品、医疗器械等的制造。这些产品专门针对老年人的需求设计,随着老年人消费能力的提升,市场前景广阔。

11. 老年用品及相关产品销售和租赁

老年用品及相关产品销售和租赁为老年人提供了购买和租赁渠道,涵盖营养保健品的销售,康复辅具、智能设备等的销售与租赁。通过线上线下结合的方式,满足老年人多样化的需求。

12. 养老设施建设

养老设施建设包括养老设施的新建、改造和适老化改造。通过改善老年人的居住环境,提升其生活便利性和安全性,是老龄产业的重要基础设施领域。

(三) 老龄产业现状和发展趋势

1. 老龄产业链结构

老龄产业链由上游、中游和下游构成。上游包括医疗设备器械、食品与药品等基础材料的制造与供应,这些是老龄产业的支撑。中游涵盖养老服务、养老地产、养老金融、老年护理和老年旅游等细分领域,满足老年人的多样化需求。下游则是老年消费群体。随着老年人消费能力的提升,其对产品和服务的需求不断增加,智能硬件、康复辅具等新兴产品在居家养老和社区养老服务中得到广泛应用,成为未来发展的重点方向。

2. 老龄产业发展趋势

数据显示,中国老龄产业市场规模在过去几年中持续增长,2018年市场规模为6.6万亿元,到2021年增长至8.8万亿元,复合年均增长率达到10.1%(见图1-1-2)。这一增长趋势反映了中国老年人口的增加以及对养老服务需求的扩大。随着老年人对健康、医疗、护理、娱乐等方面需求的增加,老龄产业的市场规模有望进一步扩大。

图1-1-2 中国老龄产业市场规模预测

老龄产业正朝着多元化和信息化的方向发展。多元化体现在服务内容和形式的多样化,从基础的生活照料到专业的医疗护理,再到文化娱乐和精神慰藉,服务范围不断扩大。同时,科技的进步也为养老产业注入了新的活力,智慧养老、互联网养老服务平台等新兴模式不断涌现。尽管老龄产业的发展面临诸多挑战,但在积极老龄化国家战略的指引下,老龄产业已然成为朝阳产业,生机蓬勃,前途远大。

案例实操

银发经济蓝图绘制——老龄产业全景调研与趋势预测

1. 案例背景

某市政府需制定老龄产业五年规划,委托学生团队分析本地产业现状并提出发展建议。根据最新统计数据,该市 60 岁以上人口占比接近 25%,预计未来五年内,这一比例还将进一步上升。面对日益严峻的老龄化挑战,市政府决定启动"银发经济五年规划"项目,旨在推动老龄产业的全面发展,提升老年人的生活质量,同时为城市经济注入新活力。

在调研过程中,学生发现,尽管该市已有一些养老服务机构和老年产品生产企业,但整体产业仍处于起步阶段。多数养老机构设施简陋,服务内容单一;老年产品市场更是鱼龙混杂,缺乏统一标准。与此同时,随着老年人消费观念的转变,他们对高品质养老服务和适老化产品的需求日益增长,如智能健康监测设备、老年旅游、老年教育等新兴领域市场潜力巨大,但本地企业尚未充分布局。此外,社会对老龄产业的认知仍存在偏差,许多人认为养老只是政府的责任,企业和社会力量参与度较低。部分老年人对新兴养老模式的接受度较低,更倾向于传统的家庭养老。

2. 案例目标

通过数据收集、政策解读及产业链分析,形成包含 12 大老龄产业领域的潜力评估报告,为市政府制定老龄产业五年规划提供参考。

3. 思政融入点

注重政策响应与社会责任,如制订普惠型养老设施覆盖率提升计划,关注老龄产业的社会价值,培养社会责任感和使命感。

4. 案例准备

材料:本地老年人口数据、老龄产业相关政策文件、市场调研报告。

工具:PPT 模板、Excel 数据分析软件、问卷设计软件。

拓展资源

5. 实施步骤(共 45 分钟)

表 1-1-1 实施步骤

阶段	任务	时间	要求
1. 政策梳理	分析本地老龄产业相关政策,提炼关键目标和措施	10 分钟	使用政策文件,标注重点内容
2. 产业链绘制	绘制本地老龄产业产业链,涵盖养老机构、老年产品、健康服务等领域	15 分钟	使用 PPT 绘制产业链图,标注各环节现状与问题
3. 潜力评估	选择 3 个潜力领域(如智能养老、老年旅游、老年教育),进行 SWOT 分析	10 分钟	使用 SWOT 工具,分析优势、劣势、机会和威胁
4. 汇报答辩	分组汇报调研结果与建议,模拟向市政府汇报	10 分钟	使用 PPT 展示,突出思政元素和社会价值

6. 案例考评标准(满分 20 分)

表 1-1-2 案例实施评价表

维度	评 分 细 则	分数
政策理解(5分)	是否准确解读政策文件,提炼关键信息	
产业链完整性(5分)	产业链图绘制是否完整,分析是否深入	

(续表)

维度	评分细则	分数
潜力分析(5分)	SWOT分析是否合理,建议是否可行	
思政体现(3分)	是否有效融入思政元素,体现社会责任	
团队协作(2分)	组内分工是否合理,协作是否顺畅	

7. 案例总结

知识复盘:强调老龄产业现状分析的重要性,回顾产业链分析方法和SWOT工具的使用。

价值观引导:如何在老龄产业发展中平衡经济效益和社会责任?请带着这个问题继续学习。

8. 延伸思考

调研本地一家养老机构或老年产品企业,分析其在产业链中的位置和发展瓶颈,并提出改进建议。探讨如何通过政策引导,提升社会力量参与老龄产业的积极性。

9. 常见误区

误区:过于关注产业的经济价值,忽视其社会价值。

走出误区:学习了解老龄产业的公益属性,强调老龄产业的社会责任。

课后思考

1. 人口老龄化对老龄产业的发展带来了哪些机遇和挑战?
2. 政府出台的哪些政策对老龄产业的发展起到了推动作用?
3. 随着社会的发展,老年人对养老服务的需求发生了哪些变化?
4. 如何理解老龄产业的定义和范围?请列举其主要涵盖的领域。
5. 当前老龄产业的现状和发展趋势有哪些特点?

任务二 养老服务产品

案例导入

老年特色旅行社的智能手环采购申请

老王是一家老年特色旅行社的负责人,近年来,随着老年旅游市场的不断扩大,旅行社的业务量也在逐年增加。为了更好地服务老年游客,提升他们的旅游体验,老王决定采购一批智能手环。这些智能手环不仅可以记录老年人的运动步数、心率、睡眠质量等健康数据,还可以通过GPS定位功能,随时掌握老年人的位置信息,防止他们在旅游过程中走失。老王认为,这样的智能手环既能满足老年人对健康监测的需求,又能为旅行社提供安全保障,是一个非常实用的养老服务产品。然而,在采购过程中,老王发现市场上的智能手环种类繁多,功能各异,价格也相差很大。有的手环功能非常强大,但价格较高;有的手环价格便宜,但功能相对简单。老王不知道该如何选择,才能既满足老年游客的需求,又控制好成本。他还考虑到,智能手环的使用是否方便,老年人能否轻松上手,也是一个重要的问题。如果手环操作复杂,老年人不会使用,那再好的功能也是白搭。此外,老王还担心,智能手环的售后服务是否到位,如果在旅游过程中手环出现故障,能否及时维修或更换。

问题:

1. 你认为老年特色旅行社在采购智能手环时,应重点考虑哪些因素?
2. 如果你是老王,你会如何选择一款适合老年游客的智能手环?

任务目标

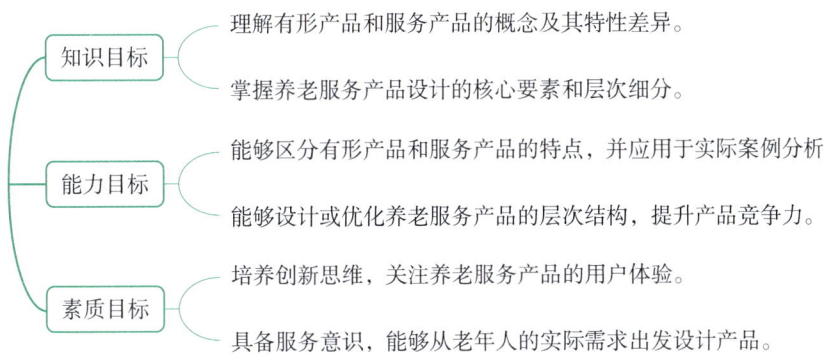

知识梳理

(一) 养老服务产品

养老服务产品即为老年人提供服务的产品,包括有形的产品与无形的服务产品。

1. 有形产品

有形产品在养老服务中扮演重要角色,它们为老年人提供了直接的物质支持和便利。适老化家具、康复辅助器具、老年营养食品等都属于有形产品范畴。

有形产品设计的核心在于满足老年人的特殊需求。老年人由于身体机能下降,对产品的安全性、便利性和舒适性有更高要求。适老化家具的设计需要考虑到老年人行动不便,采用圆角、桌面边缘凸起设计等,可避免老年人磕碰、捡拾桌面滚落物品产生的摔倒风险,采用可调节高度等功能,便于老年人在各场景中的使用。康复辅助器具则需要根据老年人的身体状况和康复需求进行个性化设计,确保其能够有效辅助老年人的日常生活和康复训练。

在有形产品的设计中,还需注重产品的美观性。老年人对生活品质的追求同样重要,产品不仅要实用,还要符合老年人的审美需求。老年智能设备的设计不仅需要操作简单,外观上也要符合老年人的审美,避免过于复杂的设计。此外,产品的可持续性也应被纳入设计考量,选择环保材料和可回收设计,既符合社会发展的趋势,也能为老年人创造更健康的生活环境。

2. 服务产品

服务产品是养老服务的核心组成部分,它强调通过专业化的服务满足老年人的多样化需求。与有形产品不同,服务产品具有无形性、流程性、异质性和易逝性等特点。养老服务的核心在于提供高质量的生活照料、医疗护理、精神慰藉等服务。

生活照料服务是养老服务的基础,包括日常起居、饮食、清洁等方面的帮助。这些服务需要根据老年人的身体状况和生活习惯进行个性化设计。比如,对于行动不便的老年人,提供送餐、上门护理和助浴服务。

医疗服务是养老服务的重要组成部分,涵盖疾病预防、诊疗、康复护理等。例如,养老服务机构需要与医疗机构合作,建立绿色通道,确保老年人在突发疾病时能够得到及时救治。同时,提供定期的健康检查和慢性病管理服务,帮助老年人保持健康。

精神慰藉服务则关注老年人的心理需求。比如,定期陪伴独居老年人,为他们进行心理疏导。随着社会的发展,老年人对精神文化生活的需求越来越高。养老服务机构可以通过组织文化活动、老年兴趣班等方式,丰富老年人的精神生活,增强他们的社会参与感和幸福感。

(二) 有形产品和服务产品的特性差异

有形产品和服务产品的差异见表1-2-1。

表1-2-1　有形产品、服务产品的差异及服务产品的特殊性

有形产品	服务产品	服务产品的特殊性
有形性	无形性	服务不可储存 服务不容易进行展示或沟通 服务难以定价 服务质量不容易评价
生产与消费的分离性	流程性(生产与消费的不可分离性)	顾客参与并影响交易结果 顾客之间相互影响 员工影响服务结果 分权可能是必要的 难以进行大规模生产
标准性	异质性	服务的提供与顾客的满意取决于许多不可控因素 无法确知提供的服务是否与计划或宣传相符 难以提供质量一致的同种服务
可存储性	易逝性	服务的工艺供应和需求难以同步进行 服务不能退货或转售

1. 有形性与无形性

有形产品是消费者可以看见、触摸的,往往有具体的量化指标,而服务产品的无形性是指服务在购买之前是看不见、摸不着的,没有具体的量化指标可供评价参考,这也是服务产品与有形产品最主要的差别。例如,与有形的老年用品相比,养老服务产品的若干组成元素很多时候是无形无质的,养老服务产品对老年人所产生的效益难以察觉,不易描述。

相比较而言,纯粹的产品是高度有形的,而纯粹的服务是高度无形的,而且它们在现实中都非常少见。现实中,很多服务产品需要利用有形的实物才能完成服务程序。例如,养老服务企业为老年人提供餐饮服务中,不仅有初始进行烹饪的服务产品,也有最终呈现的饭菜有形产品。所以在更多情况下,老年用品可能作为养老服务的载体,而养老服务则可能是老年用品价值或功能的延伸。现实中许多养老服务企业向顾客提供的往往也是"产品+服务"的"服务产品"。

2. 流程性

流程性又称为生产与消费的不可分离性,是服务的又一本质特性,同时也导致了有形产品营销与服务产品营销的最大区别。一般而言,有形产品首先进行生产,然后是销售和消费;大部分服务产品却是先进行销售,然后同时进行生产和消费。有形产品在从生产、流通乃至到达顾客手里的流程中,往往要经过

一系列的中间环节,生产与消费常常具有一定的时间间隔。服务产品则与之不同,服务产品的生产流程与消费流程同时进行。例如,养老服务企业服务人员向老年人提供服务时,也正是老年人消费服务的时候,二者在时间上不可分离。

服务产品的这种特性表明,顾客只有而且必须加入服务的生产流程中,才能最终消费到服务。顾客不仅是服务的顾客,还是服务的协作生产人。他们参加生产流程并且能观察生产流程,因此他们可能会影响服务交易的结果。在护理院中,只有当老年人高度配合护理人员的护理工作,护理人员才能向老年人提供高质量的护理服务。

3. 标准性与异质性

有形产品往往具有标准化的量化标准,而服务产品的异质性指服务的构成因素和服务质量水平经常变化。养老服务行业是以"人"为中心的产业,人的个性的存在使得服务很难采用同一种标准。服务是一系列活动整合的流程,其中的顾客、员工、管理人员以及环境等任何一个要素发生了变化都会对服务流程和服务结果产生影响。所以,养老服务企业针对每个老年人每次提供的服务可能都会有所不同,无论是两个完全不同的养老服务企业所提供的同种服务,还是同一机构、同一员工在不同时间内提供的服务,即使提供的服务完全相同,不同的老年人对其评价结果也会存在差异。

4. 可存储性与易逝性

服务无法像有形产品那样可以储存,服务的不可存储性导致了服务的易逝性。因为服务不可感知,并且生产和消费同时进行,使得服务不可能储存起来以备未来出售。如果生产或制造出来的服务没有被及时地消费掉,就只有浪费掉。例如,对于机构养老服务而言,1位护理员可以同时为入住的5位老年人提供照护服务,但即使只有1位老年人入住,护理员也要为其提供照护服务,闲置的4位老年人照护服务产能是无法储存的,是无法累积到下次的。

(三) 服务产品的层次和关键要素

1. 服务产品的层次

服务产品可以分为核心服务、有形服务和附加服务三个层次(见图1-2-1)。

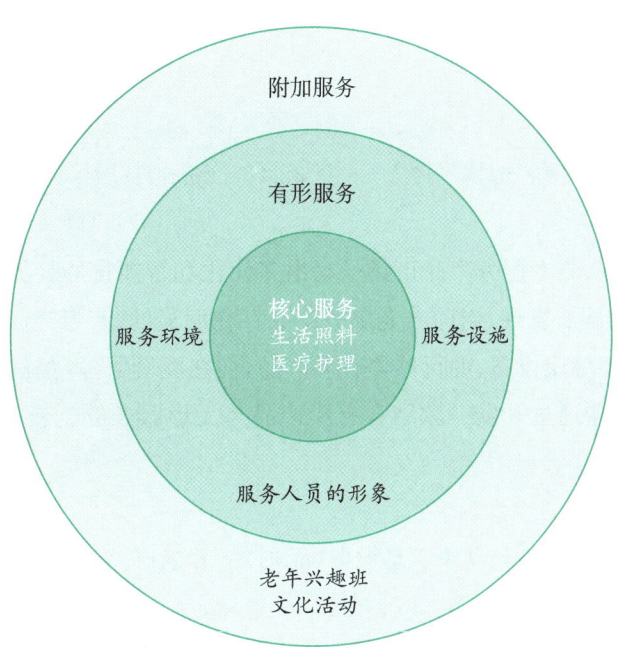

图1-2-1 服务产品层次

核心服务是服务产品的基本功能，是满足老年人基本需求的部分。养老服务的核心服务是生活照料和医疗护理，这些服务是老年人选择养老服务机构的主要原因。

有形服务是指服务过程中可感知的部分，包括服务设施、服务环境和服务人员的形象等。养老机构的设施设备、房间布置、护理人员的着装等都属于有形服务。这些有形因素直接影响老年人对服务的第一印象和整体评价。

附加服务是指服务产品中超出基本需求的部分，为老年人提供额外的价值。养老服务机构提供的老年兴趣班、文化活动、旅游服务等都属于附加服务。这些服务可以增强老年人的满意度和忠诚度，提升服务产品的竞争力。

服务产品的层次细分对于养老服务机构的营销和管理具有重要意义。通过优化服务产品的层次结构，可以更好地满足老年人的多样化需求，提升服务产品的附加值。高端养老机构可以通过提供丰富的附加服务，吸引有更高生活品质需求的老年人，而社区养老服务点则可以通过优化有形服务，提升服务的便利性和亲和力。

2. 服务产品关键要素

服务产品的主要关键要素包括服务人员、服务流程、服务设施和服务质量。

服务人员是服务产品的直接提供者，其专业素质和服务态度直接影响服务的质量和效果。养老服务机构需要通过系统的培训和管理，提升服务人员的专业能力和服务意识。

服务流程是服务产品的重要组成部分，它决定了服务的效率和一致性。优化服务流程可以减少服务过程中的浪费和错误，提升服务的满意度。通过建立标准化的服务流程和灵活的调整机制，确保服务的高效运行。

服务设施是服务产品的有形载体，它为服务的提供创造了条件。养老服务机构需要根据老年人的需求，配备完善的设施设备，如适老化家具、康复设备、无障碍设施等。同时，服务设施的维护和更新也非常重要，以确保服务设施始终处于良好的运行状态。

服务质量是服务产品的核心要素，它决定了老年人对服务的评价和满意度。服务质量的提升需要从服务人员、服务流程、服务设施等多个方面入手，通过持续的质量监控和改进，确保服务的高质量和一致性。通过建立质量反馈机制，及时收集老年人的意见和建议，不断优化服务。

从"轮椅"到"智慧手环"——养老服务产品的有形与无形设计

1. 案例背景

随着老龄化进程的加快，养老服务产品市场呈现出多元化和智能化的趋势。某养老服务企业计划开发一款适老化产品，但市场调研发现，当前养老服务产品存在明显的"有形产品过剩，无形服务不足"的问题。市场上虽然有各种智能健康设备、助行器等有形产品，但在配套服务（如健康咨询、紧急救援、售后服务）方面缺乏整合。企业希望通过开发一款结合有形产品与无形服务的创新产品，满足老年人的多样化需求。

2. 案例目标

设计一款结合智能硬件（有形）与健康管理服务（无形）的养老产品，满足老年人的健康监测和生活辅助需求，同时体现产品的差异化竞争优势。

3. 思政融入点

倡导"科技适老化"理念，强调产品设计应注重用户体验，降低老年人使用门槛，同时融入人文关怀，避免因技术发展而忽视老年人的情感需求。

4. 案例准备

材料：智能健康设备市场调研报告、老年人健康需求数据、适老化设计指南。

工具：PPT模板、产品设计软件（如Adobe XD）、问卷星（用于需求调研）。

5. 实施步骤（共45分钟）

表1-2-2 实施步骤

阶段	任务	时间	要求
1. 需求调研	分析老年人对健康监测设备的需求，包括功能需求和情感需求	10分钟	使用问卷星收集数据，提炼关键需求
2. 产品草图绘制	设计一款智能健康手环的外观和功能模块，突出适老化设计	15分钟	使用设计软件或手绘产品草图，标注功能特点
3. 服务流程设计	设计配套的无形服务流程，如健康咨询、紧急救援、售后服务等	15分钟	使用流程图展示服务环节，突出便捷性和人性化
4. 方案展示	用PPT展示产品设计和服务流程，模拟产品发布会	5分钟	突出产品优势和思政元素

6. 案例考评标准（满分20分）

表1-2-3 案例实施评价表

维度	评分细则	分数
功能实用性（5分）	产品功能是否满足老年人需求，设计是否合理	
服务流程逻辑性（5分）	服务流程是否清晰，是否体现便捷性和人性化	
适老化设计细节（5分）	是否充分考虑老年人的使用习惯和情感需求	
思政体现（3分）	是否有效融入"科技适老化"理念，体现人文关怀	
团队协作（2分）	组内分工是否合理，协作是否顺畅	

7. 案例总结

知识复盘：回顾养老服务产品的有形与无形设计要点，强调适老化设计的重要性。

价值观引导：如何在产品设计中平衡技术功能与人文关怀？请带着这个问题继续学习。

8. 延伸思考

调研市场上现有的智能养老产品，分析其在适老化设计和服务配套方面的不足，并提出改进建议。探讨如何通过技术创新提升养老服务产品的用户体验，同时避免技术"过度适配"导致的成本上升。

9. 常见误区

误区：过于关注产品的技术功能，忽视无形服务的价值。

走出误区：强调有形产品与无形服务结合的重要性。

课后思考

1. 养老服务产品与有形产品相比，有哪些独特的特点？
2. 如何理解服务产品的无形性、流程性、异质性和易逝性？

3. 养老服务产品的层次细分包括哪些方面？请举例说明。
4. 服务产品设计的关键要素有哪些？如何通过这些要素提升服务产品的竞争力？
5. 在养老服务产品设计中，如何平衡有形产品和服务产品的特点以满足老年人的需求？

任务三 养老服务产品营销

案例导入

阳光养老院的入住数据营销策略

阳光养老院是一家位于城市郊区的中高端养老院，环境优美，设施齐全，服务质量较高。然而，近年来，随着周边养老院的不断增加，阳光养老院的入住率出现了下滑的趋势。为了提高入住率，养老院的负责人李院长决定采用入住数据营销策略。他首先对养老院的入住数据进行了详细的分析，发现入住的老年人主要集中在70—80岁之间，且大部分是失能半失能老人。这些老年人的子女大多在城市中心工作，平时工作繁忙，无法照顾老人。李院长根据这些数据，制订了针对性的营销策略。他将养老院的目标客户定位为70—80岁的失能半失能老年人及其子女，通过在城市中心的社区、医院、老年活动中心等地进行宣传推广，吸引他们的关注。同时，他还利用数据分析，发现老年人对养老院的环境、设施、服务质量等方面比较关注，于是他在宣传中重点突出阳光养老院在这方面的优势。此外，李院长还通过数据分析，发现老年人的子女在选择养老院时，比较注重养老院的安全保障和医疗配套设施，于是他在宣传中也加入了这方面的内容。经过一段时间的努力，阳光养老院的入住率有了明显的提升。

问题：
1. 你认为阳光养老院的入住数据营销策略有哪些优点？
2. 如果你是李院长，你还会采取哪些措施来进一步提高养老院的入住率？

任务目标

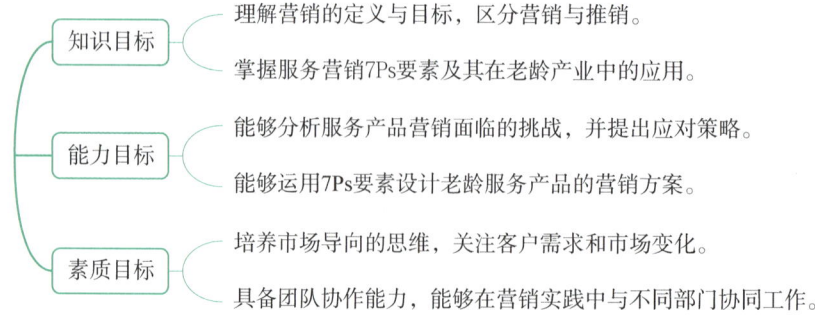

- 知识目标
  - 理解营销的定义与目标，区分营销与推销。
  - 掌握服务营销7Ps要素及其在老龄产业中的应用。
- 能力目标
  - 能够分析服务产品营销面临的挑战，并提出应对策略。
  - 能够运用7Ps要素设计老龄服务产品的营销方案。
- 素质目标
  - 培养市场导向的思维，关注客户需求和市场变化。
  - 具备团队协作能力，能够在营销实践中与不同部门协同工作。

知识梳理

（一）营销

1. 营销及其目标

营销是一种以满足客户需求为核心，通过创造、传播和交付价值来实现企业或组织目标的管理过程。在老龄产业中，营销不仅仅是推广产品或服务，更是通过深入了解老年人的需求和偏好，提供符合其期望的价值和服务，从而实现企业的可持续发展。

营销的目标是通过满足客户需求，建立长期的客户关系，提升客户满意度和忠诚度。在老龄产业中，营销的目标还包括提升老年人的生活质量，促进社会对老年人的关怀和支持。通过精准的市场定位和有效的营销策略，养老服务机构可以更好地满足老年人的多样化需求，同时提升自身的市场竞争力。

2. 营销与推销的区别

营销与推销是两个常被混淆的概念，但它们在理念和实践中有显著区别。推销是一种短期的、以产品为中心的销售行为，主要关注的是将产品或服务卖出去。而营销则是一种以客户为中心的长期战略，强调通过满足客户需求来创造价值。

在老龄产业中，推销可能只是简单地向老年人介绍产品或服务，而营销则需要深入了解老年人的需求和偏好，通过品牌建设、客户关系管理等方式，为老年人提供个性化、高质量的服务。养老服务机构通过举办社区活动、提供免费体验等方式，让老年人了解服务的价值，而不是单纯地推销产品。这种以客户为中心的营销方式更能赢得老年人的信任和忠诚。

（二）养老服务产品的营销挑战

1. 养老服务无形性的营销挑战

养老服务的无形性增加了老年人的购买风险感，导致他们在选择服务时更加谨慎。因此，养老服务产品的营销需要通过多种方式来弥补无形性的不足。通过建立品牌形象、提供免费试用、展示服务案例等方式，增强老年人对服务的信任。同时，服务提供者可以通过标准化的服务流程和质量监控体系，确保服务的一致性和高质量，从而减少老年人的疑虑。

2. 养老服务流程性的营销挑战

养老服务的流程性增加了服务的复杂性和管理难度。营销过程中，需要向老年人清晰地展示服务流程，让他们了解服务的每一个环节和价值。同时，服务提供者需要优化流程，减少不必要的等待和烦琐环节，提升服务效率和老年人的满意度。通过建立高效的预约系统和信息管理系统，确保服务的及时性和准确性。

3. 养老服务异质性的营销挑战

养老服务的异质性增加了老年人选择服务的难度，也对营销提出了挑战。服务提供者需要通过系统的培训和考核，提升服务人员的专业素质，减少服务质量的差异。同时，通过品牌建设和口碑传播，增强老年人对服务的信任。通过定期的员工培训和绩效考核，确保服务人员能够提供高质量的服务。此外，服务提供者可以通过标准化的服务流程和质量监控体系，确保服务的一致性和高质量。

4. 养老服务易逝性的营销挑战

养老服务的易逝性增加了服务的营销难度，因为服务提供者需要在有限的时间内吸引老年人购买服务。营销过程中，需要通过精准的需求预测和灵活的预约机制，合理安排服务资源，避免服务的浪费。通过大数据分析老年人的服务需求规律，提前安排护理人员和服务设施，确保服务的及时性和高效性。同时,服务提供者需要注重服务的即时性和满意度,通过建立24小时服务热线,及时处理老年人的紧急需求和投诉,确保服务的高质量和及时性。

养老服务的营销挑战与优势总结,见表1-3-1。

表1-3-1 养老服务的营销挑战与优势

养老服务的特性	引发的营销挑战	对营销的有利影响
无形性	1. 缺乏搜寻特征,顾客难以选择 2. 服务不易展示,沟通困难 3. 服务无法受到专利保护 4. 服务难以存储 5. 服务难以定价	1. 服务价值可感,可促进顾客体验 2. 可以通过某些方式展示服务
流程性	1. 难以统一控制服务质量 2. 服务不易标准化和规范化 3. 服务失误没有评判标准	1. 提供差异化和个性化服务 2. 一线员工自主性和积极性较高
异质性	1. 顾客排队难以避免 2. 顾客感知质量有多个服务接触点,加大管理难度 3. 顾客之间相互影响 4. 顾客参与,增加服务难度,降低效率 5. 服务失误不易被掩盖,直接暴露	1. 服务人员与顾客接触,培养关系 2. 直接了解顾客需求,改进服务
易逝性	1. 资源浪费 2. 服务不能退货或者转售 3. 服务的供应和需求难以同步进行	1. 服务不会腐烂变质,减少售后隐患 2. 服务不能退换,减少损失 3. 驱动企业不断提高效率和合理利用资源

(三)养老服务产品营销的关键要素

20世纪60年代,美国市场营销学家E.J.麦卡锡提出4Ps[产品(Product)、价格(Price)、渠道(Place)、促销(Promotion)]营销理论。1981年,布姆斯和比特纳在此基础上,增加了三个"服务性的P",即人员(People)、服务流程(Process)和有形展示(Physical Evidence),从而形成了服务营销的7Ps理论(见图1-3-1)。随着服务经济的发展和对服务营销研究的深入,7Ps理论得到了广泛的认可和应用。它不仅丰富了营销理论,也为服务企业提供了更全面的营销策略框架。该理论强调了服务营销中人员、服务过程和有形展示的重要性,使企业在制订营销策略时能够更加全面地考虑各个因素。如今,7Ps营销理论已成为服务营销领域的重要理论基础,被广泛应用于各种服务行业,如金融、医疗、教育、旅游等。它帮助企业更好地理解客户需求,提高服务质量和客户满意度,从而在竞争激烈的市场中取得优势。

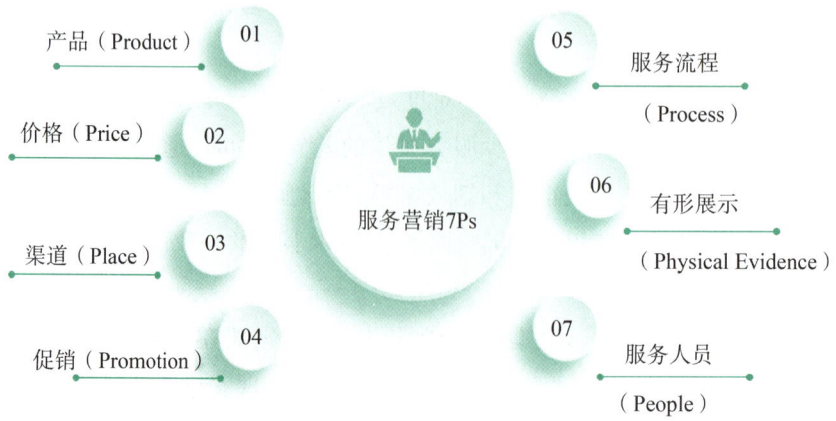

图1-3-1 服务市场营销要素(7Ps)

1. 产品

产品是养老服务营销的基础。在老龄产业中,产品不仅包括可见的设施和服务,还包括不可见的服务体验。养老服务机构需要根据老年人的需求,提供多样化、个性化的服务产品。除了基本的生活照料和医疗护理服务外,还可以提供老年兴趣班、文化活动、旅游服务等附加服务,提升服务产品的附加值。

产品的设计和优化需要以老年人的需求为核心。通过市场调研和客户反馈,了解老年人的期望和偏好,不断改进服务产品。根据老年人的身体状况和兴趣爱好,设计适合他们的康复训练和文化活动。同时,产品的质量是营销的关键,通过标准化的服务流程和质量监控体系,确保服务产品的高质量和一致性。

2. 价格

价格是影响老年人购买决策的重要因素。在老龄服务产品营销中,价格策略需要综合考虑成本、市场需求和竞争状况。养老服务机构需要根据服务的成本和市场定位,制订合理的价格策略。高端养老机构可以提供高质量的服务,价格相对较高;而社区养老服务点则可以通过优化成本结构,提供更具性价比的服务。

价格策略需要灵活调整。根据市场需求和竞争状况,养老服务机构可以通过打折、优惠套餐等方式,吸引老年人购买服务。在淡季推出优惠套餐,或者针对长期入住的老年人提供价格优惠。此外,价格透明度也很重要,通过清晰的价格公示和合理的收费结构,增强老年人对服务的信任。

3. 渠道

渠道是养老服务产品营销的重要环节。在老龄产业中,渠道不仅包括传统的线下渠道,如社区宣传、口碑传播,还包括线上渠道,如互联网平台、社交媒体等。养老服务机构需要根据目标客户群体的特点,选择合适的渠道进行营销。针对社区老年人,可以通过社区活动、宣传海报等方式进行推广;针对年轻子女,可以通过互联网平台和社交媒体进行宣传。

渠道的整合也很重要。通过线上线下结合的方式,提升营销效果。通过线上平台预约线下体验,或者通过线下活动引导老年人关注线上服务。此外,渠道的优化需要根据市场反馈进行调整。通过分析渠道的效果,选择最有效的渠道进行重点投入。

4. 促销

促销是提升养老服务产品知名度和吸引力的重要手段。在老龄产业中,促销活动可以通过多种方式进行,如免费体验、折扣优惠、口碑奖励等。养老服务机构可以通过提供免费的健康检查或短期体验服务,吸引老年人了解服务内容。同时,通过折扣优惠和套餐组合,鼓励老年人购买长期服务。

促销活动需要结合目标客户群体的特点进行设计。针对老年人,可以通过社区活动、健康讲座等方式进行推广;针对年轻子女,可以通过社交媒体和互联网平台进行宣传。此外,促销活动的效果需要通过数据分析进行评估。通过分析促销活动的参与度和转化率,优化促销策略,提升营销效果。

5. 人员

人员是养老服务营销的核心要素之一。服务人员的专业素质和服务态度直接影响老年人对服务的评价和满意度。养老服务机构需要通过系统的培训和管理,提升服务人员的专业能力和服务意识。通过定期的护理培训和心理辅导,提升服务人员的专业素质。同时,通过建立激励机制和绩效考核体系,鼓励服务人员提供高质量的服务。

服务人员的沟通能力也很重要。在养老服务中,服务人员需要与老年人及其家属进行有效的沟通,了解他们的需求和反馈。通过良好的沟通,可以增强老年人对服务的信任和满意度。此外,服务人员的形象和服务礼仪也会影响老年人对服务的评价。通过统一的着装和规范的服务礼仪,提升服务的专业性和亲和力。

6. 有形展示

有形展示是服务产品的重要组成部分,它通过可视化的元素增强服务的吸引力和可信度。在老龄服务中,有形展示包括服务设施、环境布置、宣传材料等。养老机构的适老化设施、整洁舒适的房间布置、专业的护理人员形象等都属于有形展示。

有形展示需要与服务的核心价值相匹配。通过优化服务设施和环境布置,提升服务的舒适性和便利性。通过安装无障碍设施和配备适老化家具,提升老年人的生活便利性。同时,通过专业的宣传材料和服务案例展示,增强老年人对服务的了解和信任。此外,有形展示的维护和更新也很重要。通过定期检查和更新设施设备,确保其始终处于良好的运行状态。

7. 服务流程

服务流程是养老服务营销的重要环节,它决定了服务的效率和质量。在老龄服务中,服务流程包括需求评估、服务计划制订、服务实施和反馈等环节。养老服务机构需要在老年人入住前进行详细的健康评估,制订个性化的护理计划,然后在服务过程中严格执行计划,并根据老年人的反馈及时调整。

服务流程的优化对于提升服务质量和效率至关重要。通过建立标准化的服务流程,减少服务过程中的浪费和错误。通过高效的预约系统和信息管理系统,确保服务的及时性和准确性。同时,服务流程的灵活性也很重要。根据老年人的需求变化和服务反馈,及时调整服务流程,提升服务的满意度。此外,通过持续的质量监控和改进,确保服务流程的高效运行。

案例实操

破局"无形难题"——养老服务产品的营销策略突围

1. 案例背景

某居家养老服务平台因服务的"无形性"导致客户信任度低,客户流失率高。平台虽然提供优质的护理、康复、送餐等服务,但由于缺乏直观的展示和有效的信任机制,新客户对其服务质量表示怀疑,尤其是老年客户及其家属。平台负责人意识到,需要通过创新的营销策略来提升客户信任度,增强品牌形象,从而提高市场竞争力。

2. 案例目标

为该居家养老服务平台设计一套包含人员、服务流程、有形展示的整合营销策略,提升客户信任度,增强市场竞争力。

3. 思政融入点

强调诚信营销,公开服务人员资质与客户评价,建立透明化的服务机制,树立正确的营销价值观,反对虚假宣传和功利性营销。

4. 案例准备

材料:居家养老服务市场调研报告、客户投诉案例、服务流程手册。

工具:PPT模板、视频拍摄设备(用于拍摄模拟宣传视频)、问卷设计软件。

5. 实施步骤(共45分钟)

表1-3-2 实施步骤

阶段	任务	时间	要求
1. 痛点分析	分析居家养老服务平台客户信任度低的原因,提炼关键问题	10分钟	使用SWOT分析工具,标注优势、劣势、机会、威胁
2. 策略设计	设计包含人员、流程优化、有形展示的营销策略	20分钟	需结合实际案例,提出创新性建议

(续表)

阶段	任务	时间	要求
3. 情景模拟	模拟宣传视频拍摄,展示服务人员的专业性和服务流程的透明化	10分钟	使用手机或相机拍摄简短视频,突出服务亮点
4. 互评优化	小组之间互相观看视频,提出改进建议,优化营销策略	5分钟	从专业性、信任度、思政体现等维度互评

6. 案例考评标准(满分20分)

表1-3-3 案例实施评价表

维度	评分细则	分数
策略创新性(5分)	营销策略是否具有创新性,能否有效提升客户信任度	
客户信任度提升方案(5分)	是否针对服务"无形性"提出具体解决方案,如人员资质展示、流程优化	
思政契合度(5分)	是否有效融入诚信营销理念,反对虚假宣传,建立透明化机制	
团队协作(3分)	组内分工是否合理,协作是否顺畅	
呈现效果(2分)	情景模拟视频是否清晰、有感染力,能否突出服务亮点	

7. 案例总结

知识复盘:回顾养老服务产品营销策略的核心要点,强调"无形服务"如何通过"有形展示"提升客户信任度。

价值观引导:如何在营销中平衡商业利益与客户信任?请带着这个问题继续学习诚信营销的重要性。

8. 延伸思考

调研本地居家养老服务平台,分析其在客户信任度提升方面的不足,并提出改进建议。探讨如何通过数字化手段(如短视频、直播),增强养老服务产品的有形展示效果。

9. 常见误区

误区:过于关注营销手段的创新,而忽视了服务本身的透明化和诚信化。

走出误区:强调诚信营销和透明化服务的重要性。

课后思考

1. 营销与推销的区别是什么?在老龄产业中,如何体现这种区别?
2. 服务产品的无形性给营销带来了哪些挑战?如何应对这些挑战?
3. 服务产品的异质性对老年人选择服务有何影响?如何通过营销减少这种影响?
4. 如何运用服务营销的7Ps要素设计养老服务产品的营销方案?
5. 在养老服务产品营销中,如何通过有形展示和流程优化提升客户满意度?

项目二

顾客消费心理与行为分析

项目导读

顾客购买的不是产品,而是产品所代表的解决方案。

——[美]西奥多·莱维特《营销想象力》

顾客消费心理与行为分析是指系统研究消费者在购买决策过程中内在的心理活动及外在的行为表现。其核心目标是理解消费者"为什么买""买什么""何时买""何地买"以及"如何买"的问题。顾客消费心理与行为分析能够帮助企业洞察老年消费者需求的本质,超越表面需求深入理解其深层动机、价值观和情感诉求,能够帮助企业实现精准市场定位,基于对目标老年群体细分特征的深刻理解,使产品和服务定位更精准和差异化。

顾客消费心理与行为分析聚焦"老年群体的消费需求和消费心理""为顾客创造价值""了解顾客评价",这三个核心任务构成了一个"洞察需求—创造价值—验证效果—持续改进"的闭环商业逻辑。首先,深入剖析老年群体的独特需求层次及消费心理特征是分析的起点和基础,解决"服务对象是谁""其真正需求是什么"的问题。其次,理解的最终目的是有效满足需求,即为顾客创造卓越价值,这要求企业基于需求洞察,通过产品创新、服务优化、价格策略和体验提升等手段,设计和交付能满足需求并体现功能性、情感性、社会性及经济性价值的产品与服务。最后,创造的价值是否被认可和满足需求需要通过顾客评价来验证,顾客评价是检验价值创造效果和市场策略有效性的关键指标。通过建立有效反馈机制收集和分析评价数据,企业才能精准评估效果,识别改进点,持续优化策略,形成从理解需求,到创造价值,再到验证效果,并驱动改进的良性循环。三者环环相扣,共同服务于为老年顾客提供卓越体验和赢得市场竞争的核心目标。

本项目介绍老年消费者的消费行为模式、顾客价值构成要素以及顾客评价的重要性,为企业精准把握市场脉搏、制订有效营销策略提供科学依据。

项目二 顾客消费心理与行为分析

项目导图

- **任务一：老年群体的消费需求和消费心理**
  - 老年群体的消费需求
    - 生理需求
    - 安全需求
    - 社交需求
    - 尊重需求
    - 自我实现需求
  - 影响老年群体消费心理的因素
    - 外部环境因素
    - 内部环境因素
  - 影响老年群体消费行为的因素
    - 文化因素
    - 社会阶层
    - 相关群体
    - 家庭
  - 老年群体消费决策链和感知风险
    - 消费决策链
    - 消费决策中的感知风险

- **任务二：为顾客创造价值**
  - 顾客价值的内涵
    - 顾客价值的定义
    - 顾客价值的构成要素
  - 创造顾客价值的方法
    - 产品创新
    - 服务优化
    - 价格策略
    - 体验提升
  - 顾客价值与顾客忠诚关系
    - 顾客忠诚关系的定义
    - 顾客价值是构建顾客忠诚关系的基石
    - 顾客忠诚关系促进顾客价值的提升
    - 信任和忠诚关系在顾客决策中的关键作用

- **任务三：了解顾客的评价**
  - 顾客评价的维度与指标
    - 服务质量
    - 产品性能
    - 价格合理性
  - 影响顾客评价的因素
    - 个人因素
    - 环境因素
  - 顾客反馈与满意度管理
    - 顾客反馈的收集
    - 满意度的提升策略

任务一 老年群体的消费需求和消费心理

案例导入

老李的退休生活规划

老李今年60岁,刚刚退休,他有一笔不小的退休金,生活比较宽裕。退休后,他开始规划自己的生活,想要好好享受一下晚年生活。他首先想到的是改善自己的居住环境,于是他开始关注养老社区。他了解到,现在的养老社区有各种各样的类型,有的注重休闲娱乐,有的注重医疗保健,有的注重文化学习。老李不知道自己适合哪种类型的养老社区,他既想有一个舒适的居住环境,又想有丰富的文化生活,还想有良好的医疗保障。他听说有些养老社区会组织老年人参加各种活动,如书法、绘画、唱歌、跳舞等,他很感兴趣,觉得自己可以在这些活动中找到乐趣,结交朋友。同时,他也担心自己的身体状况,希望养老社区能有专业的医疗团队,随时为他提供健康检查和医疗服务。在选择养老社区的过程中,老李还发现,养老社区的价格差异很大,有的非常昂贵,有的相对便宜。他不知道该如何在价格和质量之间做出平衡,既不想花冤枉钱,又不想委屈自己。此外,老李还考虑到养老社区的地理位置,他希望养老社区离自己的子女近一些,方便子女来看望他,但又不想住在太繁华的地方,以免太吵闹。

问题:
1. 你认为老李在选择养老社区时,主要考虑的因素有哪些?
2. 如果你是老李,你会如何根据自己的需求和经济状况,选择一个合适的养老社区?

任务目标

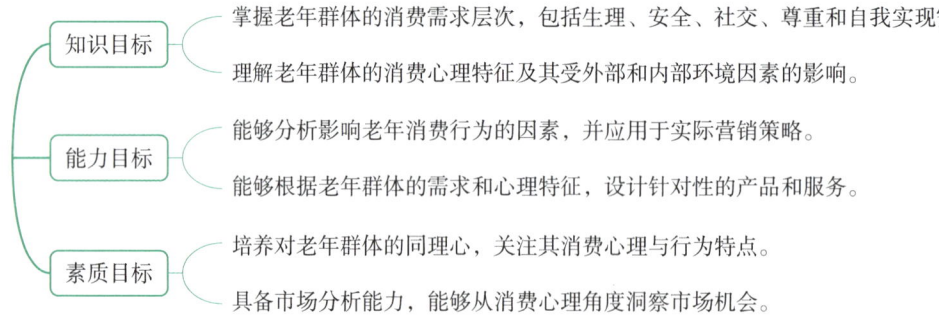

知识梳理

(一)老年群体的消费需求

马斯洛需求层次理论是心理学领域中一个经典而重要的理论,由美国心理学家亚伯拉罕·马斯洛于

1943年在论文《人类动机理论》中首次提出,并在其1954年的著作《动机与个性》中进一步完善。该理论将人类的需求从低到高分为五个层次,分别是生理需求、安全需求、社交需求、尊重需求和自我实现需求(见图2-1-1)。五个层次的需求从低到高排列,通常只有在较低层次的需求得到相对满足后,较高层次的需求才会成为个体行为的主要驱动力。这种递进关系反映了人类需求发展的基本规律,即从满足基本生存需求到追求更高层次的精神需求。虽然需求层次呈现出一定的递进顺序,但各个层次的需求并不是完全独立和割裂的,它们之间存在着相互影响和交叉。在追求自我实现的过程中,个体仍然需要维持一定的社交关系和获得他人的尊重,而社交需求的满足程度也可能会影响个体的自尊和自信,进而影响其自我实现的进程。个体在不同的人生阶段和生活情境下,各种需求的强度和优先级可能会发生变化。在面临生存危机时,生理和安全需求会重新成为主导;而在生活稳定、事业有成的情况下,个体可能会更加注重自我实现和精神层面的追求。

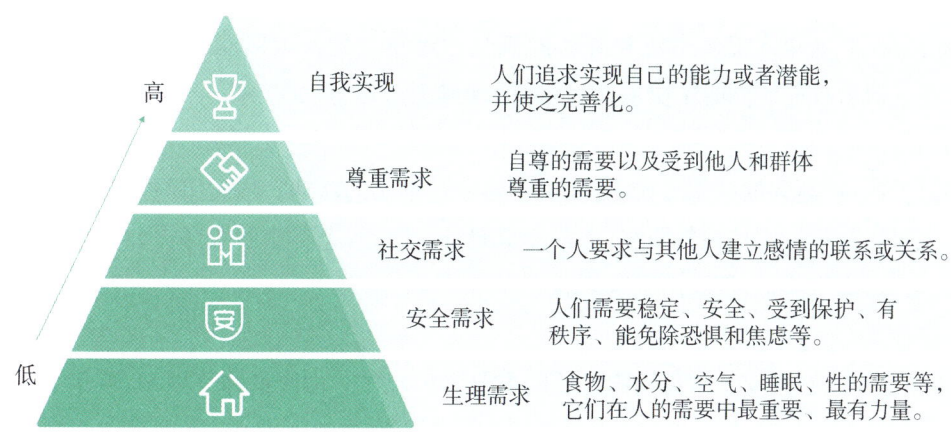

图2-1-1 马斯洛需求层次

1. 生理需求

生理需求是老年人最基本的需求,主要包括衣、食、住、行等方面的保障。随着年龄的增长,老年人的身体机能逐渐下降,对健康和安全的需求更为突出。老年人需要营养丰富、易于消化的食物,以满足其身体对能量和营养的需求;同时,舒适的居住环境和便捷的交通条件也是其生理需求的重要组成部分。

在老龄产业中,满足老年人生理需求的产品和服务包括适老化家具、无障碍设施、营养食品、康复辅助器具等。这些产品和服务的设计需要充分考虑老年人的身体特点和生活便利性。适老化家具采用圆角设计、可调节高度等功能,以减少老年人在使用过程中的风险;营养食品则注重低糖、低盐、高纤维等特点,满足老年人的健康需求。

老年人的生理需求还体现在对医疗服务的需求上。随着慢性疾病的增加,老年人对定期健康检查、康复护理和慢性病管理的需求也日益增长。因此,医疗服务机构需要提供个性化、高质量的医疗服务,以满足老年人的生理需求。

2. 安全需求

安全需求是老年人在满足生理需求后的重要需求层次。老年人由于身体机能下降,对自身安全的关注度更高。在老龄产业中,安全需求主要体现在居住环境的安全性、医疗保障的可靠性以及金融服务的安全性等方面。

居住环境的安全性是老年人关注的重点之一。适老化住宅设计需要考虑无障碍通道、防滑地面、紧急呼叫系统等设施,以减少老年人在日常生活中发生意外的风险。安装紧急呼叫按钮,确保老年人在遇到突发状况时能够及时获得帮助。

医疗保障的可靠性也是老年人安全需求的重要组成部分。老年人对医疗服务的质量和安全性有较高要求,希望能够在突发疾病时得到及时、有效的救治。因此,医疗服务机构需要建立完善的医疗保障体系,提供24小时急救服务和定期的健康检查,增强老年人的安全感。

金融服务的安全性也受到老年人的广泛关注。随着老年人财富积累的增加,他们对金融产品的安全性、稳定性和透明度有更高要求。老年人更倾向选择稳健的理财产品和可靠的保险服务,以保障其资产的安全。

3. 社交需求

社交需求是老年人在满足生理和安全需求后的重要需求层次。随着年龄的增长,老年人的社会角色和社交圈子可能会发生变化,但他们对社交的需求并未减少。相反,社交活动能够帮助老年人保持积极的心态,增强生活的幸福感。

在老龄产业中,满足老年人社交需求的服务包括老年兴趣班、社区活动、老年旅游等。这些服务通过组织多样化的活动,为老年人提供交流和互动的机会。老年兴趣班可以涵盖书法、绘画、舞蹈等多种课程,让老年人在学习新技能的同时结交朋友;社区活动则通过举办文艺演出、健康讲座等形式,增强老年人的社区归属感。

老年旅游作为一种新兴的社交方式,受到越来越多老年人的欢迎。通过组织适合老年人的旅游线路和活动,老年人可以在旅行中结识新朋友,拓宽社交圈子。同时,老年旅游服务需要充分考虑老年人的身体状况和安全需求,提供舒适、便捷的旅游体验。

4. 尊重需求

尊重需求是老年人在社交需求得到满足后的重要需求层次。由于退休等因素,老年人的社会地位和经济能力发生变化,他们仍然希望得到他人的尊重和认可。在老龄产业中,尊重需求体现在对老年人人格尊严的维护、个性化服务的提供以及社会地位的提升等方面。

养老服务机构需要通过优质的服务和尊重的态度,满足老年人的尊重需求。在服务过程中,护理人员应尊重老年人的意愿和选择,避免过度干预;同时,通过个性化的服务设计,满足老年人的特殊需求。为老年人提供定制化的康复训练计划和文化活动,让他们感受到被尊重和重视。

社会对老年人的尊重也体现在对老年人社会贡献的认可上。通过举办老年人表彰活动、宣传老年人的优秀事迹等方式,提升老年人的社会地位,增强他们的自尊心和自信心。社区可以定期评选"最美老人",表彰他们在社区建设中的贡献,提升老年人的社会认可度。

5. 自我实现需求

自我实现需求是马斯洛需求层次理论中的最高层次,指个体追求自我价值实现和自我发展的需求。尽管老年人的身体机能和社会角色发生了变化,但他们仍然有追求自我实现的需求。在老龄产业中,满足老年人自我实现需求的服务包括老年教育、志愿服务、文化艺术创作等。

老年教育是满足老年人自我实现需求的重要途径之一。通过提供多样化的课程和学习机会,老年人可以在学习新知识和技能的过程中实现自我价值。老年大学开设的计算机、外语、艺术等课程,不仅丰富了老年人的知识储备,还提升了他们的生活品质。

志愿服务也是老年人实现自我价值的重要方式。通过参与社区服务、慈善活动等,老年人可以在帮助他人的过程中感受到自己的价值。组织老年人担任社区志愿者,参与社区环境整治、关爱孤寡老人等公益活动,让他们在奉献中实现自我价值。

文化艺术创作也为老年人提供了实现自我价值的平台。通过举办老年书画展、文艺演出等活动,老年人可以在文化艺术领域展现自己的才华,实现自我价值的提升。

(二) 影响老年群体消费心理的因素

老年群体的消费心理受到多种因素的影响。其中,外部环境因素包括社会文化环境、经济环境、政策环境等;内部环境因素包括个人健康状况、家庭关系、消费习惯等。这些因素共同作用,影响老年人的消费决策和行为,具体见表 2-1-1。

表 2-1-1 老年群体消费心理的影响因素

因素类别	具体因素	影响内容
外部环境因素	社会文化环境	传统观念影响消费行为,注重实用性和性价比;社会重视健康,关注健康消费
	经济环境	养老金提高,消费能力增强;注重储蓄与消费平衡,对大额消费谨慎
	政策环境	政府补贴和监管增强消费信心,规范市场减少风险
内部环境因素	个人健康状况	健康状况良好的关注生活品质;健康状况较差的关注医疗和康复;慢性病患者关注健康设备
	家庭关系	子女支持增强消费意愿;家庭经济状况影响消费心理
	消费习惯	消费行为保守,注重实用性和性价比;习惯购买传统用品,对新兴产品接受度低

1. 外部环境因素

(1) 社会文化环境

在传统观念中,老年人往往更注重实用性和性价比,消费行为较为保守。许多老年人在购买商品时会优先选择国产品牌,认为其性价比更高。此外,社会对老年人的消费观念也会影响他们的消费行为。随着社会对老年健康和生活质量的重视,越来越多的老年人开始关注健康消费,购买保健品和健身器材。

(2) 经济环境

随着养老金水平的提高和社会保障体系的完善,老年人的消费能力有所增强。然而,大多数老年人仍然注重储蓄和消费的平衡,消费行为较为谨慎。老年人在购买大额商品或服务时,往往会进行多次比较和咨询,以确保消费的合理性。

(3) 政策环境

政府对养老服务的补贴政策和对老年消费市场的监管措施,能够增强老年人的消费信心,促进其消费行为。同时,政策对老年消费市场的规范也有助于减少老年人的消费风险,提升其消费意愿。

2. 内部环境因素

(1) 个人健康状况

健康状况良好的老年人可能更注重生活品质的提升,愿意购买高品质的养老服务和文化娱乐产品;健康状况较差的老年人则更关注医疗服务和康复护理产品。患有慢性疾病的老年人会优先选择购买健康监测设备和康复辅助器具。

(2) 家庭关系

子女的态度和支持程度会影响老年人的消费决策。子女对老年人购买养老服务的支持,能够增强老年人的消费意愿;子女的反对则可能导致老年人放弃某些消费行为。此外,家庭经济状况也会对老年人的消费心理产生影响。

(3) 消费习惯

老年人的消费习惯是在长期生活过程中形成的,具有较强的稳定性。大多数老年人消费行为较为保守,注重实用性和性价比。许多老年人习惯购买传统的生活用品和服务,对新兴消费产品和服务的接受度较低。然而,随着社会的发展和消费观念的转变,越来越多的老年人开始尝试新的消费方式,如线上购物和智能设备的使用。

（4）收入水平

收入水平对老年人的消费心理也有影响。高收入老年人往往具有更高的消费自信和更强的消费能力，对新兴消费产品和服务的接受度较高；低收入老年人则更注重消费的合理性和必要性。

（三）影响老年群体消费行为的因素

1. 文化因素

文化因素对老年消费行为有着深远的影响。在不同的文化背景下，老年人的消费观念和行为存在显著差异。在中国文化中，老年人往往更注重家庭和社会关系，消费行为较为保守；在西方文化中，老年人更注重个人独立和生活品质，消费行为相对开放。

文化传统也会影响老年人的消费习惯。中国传统节日如春节、中秋节等，老年人会购买传统的节日礼品和食品，以表达对家庭和社会的关爱。同时，文化对老年人的健康观念也有影响。中医养生文化在中国老年人中具有较高的接受度，许多老年人会选择购买中药材和养生产品。

2. 社会阶层

不同社会阶层的老年人在收入水平、消费观念和生活方式上存在差异。高收入阶层的老年人往往更注重生活品质和个性化服务，愿意购买高端养老服务和文化娱乐产品；低收入阶层的老年人则更关注价格和实用性，消费行为较为谨慎。

3. 相关群体

老年人的消费决策往往受到其社交圈子和参照群体的影响。老年人在购买养老服务和产品时，往往会参考身边朋友和亲人的意见。如果周围的人都对某种产品或服务给予好评，老年人更有可能选择该产品或服务。

相关群体的消费行为也会对老年人产生示范效应。当老年人看到身边的人使用某种智能设备或参与某种文化活动时，他们可能会受到启发，尝试类似的消费行为。因此，相关群体的消费观念和行为对老年人的消费决策具有重要的引导作用。

4. 家庭

家庭成员的态度和支持程度对老年人的消费决策有直接影响。子女对老年人购买养老服务产品的支持，能够增强老年人的消费意愿；子女的反对则可能导致老年人放弃某些消费行为。

家庭经济状况也会对老年人的消费行为产生影响。在经济条件允许的情况下，老年人可能会选择更高品质的养老服务和产品；在经济条件有限的情况下，老年人则会更加注重价格和实用性。因此，家庭在老年人消费决策中扮演着重要的角色。

（四）老年群体消费决策链和感知风险

1. 消费决策链

老年群体消费决策链主要包括信息收集、评估比较、决策、购买及使用、售后及反馈五个阶段，见图2-1-2。

（1）信息收集阶段

明确需求：老年人会首先明确自己在养老方面的具体需求，如生活照料、医疗护理、文化娱乐等。他们会思考自己目前遇到的主要问题和困难，以及希望通过何种方式解决。

寻找信息渠道：通过多种渠道收集养老服务产品的相关信息，包括电视广告、报纸杂志、互联网、社区宣传等。他们会关注其他老年人的使用评价和经验分享，以此来初步了解不同产品和服务的特点。

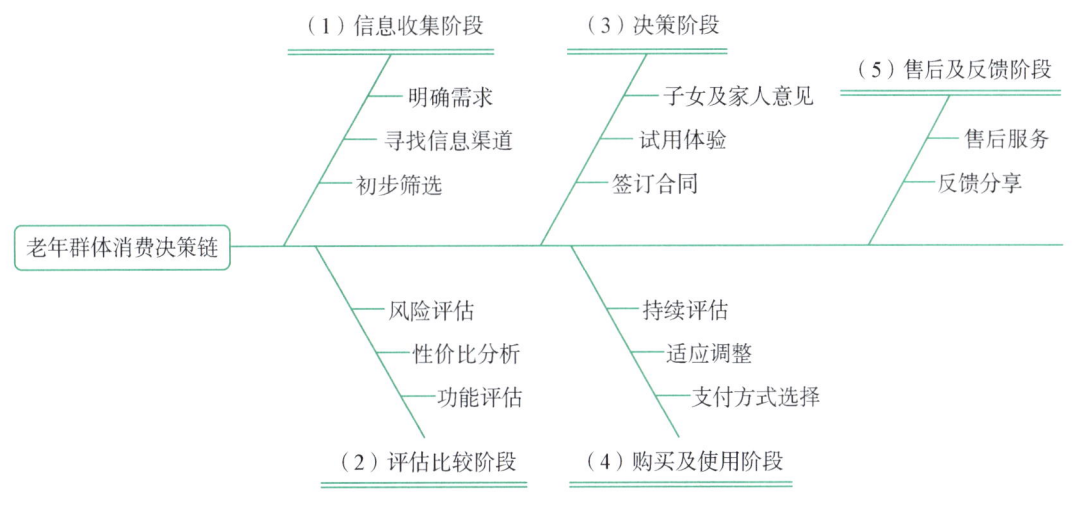

图 2-1-2 老年群体消费决策链

初步筛选：根据收集到的信息，对符合自己基本需求的养老服务产品进行初步筛选，列出几个备选方案。在这个过程中，他们会重点考虑产品的功能、价格、口碑等因素。

(2) 评估比较阶段

功能评估：对备选养老服务产品的功能进行全面评估，分析其是否能够满足自己的具体需求。例如，对于康复设备，会考虑其康复效果、适用范围、操作难度等。

性价比分析：综合考虑产品的价格和所提供的服务内容，评估其性价比。老年人会比较不同产品的收费标准，同时关注是否存在额外收费项目，以确定在满足需求的前提下，选择价格最合理的产品。

风险评估：对使用养老服务产品可能面临的风险进行评估，包括功能风险、财务风险、时间风险等。他们会思考如何降低这些风险，如通过查看机构的资质、了解服务保障措施等来增强决策的信心。

(3) 决策阶段

子女及家人意见：在做出最终决策之前，老年人往往会征求子女及家人的意见。子女的支持和认可对他们的决策有着重要影响，尤其是在选择涉及较高费用或改变生活方式的养老服务产品时。

试用体验：如果条件允许，老年人可能会选择先进行试用或体验，以更直观地了解产品的实际效果和服务质量。例如，一些养老机构会提供短期入住体验，让老年人亲身感受机构的环境和服务。

签订合同：在确定选择某一养老服务产品后，老年人会与提供方签订合同，明确双方的权利和义务。在签订合同过程中，他们会仔细阅读条款，关注服务内容、收费标准、违约责任等关键内容，以保障自己的合法权益。

(4) 购买及使用阶段

支付方式选择：根据自己的经济状况和产品的收费方式，选择合适的支付方式，如一次性支付、分期付款等。对于一些长期服务的养老服务产品，可能会考虑采用分期付款的方式来减轻经济压力。

适应调整：在开始使用养老服务产品后，老年人需要一定的时间来适应新的环境和服务模式。他们会逐渐调整自己的生活方式和习惯，以更好地融入和利用所提供的服务。

持续评估：在使用过程中，老年人会持续对服务的效果和质量进行评估，如果发现问题或不满意的地方，会及时与提供方沟通解决。同时，他们也会根据自身需求的变化，考虑是否需要调整或更换养老服务产品。

(5) 售后及反馈阶段

售后服务：关注养老服务产品提供方的售后服务质量，如问题解决的及时性、服务的改进措施等。良好的售后服务能够增强老年人对产品的信任和满意度。

反馈分享：将自己的使用体验和感受反馈给提供方，同时也可能会与其他老年人或相关机构分享，为他人提供参考。通过反馈，老年人不仅能够帮助改进服务质量，也能够在一定程度上影响提供方的市场声誉和发展。

2. 消费决策中的感知风险

感知风险是指消费者在购买和使用产品或服务过程中，对可能遇到的不利后果的主观评估。这种风险是消费者心理上的感受，而不是实际发生的风险。感知风险会影响消费者的购买决策，使他们在选择产品或服务时更加谨慎。在养老服务产品消费决策中，消费者的感知风险主要有功能风险、财务风险、时间风险、物理风险、心理风险、社会风险、感官风险。

(1) 功能风险

服务效果不达预期。担心养老服务产品无法达到宣传的效果，如康复训练达不到预期的恢复效果，影响其身体功能的恢复和生活质量的提升。

服务内容与需求不匹配。对服务内容是否能满足自身实际需求存在疑虑。例如，一些老年人可能需要专业的医疗护理服务，但担心养老机构提供的医疗服务不够专业或不全面，无法满足其健康需求。

服务质量不稳定。由于养老服务的异质性，老年人担心不同时间、不同服务人员提供的服务质量参差不齐。例如，在养老机构中，可能因为护理人员的流动或经验差异，导致护理服务的质量时好时坏，影响其对机构的信任和满意度。

(2) 财务风险

费用过高。担心养老服务产品的价格超出自己的经济承受能力。例如，一些高端养老社区或机构，每月的费用可能高达数万元，对于普通收入的老年人来说是一笔不小的负担。

费用不透明。对养老服务产品的收费项目和标准不够清楚，担心存在隐藏费用或随意涨价的情况。例如，一些养老机构在入住时未明确告知所有可能产生的费用，后期可能会以各种理由收取额外费用，如设施使用费、特殊服务费等，导致老年人的实际支出远超预期。

投资回报不确定。对于一些需要预先支付大笔费用的养老服务产品，如养老公寓的会员制或产权式养老项目，老年人担心投资后无法获得预期的回报或服务，存在资金损失的风险。

(3) 时间风险

服务预约困难。担心需要提前很长时间预约才能使用某些养老服务产品，如热门的养老机构可能需要排队等待数月甚至数年才能入住，导致其无法及时获得所需的服务。

服务响应不及时。在使用养老服务过程中，担心遇到问题或需要帮助时，服务人员不能及时响应。例如，一些养老机构可能存在人手不足的情况，导致老年人在按铃呼叫时不能马上得到护理人员的回应，影响其生活便利性和安全感。

时间安排不便。养老服务产品的服务时间可能与老年人的日常生活习惯或需求不符。例如，一些康复训练课程或文化活动安排在老年人不便参加的时间段，导致其无法充分利用这些服务，浪费了时间和精力。

(4) 物理风险

设施存在安全隐患。担心养老机构或服务场所的设施存在安全隐患，如地面湿滑、扶手缺失、楼梯陡峭等，容易导致摔倒等意外事故，造成人身伤害。

产品存在使用风险。一些养老服务产品本身可能存在设计缺陷或质量问题，给老年人带来使用风险。例如，某些康复辅助器具如果材质不佳或结构不稳定，可能会在使用过程中损坏，导致老年人受伤。

存在财产损失风险。在养老机构中，由于人员流动较大或管理不善，老年人担心自己的个人财物可能会丢失或损坏,造成经济损失。

(5) 心理风险

不能适应陌生环境。入住养老机构或使用新的养老服务产品时,老年人可能会对陌生的环境和生活方式感到不适应,产生焦虑、孤独等情绪。例如,一些老年人可能习惯了在家中的生活,突然进入一个全新的集体生活环境,会感到无所适从。

心理压力增大,对服务人员的不信任。由于与服务人员不熟悉或担心服务态度不好,老年人可能会对服务人员产生不信任感,进而影响其接受服务的心理状态。例如,一些老年人可能担心护理人员不够耐心、细心,无法给予他们足够的关心和照顾。

怀疑自身能力。在使用一些复杂的养老服务产品或参与新的活动时,老年人可能会担心自己无法掌握或适应,从而产生对自身能力的怀疑和担忧。例如,面对一些智能化的养老设备,老年人可能会因为操作复杂而感到焦虑和无助。

(6) 社会风险

顾虑他人看法。担心选择某种养老服务产品会被他人视为子女不孝或自己不自立。例如,一些老年人可能认为入住养老机构是一种被子女抛弃的表现,担心受到亲友的非议和指责。

社交圈变化。使用养老服务产品可能会导致老年人原有的社交圈发生变化,老年人担心因此失去朋友或无法融入新的社交环境。例如,从家中搬到养老社区后,可能会与原来的朋友和邻居减少联系,而新的环境中又难以建立起深厚的友谊,影响其社会归属感。

引发社会评价压力。一些高端或特殊的养老服务产品可能会引发社会对其经济状况或生活方式的过度关注和评价,给老年人带来心理压力。例如,一些豪华养老社区可能会让人觉得老年人生活奢侈,与普通人的生活方式产生差距,导致其在社交中感到不自在。

(7) 感官风险

环境不舒适。养老服务场所的环境可能对老年人的感官造成负面影响,如房间内灯光过于刺眼、色彩搭配不合理、噪声过大等,影响其居住的舒适度和心情。

食品口味不佳。对于养老机构提供的餐饮服务,老年人可能会担心食物的口味不符合自己的喜好,导致食欲下降,影响营养摄入和身体健康。

产品外观不佳。一些养老服务产品如果外观设计不够美观或不符合老年人的审美观念,可能会影响他们使用的心情和意愿。例如,某些康复辅助器具如果外形笨拙、颜色单调,可能会让老年人感到不愉悦,降低其使用积极性。

 案例实操

"夕阳红"消费密码——老年群体需求洞察与心理画像

1. 案例背景

某老年服装品牌近年来销量下滑,市场调研发现,老年消费者的需求和消费心理发生了显著变化。传统款式和营销方式已无法满足现代老年人的需求,品牌急需重新定位目标客群,深入了解老年消费者的内在需求和消费心理,从而调整产品设计和营销策略。社会对老年消费市场的认知仍停留在"低价"和"功能性强"的层面,忽视了老年人对品质、个性化和情感体验的需求。品牌希望通过深入调研,打破传统认知,挖掘老年消费市场的潜力,同时引导社会对老年消费市场的重新认知。

2. 案例目标

通过问卷设计与访谈模拟,绘制老年消费者的心理画像,分析其消费行为背后的心理动机,为品牌调

整产品和营销策略提供依据。

3. 思政融入点

尊重老年消费尊严,避免"过度关怀"式营销,树立正确的消费观念,反对年龄歧视,强调老年消费者的需求同样需要被尊重和满足。

4. 案例准备

材料:老年消费市场调研报告、老年人消费行为案例分析。

工具:问卷设计软件、角色扮演卡片、PPT模板。

5. 实施步骤(共45分钟)

表 2-1-2 实施步骤

阶段	任务	时间	要求
1. 问卷设计	设计一份针对老年消费者的问卷,涵盖需求、消费习惯和心理特征	10分钟	问卷需包含定量问题(如消费频率)和定性问题(如购买动机)
2. 角色扮演访谈	分组进行角色扮演,模拟访谈老年消费者,收集消费心理和需求信息	15分钟	使用访谈提纲,记录关键信息,注意尊重被访谈者
3. 心理画像绘制	根据问卷和访谈结果,绘制老年消费者的心理画像,标注其消费心理特征	15分钟	包括年龄、性别、消费偏好、心理动机等维度
4. 策略提案	结合心理画像,提出品牌调整产品设计和营销策略的建议	5分钟	使用PPT展示,突出策略的针对性和可行性

6. 案例考评标准(满分20分)

表 2-1-3 案例实施评价表

维度	评分细则	分数
需求覆盖全面性(5分)	问卷和访谈是否全面覆盖老年消费者的需求和心理特征	
心理特征准确性(5分)	心理画像是否准确反映老年消费者的消费心理和行为特点	
策略针对性(5分)	提出的策略是否针对老年消费者的心理特征,具有可行性	
伦理合规性(3分)	是否避免"过度关怀"式营销,尊重老年消费者的需求和尊严	
团队协作(2分)	组内分工是否合理,协作是否顺畅	

7. 案例总结

知识复盘:回顾老年消费者需求分析的方法,强调心理画像在产品设计和营销策略中的重要性。

价值观引导:如何在营销中尊重老年消费者的需求和尊严?请带着这个问题继续学习。

8. 延伸思考

调研本地老年消费市场,分析某一类老年消费品(如老年食品、老年旅游)的消费心理特征。探讨如何通过产品设计和营销策略,满足老年人对品质和情感体验的需求。

9. 常见误区

误区:将老年消费者的需求简单化,忽视其多样性和复杂性。

走出误区:认识老年消费者同样追求个性化和品质感。

课后思考

1. 老年群体的消费需求层次包括哪些方面?请结合实例说明。

2. 影响老年群体消费心理的外部环境因素有哪些？它们如何影响老年人的消费决策？
3. 老年群体的消费心理特征有哪些特点？这些特征如何影响他们的消费行为？
4. 如何理解老年群体消费心理中的"内部环境因素"？它们对消费行为有何影响？
5. 在分析老年消费行为时，如何平衡外部和内部环境因素的影响？

任务二　为顾客创造价值

案例导入

老张的智能手环体验

老张是一位75岁的退休教师，身体还算硬朗，但有一些慢性病，需要定期监测血压、血糖等指标。他的子女给他买了一款智能手环，这款手环可以实时监测他的健康数据，并将数据同步到子女的手机上。老张刚开始使用智能手环时，觉得非常方便，可以随时了解自己的身体状况，子女也能及时掌握他的健康信息。然而，使用了一段时间后，老张发现智能手环的电池续航能力不强，需要经常充电，给他带来了一些不便。此外，他还发现智能手环的健康数据监测功能虽然强大，但有些数据他看不懂，也不知道该如何利用这些数据来调整自己的生活方式。老张的子女看到他使用智能手环遇到的问题，决定帮他解决。他们联系了智能手环的客服，客服人员耐心地为老张讲解了如何使用手环的各项功能，并告诉他如何根据健康数据来调整饮食和运动。同时，客服人员还为老张提供了一款电池续航能力更强的手环，解决了他频繁充电的问题。经过客服人员的帮助，老张对智能手环的使用体验有了很大的提升，他觉得这款手环不仅方便实用，还能帮助他更好地管理自己的健康。

问题：
1. 你认为智能手环为老张创造了哪些价值？
2. 如果你是智能手环的客服人员，你还会为老张提供哪些服务，以进一步提升他的使用体验？

任务目标

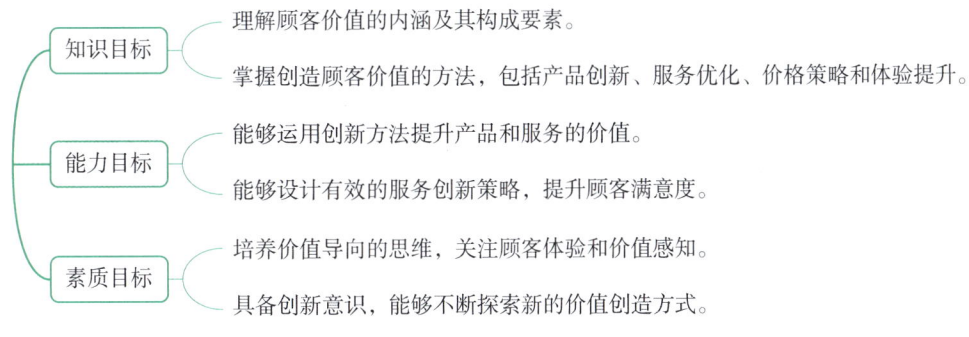

知识梳理

（一）顾客价值的内涵

1. 顾客价值

顾客价值是指顾客在购买和使用产品或服务过程中，所感知的整体利益与付出的整体成本之间的综合平衡。在老龄产业中，顾客价值不仅体现在产品和服务的质量上，还体现在情感体验、便利性、个性化等方面。

对于老年消费者而言，顾客价值的感知尤为重要。老年人在消费过程中往往更注重产品的实用性和安全性，同时也希望获得情感上的满足和尊重。养老服务机构通过提供个性化的护理服务和丰富的文化活动，不仅满足了老年人的基本生活需求，还提升了他们的生活幸福感。

顾客价值的感知还受到服务质量和价格的影响。高质量的服务和合理的价格能够增强老年人对服务的满意度和忠诚度。通过优化服务流程、提升服务人员的专业素质，养老服务机构能够为老年人提供更优质的服务体验，从而提升顾客价值。

2. 顾客价值的构成要素

顾客价值的构成要素主要包括功能性价值、情感性价值、社会性价值和经济性价值。

功能性价值是指产品或服务满足顾客基本需求的能力。在老龄产业中，功能性价值体现在养老服务的质量、医疗保障的可靠性以及老年用品的实用性等方面。适老化家具的设计能够满足老年人的行动不便需求，康复辅助器具能够帮助老年人恢复身体机能。

情感性价值是指产品或服务能够为顾客带来的情感体验。对于老年人而言，情感性价值尤为重要。养老服务机构通过组织文化活动、心理疏导等方式，能够为老年人提供情感上的支持和陪伴，提升他们的生活幸福感。

社会性价值是指产品或服务能够为顾客带来的社会认可和归属感。在老龄产业中，社会性价值体现在老年人参与社区活动、志愿服务等方面。通过举办老年书画展、文艺演出等活动，老年人能够在社会中获得认可和尊重，提升自我价值感。

经济性价值是指顾客在购买产品或服务时所付出的成本与获得的利益之间的关系。在老龄产业中，经济性价值体现在服务的价格合理性、性价比等方面。养老服务机构通过优化成本结构，提供更具性价比的服务，能够吸引更多的老年消费者。

（二）创造顾客价值的方法

1. 产品创新

产品创新是提升顾客价值的重要手段之一。在老龄产业中，产品创新不仅包括开发新的产品和服务，还包括对现有产品的改进和优化。智能健康监测设备的出现为老年人的健康管理提供了新的解决方案。通过实时监测老年人的生命体征数据，家属和医护人员能够及时了解老年人的健康状况，从而提供更精准的医疗服务。此外，适老化智能产品的设计也体现了产品创新的重要性。大字体、大按键的智能手机，能够让老年人更方便地使用智能设备，提升他们的生活便利性。

产品创新还需要关注老年人的个性化需求。养老服务机构可以根据老年人的身体状况和兴趣爱好，提供个性化的康复训练计划和文化活动。通过满足老年人的多样化需求，产品创新能够有效提升顾客价值。

2. 服务优化

服务优化是提升顾客价值的关键环节。在老龄产业中,服务优化可以通过提升服务质量、优化服务流程、增强服务便利性等方式实现。养老服务机构可以通过建立标准化的服务流程,确保服务的一致性和高质量。同时,通过优化服务流程,减少老年人在服务过程中的等待时间和烦琐环节,提升服务效率。建立高效的预约系统和信息管理系统,能够确保老年人在需要服务时能够及时获得帮助。

服务优化还需要注重服务人员的专业素质和服务态度。通过定期的培训和考核,提升服务人员的专业能力和服务意识,能够为老年人提供更优质的服务体验。护理人员通过专业培训,能够更好地为老年人提供生活照料和医疗护理服务,提升老年人的满意度。

3. 价格策略

价格策略是影响顾客价值的重要因素之一。在老龄产业中,合理的价格策略能够提升顾客的性价比感知,增强顾客的购买意愿。养老服务机构可以根据服务的成本和市场定位,制订合理的价格体系。对于高端养老服务,可以通过提供高质量的服务和设施,收取较高的价格;对于社区养老服务,可以通过优化成本结构,提供更具性价比的服务。

价格策略还需要灵活调整。根据市场需求和竞争状况,养老服务机构可以通过打折、提供优惠套餐等方式,吸引老年人购买服务。在淡季推出优惠套餐,或者针对长期入住的老年人提供价格优惠,能够提升顾客的忠诚度和满意度。

4. 体验提升

体验提升是创造顾客价值的重要途径之一。在老龄产业中,体验提升可以通过优化服务环境、丰富文化活动、增强情感互动等方式实现。养老服务机构可以通过优化服务环境,为老年人提供舒适、便利的生活空间。适老化设计的居住环境、整洁的公共区域、丰富的文化设施等都能够提升老年人的生活体验。同时,通过组织多样化的文化活动,如老年兴趣班、文艺演出、旅游活动等,丰富老年人的精神生活,增强他们的幸福感。

体验提升还需要注重情感互动。通过建立良好的沟通机制,服务人员能够及时了解老年人的需求和反馈,为他们提供个性化的服务。定期组织家属探望活动,增强老年人与家属的情感联系,提升他们的生活幸福感。

(三) 顾客价值与顾客忠诚关系

1. 顾客忠诚关系

顾客忠诚关系是指顾客对某一企业或品牌产生认同感、信任感和依赖感,从而在较长时间内持续选择该企业或品牌的产品或服务,并愿意向他人推荐的一种稳定关系状态。在老龄产业中,顾客忠诚关系的构建尤为重要,因为老年群体往往更注重服务的稳定性和可靠性,且其消费行为具有一定的持续性和重复性,稳定且忠诚的顾客群体能够为企业带来持续的收益,降低营销成本,同时有助于企业在市场中树立良好的口碑和品牌形象,增强竞争力。

2. 顾客价值是构建顾客忠诚关系的基石

在老龄产业中,顾客价值的创造为顾客忠诚关系的构建奠定了坚实的基础。老年顾客在选择养老服务或产品时,往往更加注重服务的品质、产品的实用性和性价比。当老年顾客感受到产品或服务真正为他们的生活带来了便利和改善,他们对企业的认同感和信任感便会逐渐增强,进而愿意与企业建立长期稳定的关系。可以说,顾客价值是吸引顾客、留住顾客的关键因素,没有顾客价值的创造,顾客忠诚关系便无从谈起。

3. 顾客忠诚关系促进顾客价值的提升

反作用于顾客价值创造的是顾客忠诚关系的构建。当老年顾客对某一企业产生了忠诚度,他们不仅会持续购买该企业的现有产品或服务,还可能增加消费频次、提高消费金额,甚至愿意尝试企业推出的新产品或服务。以一家提供高品质养老服务的机构为例,如果老年顾客对其服务感到满意并建立了忠诚关系,他们可能会推荐身边的亲友也选择该机构。这种口碑传播不仅为机构带来了新的顾客,还进一步提升了机构的品牌影响力和市场竞争力。同时,忠诚顾客的反馈和建议也能为企业提供宝贵的市场信息,帮助企业更好地了解老年顾客的需求变化,从而优化产品和服务,进一步提升顾客价值。在这种相互促进的关系中,企业能够不断挖掘老年市场的潜力,实现顾客价值和企业效益的共同增长。

4. 信任和忠诚关系在顾客决策中的关键作用

由于养老服务营销的无形性、流程性、异质性和易逝性,老年群体在消费决策时往往面临较大的不确定性和风险感知。服务的无形性使得老年顾客无法在购买前直观地了解服务的内容和质量;流程性意味着顾客需要参与到服务过程中,且服务结果受多种因素影响;异质性导致每次服务的体验可能存在差异;易逝性则使得服务无法储存和转售,一旦错过消费时机或服务出现问题,老年顾客将无法获得相应的补偿或补救。因此,在这种情况下,老年顾客更倾向于依赖他们对企业的信任和忠诚关系来降低决策风险。他们会选择那些他们信任的企业,相信其能够提供符合预期甚至超出预期的服务。这种信任和忠诚关系成为老年顾客消费决策的重要依据,同时也促使企业在创造顾客价值和构建顾客忠诚关系上不断努力。

价值升级计划——老年健康体检服务的优化设计

1. 案例背景

某体检中心老年客户流失率高,主要原因是体检流程复杂、体检报告解读不清晰,以及缺乏针对老年人的个性化服务。为了提升老年客户的满意度和忠诚度,体检中心决定启动"价值升级计划",通过优化服务流程、增加附加值服务,为老年客户提供更具价值的健康体检体验。与此同时,体检中心希望通过此次服务升级,体现企业的社会责任,关注老年群体的健康需求,推动社会对老年健康的重视。

2. 案例目标

为体检中心设计一套包含"产品创新+体验提升"的综合优化方案,提升老年客户的满意度和忠诚度,同时体现企业的社会责任。

3. 思政融入点

关注普惠性,倡导推出低收入老年人专项补贴套餐,树立"健康服务人人平等"的理念,反对因经济因素而忽视老年人的健康需求。

4. 案例准备

材料:体检中心客户流失数据、老年健康体检市场调研报告、相关政策文件(如老年人健康管理补贴政策)。

工具:PPT模板、流程图绘制软件、成本测算表格。

5. 实施步骤（共 45 分钟）

表 2-2-1 实施步骤

阶段	任务	时间	要求
1. 痛点分析	分析老年客户流失的原因，提炼关键痛点（如流程复杂、解读不清晰）	10 分钟	使用鱼骨图工具，标注主要问题
2. 方案设计	设计优化方案，包括简化服务流程、增加个性化服务（如健康管家、专家解读）	20 分钟	使用流程图展示优化后的服务流程
3. 成本收益测算	估算优化方案的成本投入与预期收益，考虑社会责任成本（如补贴套餐）	10 分钟	使用表格进行成本收益分析
4. 路演	用PPT展示优化方案，模拟向体检中心管理层汇报	5 分钟	突出价值提升和社会责任体现

6. 案例考评标准（满分 20 分）

表 2-2-2 案例实施评价表

维度	评分细则	分数
创新性（5分）	方案是否具有创新性，能否有效解决老年客户痛点	
可行性（5分）	方案是否具有可操作性，成本收益是否合理	
社会价值贡献度（5分）	是否体现普惠性，关注低收入老年人的健康需求	
团队协作（3分）	组内分工是否合理，协作是否顺畅	
汇报效果（2分）	PPT展示是否清晰，逻辑是否连贯	

7. 案例总结

知识复盘：回顾为顾客创造价值的核心要点，强调服务优化和个性化体验的重要性。

价值观引导：如何在追求经济效益的同时兼顾社会责任？请带着这个问题继续学习。

8. 延伸思考

调研本地其他体检中心或医疗机构，分析其在老年健康服务方面的不足，并提出改进建议。探讨如何通过政策支持（如政府补贴）和企业合作，提升老年健康服务的普惠性。

9. 常见误区

误区：过于关注服务升级的经济效益，忽视社会责任的体现。

走出误区：认识普惠性服务的社会价值。

课后思考

1. 顾客价值的内涵包括哪些方面？如何通过产品创新创造顾客价值？
2. 在养老服务中，如何通过服务优化提升顾客价值？
3. 价格策略对创造顾客价值有何影响？如何制订合理的价格策略？
4. 在养老服务中，如何通过体验提升为顾客创造价值？
5. 如何运用创新方法提升养老服务产品的价值？

任务三 了解顾客的评价

案例导入

老王的养老院选择

老王今年70岁，由于子女工作繁忙，无法照顾他，他决定住进养老院。在选择养老院的过程中，他听说了一家名为"幸福之家"的养老院，这家养老院的口碑很好，很多住过的老年人说服务周到，设施齐全。老王决定去实地考察一下。当他来到"幸福之家"养老院时，发现这里的环境确实不错，房间宽敞明亮，设施也很齐全。然而，在与工作人员交流的过程中，老王发现他们对老年人的需求了解不够深入，比如在饮食方面，没有考虑到老年人的特殊需求，提供的饭菜比较油腻，不适合老年人食用。此外，老王还发现养老院的娱乐活动比较单一，主要是看电视、下棋等，缺乏一些更有意义的活动，如文化学习、手工制作等。老王对"幸福之家"养老院的评价有些失望，他觉得虽然这家养老院的硬件设施不错，但在服务质量和活动安排方面还有很大的提升空间。他决定再考察几家养老院，对比一下，再做出选择。

问题：
1. 你认为老王在选择养老院时，主要考虑的因素有哪些？
2. 如果你是"幸福之家"养老院的负责人，你会如何改进服务，提高老年人的满意度？

任务目标

- **知识目标**
  - 掌握顾客评价的维度与指标，包括服务质量、产品性能和价格合理性。
  - 理解影响顾客评价的个人和环境因素。
- **能力目标**
  - 能够设计有效的顾客反馈机制，收集和分析顾客评价数据。
  - 能够根据顾客评价结果制定满意度提升策略。
- **素质目标**
  - 培养以顾客为中心的服务理念，关注顾客反馈和满意度。
  - 具备数据分析能力，能够从顾客评价中提炼有价值的信息。

知识梳理

（一）顾客评价的维度与指标

1. 服务质量

服务质量是顾客评价的核心维度之一，尤其在老龄产业中，服务质量直接影响老年人的生活体验和满意度。服务质量的评价通常包括以下四个方面。

第一,专业性。服务人员是否具备专业知识和技能,能否为老年人提供符合其需求的服务。护理人员是否经过专业培训,能否熟练操作康复设备。

第二,响应性。这包括服务的及时性和效率,即服务人员能否在老年人需要时及时提供帮助,紧急呼叫系统的响应时间、服务预约的处理速度等。

第三,可靠性。服务的稳定性和一致性,即服务是否能够持续、稳定地满足老年人的需求。医疗服务是否按时进行,康复训练是否按计划执行。

第四,移情性。服务人员是否能够理解并关心老年人的需求和感受,提供个性化服务。护理人员是否能够根据老年人的情绪和身体状况调整服务方式。

2. 产品性能

产品性能是顾客评价的另一个重要维度,尤其是在涉及老年用品和服务时。产品性能的评价通常包括以下四个方面。

第一,功能性。产品是否能够满足老年人的基本需求。适老化家具是否方便老年人使用,康复辅助器具是否能够有效辅助康复训练。

第二,安全性。产品是否安全可靠,是否存在潜在风险。老年人使用的智能设备是否存在误操作的风险;适老化设施是否符合安全标准。

第三,耐用性。耐用性即产品的使用寿命和耐用程度。老年用品是否能够长期使用而不出现质量问题。

第四,易用性。产品是否易于操作和使用。智能设备的界面是否简洁明了,适老化设计是否符合老年人的操作习惯。

在老龄产业中,产品性能的提升需要从产品设计、质量控制和售后服务等多方面入手。通过引入用户反馈机制,不断优化产品设计,能够有效提升产品的性能和用户体验。

3. 价格合理性

价格合理性是影响顾客评价的重要因素之一。在老龄产业中,老年人及其家庭对价格的敏感度较高,因此价格合理性直接影响顾客的满意度和忠诚度。价格合理性的评价通常包括以下三个方面。

其一,性价比。产品或服务的价格是否与其提供的价值相匹配。养老服务机构提供的服务是否物有所值,老年用品的价格是否合理。

其二,透明性。价格是否清晰透明,是否存在隐藏费用。养老服务的收费标准是否明确,老年用品的价格是否包含所有费用。

其三,灵活性。价格是否能够根据不同的需求和情况提供优惠或调整。养老服务机构是否提供不同的套餐选择,老年用品是否提供分期付款等灵活的支付方式。

在老龄产业中,价格合理性的提升需要从成本控制、定价策略和透明度管理等多方面入手。通过优化服务流程和成本结构,企业可以在保证服务质量的同时,提供更具性价比的产品和服务。

(二)影响顾客评价的因素

1. 个人因素

个人因素是影响顾客评价的重要方面,尤其在老龄产业中,老年人的个人背景和需求差异较大。个人因素主要包括以下几个方面。

年龄和健康状况。老年人的年龄和健康状况直接影响其对产品和服务的需求和评价。健康状况较差的老年人可能更关注医疗服务的质量,而健康状况较好的老年人可能更注重生活品质的提升。

消费习惯和偏好。老年人的消费习惯和偏好决定了其对产品和服务的接受度。一些老年人习惯于传统的生活方式,对新兴的智能设备和服务接受度较低;另一些老年人则愿意尝试新的技术和产品。

经济状况。老年人的经济状况直接影响其对价格的敏感度和消费能力。经济条件较好的老年人可能更注重服务的品质和个性化,而经济条件较差的老年人则更关注价格的合理性。

教育背景和认知水平。老年人的教育背景和认知水平影响其对产品和服务的理解和评价。受教育程度较高的老年人可能更注重产品的功能和安全性,而受教育程度较低的老年人可能更关注产品的易用性和实用性。

在老龄产业中,企业需要通过市场调研和用户画像,深入了解老年人的个人因素,从而提供更符合其需求的产品和服务。

2. 环境因素

环境因素也是影响顾客评价的重要方面,尤其在老龄产业中,服务环境和外部条件对老年人的体验有显著影响。环境因素主要包括以下几个方面。

服务环境。服务场所的设施、环境布置和服务氛围直接影响老年人的体验。养老服务机构的居住环境是否舒适、整洁,公共设施是否齐全,都会影响老年人的满意度。

社会支持。家庭、朋友和社会的支持程度也会影响老年人对产品和服务的评价。子女对养老服务的支持和认可能够增强老年人的消费信心。

政策环境。政府的政策支持和监管措施对老龄产业的发展和顾客评价有重要影响。政府对养老服务的补贴政策能够降低老年人的消费成本,提升其满意度。

市场竞争。市场竞争的激烈程度也会影响顾客评价。在竞争激烈的市场中,企业为了吸引顾客,往往会提供更优质的产品和服务,从而提升顾客的满意度。

在老龄产业中,企业需要通过优化服务环境、加强社会合作和关注政策动态,提升顾客的整体体验和满意度。

(三)顾客反馈与满意度管理

1. 顾客反馈的收集

顾客反馈是了解顾客评价的重要途径,尤其在老龄产业中,及时收集和处理顾客反馈能够帮助企业优化产品和服务。顾客反馈的收集可以通过问卷调查、在线评价、现场访谈、投诉处理等方式实现。

社区居家养老服务满意度调查表示例

问卷调查。通过设计科学合理的问卷,收集老年人及其家属的意见和建议。问卷可以包括服务满意度、产品性能、价格合理性等方面的问题。

在线评价。利用互联网平台和社交媒体,收集顾客的在线评价和反馈。养老服务机构可以通过官方网站或社交媒体账号,收集老年人及其家属的评价。

现场访谈。通过与老年人及其家属的面对面交流,深入了解他们的需求和意见。定期组织座谈会或上门访谈,收集顾客的真实反馈。

投诉处理。建立完善的投诉处理机制,及时处理顾客的投诉和不满。通过分析投诉内容,企业可以发现服务中的问题和不足,及时进行改进。

在老龄产业中,企业需要通过多种渠道收集顾客反馈,建立完善的反馈机制,确保能够及时了解顾客的需求和意见。

2. 满意度的提升策略

提升顾客满意度是企业持续发展的关键,尤其在老龄产业中,顾客满意度直接影响企业的市场竞争力和可持续发展。提升顾客满意度可以通过以下几种策略实现。

优化产品和服务。根据顾客反馈,不断优化产品和服务的质量。通过改进服务流程、提升产品性能,满足老年人的多样化需求。

增强顾客体验。通过优化服务环境、丰富文化活动、提升服务便利性等方式,增强老年人的生活体验。养老服务机构可以通过组织多样化的文化活动,提升老年人的生活幸福感。

建立顾客关系管理(CRM)系统。通过建立顾客关系管理系统,记录顾客的需求和反馈,实现个性化服务。根据顾客的历史消费记录和反馈,为其提供定制化的服务方案。

提升服务质量。通过培训服务人员、优化服务流程、提升服务环境等方式,提升服务质量。定期组织服务人员培训,提升其专业素质和服务意识。

在老龄产业中,企业需要通过多种策略提升顾客满意度,建立长期的顾客关系,从而实现企业的可持续发展。

 **案例实操**

倾听"银发心声"——养老院满意度调研与改进计划

1. 案例背景

某养老院近期收到多起投诉,主要集中在餐饮质量欠佳、活动安排单调、居住环境不舒适等方面。院长意识到,养老院的服务质量直接影响老年人的生活体验和家属的满意度,因此决定通过系统化的满意度调研,深入了解老年人及其家属的需求和建议,制订针对性的改进计划,提升整体服务质量。养老院希望通过此次调研,建立长期的反馈机制,让老年人和家属感受到养老院的关怀与尊重,增强信任感。

2. 案例目标

设计一套完整的满意度调研工具,分析调研数据,提出针对性的改进措施,为养老院制订长期的服务优化计划提供依据。

3. 思政融入点

强化服务伦理,建立匿名反馈机制,保护老年人隐私,树立"以用户为中心"的服务理念,反对形式主义,确保调研结果真实、有效。

4. 案例准备

材料:养老院现有服务流程、过往投诉记录、老年人生活需求调研报告。

工具:问卷设计软件、数据分析软件(如 Excel)、PPT 模板。

5. 实施步骤(共 45 分钟)

拓展资源

表 2-3-1 实施步骤

阶段	任务	时间	要求
1. 问卷/访谈设计	设计满意度调研问卷和访谈提纲,涵盖餐饮、活动、居住环境等方面	15 分钟	问卷需包含定量问题(如评分)和定性问题(如建议);访谈提纲需突出重点
2. 数据分析	模拟调研数据收集,使用数据分析工具进行初步分析,提炼关键问题	15 分钟	使用 Excel 进行数据分析,绘制图表展示问题分布
3. 改进方案	根据分析结果,提出针对性的改进措施,如优化餐饮菜单、增加文化活动等	10 分钟	方案需具体、可操作,结合老年人需求和养老院实际
4. 汇报	用 PPT 展示调研结果和改进方案,模拟向养老院管理层汇报	5 分钟	突出问题重点和改进措施的可行性

6. 案例考评标准(满分20分)

表2-3-2 案例实施评价表

维度	评 分 细 则	分数
调研工具有效性(5分)	问卷和访谈提纲是否科学合理,能否全面覆盖老年人需求	
问题诊断深度(5分)	数据分析是否深入,能否准确提炼关键问题	
改进措施实操性(5分)	提出的改进措施是否具体、可行,能否有效解决问题	
思政体现(3分)	是否有效融入服务伦理,保护老人隐私,反对形式主义	
团队协作(2分)	组内分工是否合理,协作是否顺畅	

7. 案例总结

知识复盘:回顾顾客满意度调研的流程和方法,强调数据收集与分析的重要性。

价值观引导:如何在服务中体现对老年人的尊重和关怀?请带着这个问题继续学习服务伦理。

8. 延伸思考

调研本地养老院或其他养老服务机构,分析其在满意度管理方面的不足,并提出改进建议。

探讨如何通过技术手段(如智能反馈系统),提升养老服务机构的反馈效率和处理能力。

9. 常见误区

误区:过于关注调研工具的设计,而忽视了数据的深度分析和改进措施的实操性。

走出误区:强调问题导向和持续改进的重要性。

课后思考

1. 顾客评价的维度与指标有哪些?如何通过这些指标评估服务质量?
2. 影响顾客评价的个人因素有哪些?如何通过市场调研了解这些因素?
3. 环境因素如何影响顾客评价?在养老服务中,如何优化服务环境?
4. 如何通过顾客反馈机制提升顾客满意度?
5. 在养老服务中,如何根据顾客评价结果制订满意度提升策略?

项目三

养老服务产品市场战略

市场细分是市场营销的基石。
——[美]温德尔·史密斯《产品差异化与市场细分作为替代性市场战略》

市场战略是企业为实现其整体经营目标,在特定的市场环境中,针对目标顾客群体,所制订的关于如何有效竞争、创造和传递顾客价值、建立可持续竞争优势的长期性、全局性规划和行动纲领。清晰的市场战略能够引导企业精准识别并聚焦最具潜力的目标老年细分市场,避免资源分散;能够通过科学的竞争定位,建立独特的市场形象和价值主张,有效区别于竞争对手。

市场调研是确定养老服务产品市场战略的重要基石。它通过系统运用科学的调研方法,深入了解老年群体的生理、心理、社会需求、偏好及其演变趋势,评估市场潜力、竞争格局和机会,为所有后续战略决策提供客观、可靠的数据支持和洞察基础。老龄市场定位是基于市场调研的发现,所进行的关键战略选择,它要求企业依据差异化、客户导向、资源匹配、可持续性和一致性等原则,综合考量目标市场特性、竞争态势和自身核心能力,为养老服务产品或品牌在目标顾客心智中设计并占据一个独特、有利的位置。深入的市场调研是精准市场定位的前提和依据,确保定位决策基于事实而非臆测;明确的市场定位则是市场调研价值实现的战略落点,它将调研发现的顾客需求和市场机会转化为具体的竞争策略和价值主张。

本项目系统整合市场调研与市场定位的知识与技能,这些内容共同构成了企业制定市场战略的理论基础。这些理论知识可以帮助企业明确竞争方向、聚焦资源、创造并传递卓越顾客价值,从而制订科学合理的市场战略,在老龄产业中建立持久的竞争优势,实现可持续发展目标。

项目导图

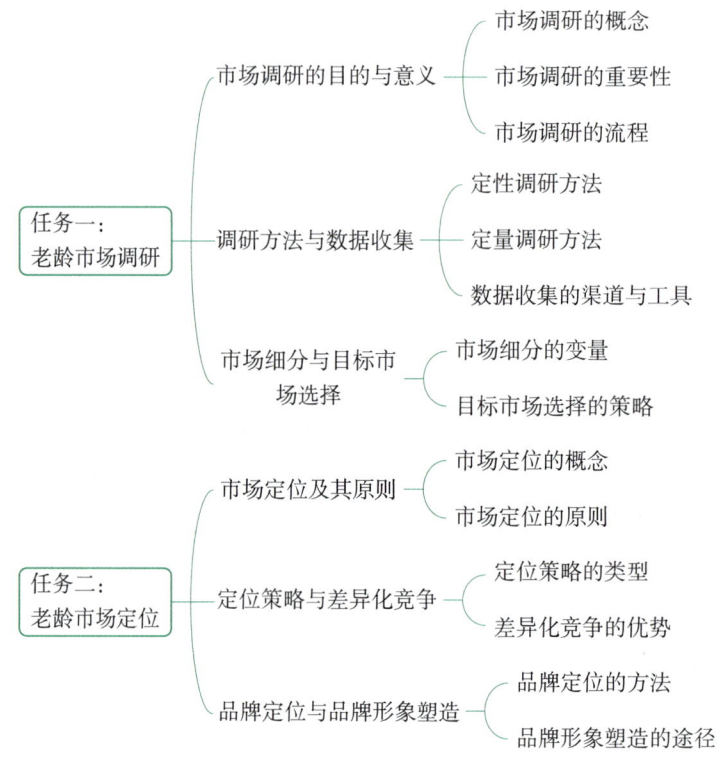

任务一 老龄市场调研

案例导入

老年用品商店的市场调研

老李开了一家老年用品商店,主要销售一些老年人常用的生活用品,如拐杖、轮椅、助听器等。然而,近年来,随着老年人需求的多样化,老李发现自己的商店销售额逐渐下降。为了解老年人的真实需求,他决定进行一次市场调研。他首先在社区里发放了一些问卷,询问老年人对现有老年用品的满意度,以及他们希望商店能提供哪些新的产品和服务。然而,回收的问卷数量很少,而且很多老年人对问卷上的问题不太理解,填写得也不认真。老李意识到,这种传统的调研方式可能不太适合老年人。于是,他决定改变调研方式,亲自到社区里与老年人进行面对面的交流。他发现,很多老年人对智能老年用品很感兴趣,如智能拐杖、智能轮椅等,这些产品不仅可以提供基本的功能,还能通过手机APP进行控制,方便老年人使用。此外,老年人还希望商店能提供一些个性化的服务,如上门维修、产品试用等。通过这次市场调研,老李对老年人的需求有了更深入的了解,他决定调整商店的产品和服务,以满足老年人的需求。

问题:
1. 你认为老李在市场调研过程中,采用了哪些调研方法?
2. 如果你是老李,你会如何根据市场调研结果,调整商店的产品和服务?

任务目标

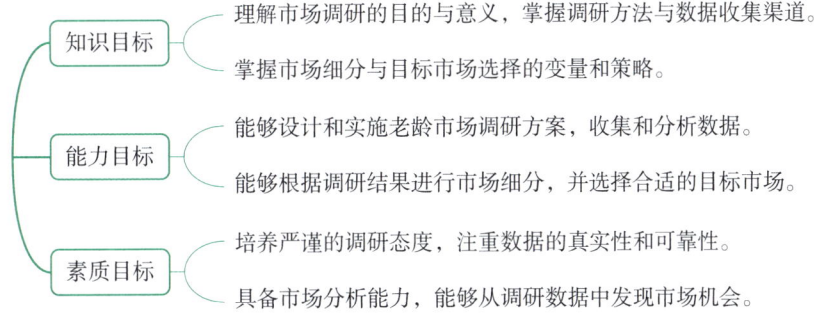

- 知识目标:
  - 理解市场调研的目的与意义,掌握调研方法与数据收集渠道。
  - 掌握市场细分与目标市场选择的变量和策略。
- 能力目标:
  - 能够设计和实施老龄市场调研方案,收集和分析数据。
  - 能够根据调研结果进行市场细分,并选择合适的目标市场。
- 素质目标:
  - 培养严谨的调研态度,注重数据的真实性和可靠性。
  - 具备市场分析能力,能够从调研数据中发现市场机会。

知识梳理

(一)市场调研的目的与意义

1. 市场调研

市场调研是通过科学的方法和手段,系统地收集、整理和分析市场信息,以了解市场需求、消费者行为、竞争态势等,为企业的决策提供依据的过程。在老龄产业中,市场调研尤为重要,因为它能够帮助企业深入了解老年人的需求和偏好,从而开发出更符合市场需求的产品和服务。

2. 市场调研的重要性

市场调研在老龄产业中具有极其重要的意义,主要体现在以下几个方面。

发现市场机会。通过市场调研,企业可以发现老年人未被满足的需求和潜在的市场机会。随着老年人健康意识的提高,对康复护理和健康管理服务的需求不断增加,企业通过调研发现这一趋势,可以开发相关产品和服务。

了解消费者需求。市场调研能够帮助企业深入了解老年人的需求和偏好,从而开发出更符合市场需求的产品和服务。例如,企业通过调研,发现老年人对适老化产品的设计和功能有特殊需求,可以据此优化产品设计。

评估市场潜力。市场调研可以帮助企业评估老龄市场的规模和潜力,从而制订合理的市场进入策略和营销计划。通过分析老年人的消费能力和消费习惯,企业可以预测市场规模和增长趋势。

优化营销策略。市场调研能够为企业提供关于竞争对手的信息,帮助企业了解市场格局和竞争态势,从而优化营销策略。通过分析竞争对手的产品和服务特点,企业可以找到差异化竞争优势。

提升客户满意度。通过市场调研,企业可以及时了解老年人的反馈和建议,从而优化产品和服务,提升客户满意度。通过定期收集老年人的意见,企业可以改进服务流程和服务质量。

市场调研是老龄产业企业制订市场战略、开发产品和服务、提升竞争力的重要工具。通过科学的调研方法和数据分析,企业可以更好地把握市场动态,满足老年人的需求,实现可持续发展。

3. 市场调研的流程

市场调研常规流程见表3-1-1。

图3-1-1 市场调研流程

(1) 确定调研目标

市场调研的第一步是明确调研目标。例如,一家计划拓展社区养老服务的新企业,其调研目标可能是精准了解目标社区老年人群的生活照料需求、对现有社区养老服务的满意度以及他们愿意承担的服务费用区间。调研目标的确定需要综合考虑社区的人口结构、经济发展水平以及现有养老服务的供给情况等诸多因素。确定调研目标后,需与相关利益者,如社区居委会、老年活动组织等,进行充分沟通,确保调研方向的精准性,避免调研结果与实际需求脱节。

(2) 制订调研计划

在确定调研目标后,接下来要制订详细的调研计划。先是确定调研对象,对于社区养老服务调研而言,调研对象主要涵盖社区内60岁以上的老年人,同时也要考虑其子女等决策影响者,还要包括社区工作人员、现有养老服务提供者等不同角色,以确保样本的全面性和代表性。然后是选择调研方法,规划调研的时间安排,从问卷设计、数据收集到分析报告的每个环节都要有明确的时间节点,以保证调研进程的有序推进。

(3) 收集数据

在明确调研计划后,正式进入数据收集阶段。数据收集的内容主要包括社区老年人的基本信息,如年龄、性别、健康状况、家庭结构等,还包括他们的生活照料需求,如日常护理、餐饮服务、康复护理等方面的具体要求,对现有社区养老服务的满意度评价,涵盖服务质量、服务态度、服务设施等方面,以及他们对服务费用的接受程度,如愿意支付的价格区间和支付方式偏好。同时,还需收集其子女等决策影响者对养老服务的看法和建议,以及社区工作人员、现有养老服务提供者对社区养老服务现状和改进方向的反馈,以全面掌握社区养老服务的供需情况。

（4）数据分析

收集到足够的数据后,进入数据分析阶段。先对数据进行分类整理,按照不同的维度,如年龄、健康状况、消费习惯等,将数据分组,以便更清晰地呈现数据特征。然后运用统计分析方法,如进行描述性统计分析,计算均值、标准差等指标,了解数据的集中趋势和离散程度,而相关性分析则用于探讨不同变量之间的关系,如老年人的健康状况与他们对康复服务需求之间的相关性。还可以运用更高级的数据分析工具,如因子分析、聚类分析等,挖掘数据背后的潜在结构和模式,如将老年人按照服务需求特征进行聚类,发现不同养老群体的需求差异。数据分析过程中,要结合调研目标,从数据中提取有价值的信息,为后续的决策提供依据。

（5）撰写调研报告

调研报告是市场调研成果的最终呈现形式。报告开头要简要介绍调研背景和目的,迅速呈现调研的初衷,如说明社区养老服务调研是为了更好地满足老年人生活需求、提升社区养老服务质量。接着详细阐述调研方法,包括调研对象的选择、样本量的确定以及数据收集和分析的具体方式,以便读者评估调研的科学性和可靠性。然后是核心的数据分析结果展示,通过图表、图形等直观的方式呈现关键数据和发现,如不同社区养老服务项目的满意度对比图表、老年人对服务价格的敏感度分布图等。最后是基于数据分析结果提出针对性的建议和策略,为社区养老服务的改进和创新提供明确的方向,如增加特定的康复服务项目、调整服务收费标准等,这些建议要紧密结合调研数据和社区养老实际情况,具有可操作性。

（6）后续跟进

调研报告完成后,调研工作并非就此结束。要对报告中的建议和策略进行跟踪反馈,了解这些建议在实际社区养老服务操作中的效果。比如,社区根据调研建议增加了新的服务项目后,要持续关注该项目的参与人数、老年人及其家属的反馈等,判断是否达到预期目标。同时,养老市场和社区情况是动态变化的,企业需要定期回顾调研结果,结合新的政策、人口流动等因素,评估是否需要开展新的调研项目,以不断更新和优化市场信息,保持社区养老服务的适应性和竞争力。

（二）调研方法与数据收集

1. 定性调研方法

定性调研方法主要通过非量化的方式收集和分析数据,以深入了解消费者的动机、态度和行为。在老龄产业中,常用的定性调研方法包括深度访谈法、焦点小组讨论法、观察法等。

（1）深度访谈法

通过与老年人或其家属进行一对一访谈,深入了解他们的需求、偏好和消费行为。深度访谈可以帮助企业发现潜在的市场机会和问题,获取消费者的真实想法和感受。通过访谈了解老年人对养老服务的期望和不满之处。

（2）焦点小组讨论法

组织一组具有代表性的老年人或其家属,围绕特定主题进行讨论。焦点小组讨论可以激发消费者的思维,发现新的需求和问题。比如,组织老年人讨论对适老化产品的设计和功能需求。

（3）观察法

通过观察老年人在实际生活中的行为和使用习惯,了解他们的需求和偏好。观察老年人在养老机构

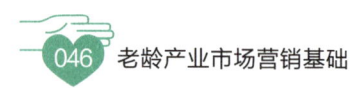

中的活动,了解他们对设施和服务的使用情况。

定性调研方法的优势在于能够深入了解消费者的内心想法和行为动机,但其缺点是样本量较小,结论的普遍性有限。因此,定性调研通常用于初步探索市场问题和需求,为进一步的定量调研提供方向。

2. 定量调研方法

定量调研方法通过量化的方式收集和分析数据,以获取具有统计意义的结论。在老龄产业中,常用的定量调研方法包括问卷调查法、抽样调查法、数据分析法等。

(1) 问卷调查法

通过设计科学合理的问卷,收集大量老年人或其家属的意见和反馈。问卷调查可以通过线上或线下方式进行,在线上进行问卷调查具有成本低、效率高的优点。比如,通过问卷调查了解老年人对养老服务的满意度和需求。

(2) 抽样调查法

从目标市场中随机抽取一部分样本进行调查,通过分析样本数据推断整体市场的特征。抽样调查需要科学的抽样设计,以确保样本的代表性和结论的可靠性。比如,通过抽样调查,了解老年人的消费习惯和偏好。

(3) 数据分析法

通过统计分析方法,对收集到的数据进行处理和分析,得出具有统计意义的结论。数据分析可以帮助企业发现市场规律和趋势,为决策提供依据。比如,通过数据分析,了解老年人对不同服务项目的接受度和满意度。

定量调研方法的优势在于能够提供具有统计意义的结论,但其缺点是难以深入了解消费者的内心想法和行为动机。因此,定量调研通常用于验证定性调研的结论,或对市场进行全面评估。

3. 数据收集的渠道与工具

数据收集是市场调研的重要环节,选择合适的渠道和工具能够提高数据收集的效率和质量。在老龄产业中,常用的数据收集渠道和工具包括以下几种。

线上渠道。互联网平台和社交媒体是重要的数据收集渠道。通过在线问卷调查、社交媒体投票、论坛讨论等方式,收集老年人或其家属的意见和反馈。此外,大数据分析工具可以用于收集和分析互联网上的公开数据,了解市场动态和消费者行为。

线下渠道。线下渠道包括社区调研、养老机构走访、活动现场调查等。比如:通过在社区组织问卷调查或访谈,了解老年人的需求和偏好;通过走访养老机构,观察设施和服务的使用情况。

专业调研机构。委托专业的市场调研机构进行数据收集和分析,可以提高调研的专业性和可靠性。专业调研机构通常具有丰富的经验和专业的工具,能够提供高质量的调研服务。

政府和行业协会。政府和行业协会发布的统计数据和研究报告是重要的数据来源。这些数据具有权威性和可靠性,可以为企业的市场调研提供参考。比如,国家统计局发布的老年人口数据和消费数据,可以为老龄产业企业提供宏观市场信息。

(三) 市场细分与目标市场选择

1. 市场细分的变量

市场细分是将一个整体市场划分为若干具有相似需求和特征的子市场的过程。在老龄产业中,市场细分可以帮助企业更好地了解老年人的多样化需求,从而开发出更具针对性的产品和服务。常用的市场细分变量包括人口统计变量、地理变量、心理变量、行为变量。

人口统计变量包括年龄、性别、收入、教育程度、家庭结构等。根据年龄将老年人分为低龄老人(60—

70岁)、中龄老人(70—80岁)和高龄老人(80岁以上),不同年龄段的老年人对产品和服务的需求存在差异。

地理变量包括地区、城市规模、气候等。不同地区的老年人对养老服务的需求和消费能力可能不同,城市老年人可能更注重服务的便利性和品质,而农村老年人可能更关注价格和实用性。

心理变量包括生活方式、消费观念、兴趣爱好等。根据生活方式将老年人分为活跃型、休闲型和居家型,不同生活方式的老年人对文化娱乐、旅游和居家服务的需求不同。

行为变量包括购买行为、品牌忠诚度、使用频率等。根据购买行为,可将老年人分为价格敏感型和品质追求型,不同类型的老年人对产品和服务的选择标准不同。

通过综合运用多种细分变量,企业可以更精准地识别目标市场,开发出符合市场需求的产品和服务。

2. 目标市场选择的策略

目标市场选择是企业在市场细分的基础上,根据自身资源和能力,选择一个或多个子市场作为营销目标的过程。在老龄产业中,目标市场选择的策略包括无差异营销策略、差异化营销策略和集中化营销策略(见图3-1-2)。

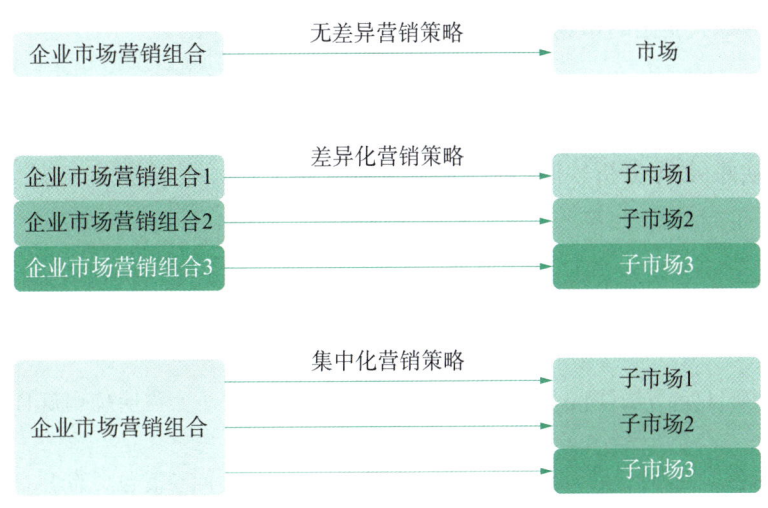

图3-1-2 市场营销策略

无差异营销策略即将整个老龄市场视为一个整体,提供统一的产品和服务。这种策略的优点是成本低、规模效应明显,但缺点是无法满足老年人的多样化需求。一些大型养老服务机构采用这种策略,提供标准化的服务套餐。

差异化营销策略即针对不同的子市场,开发和提供差异化的产品和服务。这种策略的优点是能够满足老年人的多样化需求,提升客户满意度,但缺点是成本较高。一些高端养老服务机构针对高收入老年人提供个性化、高品质的服务,而一些社区养老服务机构则针对低收入老年人提供经济实惠的服务,就是差异化营销策略的体现。

集中化营销策略即选择一个或几个特定的子市场,集中资源进行深入开发和服务。这种策略的优点是能够深入了解目标市场的需求,提供高度专业化的产品和服务,但缺点是市场风险较高。比如,一些养老服务机构专注于康复护理服务,针对患有慢性疾病的老年人提供专业的护理和康复训练。

企业选择目标市场策略时,需要综合考虑自身的资源和能力,以及目标市场的需求和竞争态势。通过精准的目标市场选择,企业可以提升市场竞争力,实现可持续发展。

精准触达银发需求——社区养老市场调研实战

1. 案例背景

某企业计划在社区开设日间照料中心,但对社区内老年人的需求、消费习惯以及现有竞争环境缺乏深入了解。为了确保项目的成功,企业需要一份详细的市场调研报告,以评估社区养老需求、分析竞争对手,并制订相应的市场进入策略。同时,企业希望通过此次调研,体现对老年群体的关怀,推动社区养老事业的发展。

2. 案例目标

完成一份包含定量(问卷)与定性(访谈)调研的社区养老市场调研报告,评估社区养老需求与竞争环境,为企业的市场进入策略提供数据支持。

3. 思政融入点

倡导"需求导向"而非"资本驱动",优先覆盖老旧社区,关注弱势老年群体的需求,树立以用户需求为核心的服务理念,反对唯利是图的市场行为。

4. 案例准备

材料:社区老年人口数据、现有养老机构信息、相关政策文件。

工具:问卷设计软件、数据分析软件(如 Excel)、访谈记录工具。

5. 实施步骤(共 45 分钟)

表 3-1-1 实施步骤

阶段	任务	时间	要求
1. 调研方案设计	确定调研目标、方法(问卷、访谈)和样本范围(社区老年人及家属)	10 分钟	方案需明确调研目的、方法和样本选择标准
2. 数据收集模拟	设计问卷并模拟进行数据收集,对社区老年人及家属访谈,记录需求和意见	15 分钟	问卷需包含需求、消费习惯等问题;访谈需围绕服务需求展开
3. 分析报告	使用数据分析工具对模拟数据进行分析,提炼关键需求和竞争态势	15 分钟	使用 Excel 进行数据分析,绘制图表展示结果
4. 汇报	用 PPT 展示调研结果,提出市场进入策略建议	5 分钟	突出需求导向和思政元素,展示调研成果

6. 案例考评标准(满分 20 分)

表 3-1-2 案例实施评价表

维度	评 分 细 则	分数
方法科学性(5分)	调研方法是否科学合理,问卷和访谈设计是否专业	
数据真实性(5分)	模拟数据收集是否真实可靠,分析是否准确	
结论实用性(5分)	调研结论是否具有实际应用价值,能否为市场策略提供依据	
思政体现(3分)	是否有效融入思政元素,如关注弱势群体需求	
团队协作(2分)	组内分工是否合理,协作是否顺畅	

7. 案例总结

知识复盘:回顾市场调研的基本流程和方法,强调需求导向的重要性。

价值观引导:如何在市场调研中体现对老年群体的关怀?请带着这个问题继续学习。

8. 延伸思考

调研本地社区养老市场,分析现有养老机构的优势和不足,提出改进建议。探讨如何通过政策支持和企业合作,推动社区养老事业的发展。

9. 常见误区

误区:过于关注数据收集,而忽视了调研的深度和思政元素的融入。

走出误区:强调需求导向和人文关怀的重要性。

课后思考

1. 市场调研的目的是什么?在老龄产业中,如何体现其重要性?
2. 定性调研方法和定量调研方法各有哪些特点?在老龄市场调研中如何选择?
3. 市场细分的变量有哪些?如何根据这些变量进行市场细分?
4. 目标市场选择的策略有哪些?如何根据企业资源选择合适的目标市场?
5. 在老龄市场调研中,如何确保数据的真实性和可靠性?

任务二 老龄市场定位

案例导入

高端养老社区的市场定位

某房地产开发商计划在城市郊区开发一个高端养老社区,目标客户是高收入的老年人。为了更好地满足目标客户的需求,开发商对市场进行了深入的调研。他们发现,高收入老年人对养老社区的环境、设施、服务质量等方面有很高的要求。他们希望养老社区能有优美的自然环境,如湖泊、花园等,能提供高端的居住设施,如豪华公寓、私人会所等,还能提供优质的养老服务,如专业的医疗团队、个性化的餐饮服务等。此外,高收入老年人还注重社交活动,希望养老社区能组织各种高端的社交活动,如高尔夫球赛、音乐会、品酒会等,让他们有机会结交志同道合的朋友。开发商根据这些调研结果,对养老社区进行了精准的市场定位。他们在社区规划中,充分考虑了高收入老年人的需求,打造了一个集居住、休闲、娱乐、医疗于一体的高端养老社区。社区内有豪华的公寓、私人会所、高尔夫球场、音乐厅等设施,还配备了专业的医疗团队和高素质的服务人员。此外,社区还定期组织各种高端的社交活动,满足老年人的社交需求。经过一段时间的运营,这个高端养老社区受到了高收入老年人的欢迎,入住率不断提高。

问题:

1. 你认为这个高端养老社区的市场定位有哪些特点?
2. 如果你是开发商,你还会采取哪些措施来提升养老社区的竞争力?

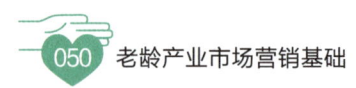

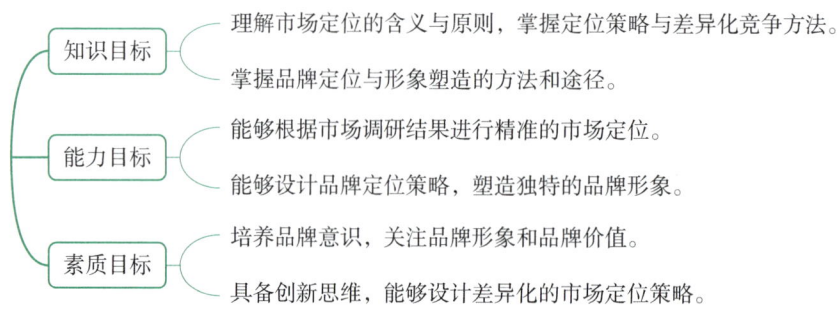

(一) 市场定位及其原则

1. 市场定位

市场定位是指企业根据目标市场的需求和竞争态势,为产品或服务设计一个与众不同的位置,使其在消费者心中形成独特的印象。在老龄产业中,市场定位是企业制订营销战略的关键环节,它直接影响企业的品牌形象、产品开发和市场竞争能力。

市场定位的核心在于差异化。通过明确自身的独特价值和竞争优势,企业能够在激烈的市场竞争中脱颖而出。一家高端养老机构可能将自身定位为"提供个性化、高品质养老服务的专家",通过高端的设施、专业的护理团队和个性化的服务方案,吸引高收入、对生活品质有较高要求的老年人。

市场定位还需要考虑目标客户的需求和期望。在老龄产业中,老年人的需求多种多样,包括健康护理、生活照料、精神慰藉、社交活动等。企业需要通过市场调研,深入了解目标客户的需求,从而设计出符合其期望的产品和服务。针对活跃型老年人,企业可以定位为"提供丰富文化娱乐活动的养老社区",通过组织旅游、文艺演出、兴趣班等活动,满足老年人的社交和精神需求。

市场定位还需要与企业的资源和能力相匹配。企业需要评估自身的资金、技术、人才等资源,确保能够实现定位目标。一家小型养老服务机构可能无法提供高端的医疗护理服务,但可以通过定位为"社区嵌入式、价格亲民的养老服务",利用其灵活的服务模式和贴近社区的优势,吸引周边的老年人。

2. 市场定位的原则

市场定位需要遵循以下原则,以确保其有效性和可持续性。

(1) 差异化原则

市场定位的核心是差异化。企业需要在产品、服务、品牌形象等方面找到独特的竞争优势,与竞争对手区分开来。一家养老服务机构可以通过提供"医养结合"的特色服务,将自身定位为"专业医养结合养老服务专家",区别于其他以生活照料为主的机构。

(2) 客户导向原则

市场定位需要以客户需求为导向。企业需要深入了解目标客户的需求和期望,确保定位能够满足其核心需求。针对对健康有较高要求的老年人,企业可以定位为"健康养老专家",提供全面的健康管理服务。

(3) 资源匹配原则

市场定位需要与企业的资源和能力相匹配。企业需要评估自身的资金、技术、人才等资源,确保能够实现定位目标。一家缺乏高端医疗设备和技术的养老服务机构,不宜将自身定位为"高端医疗护理专家"。

(4)可持续性原则

市场定位需要具有可持续性,能够适应市场变化和企业发展的需求。企业需要在定位中考虑长期的发展战略,避免因短期的市场波动而频繁调整定位。一家养老服务机构可以将自身定位为"全生命周期养老服务专家",提供从居家养老到机构养老的全方位服务,适应老年人不同阶段的需求。

(5)一致性原则

市场定位需要在企业内部保持一致,从品牌形象、产品设计到服务流程,都需要与定位目标相匹配。一家定位为"高端养老服务专家"的机构,其设施、服务人员素质和服务流程都需要体现高端品质。

(二)定位策略与差异化竞争

1. 定位策略的类型

市场定位策略是企业实现差异化竞争的重要手段。在老龄产业中,常见的定位策略包括:

(1)产品差异化策略

通过产品功能、质量、设计等方面的差异化,吸引目标客户。一家养老服务机构可以通过提供"适老化智能家居系统",将自身定位为"科技养老专家",区别于其他传统养老服务机构。

(2)服务差异化策略

通过服务内容、服务质量、服务模式等方面的差异化,提升客户体验。一家养老机构可以通过提供"24小时一对一护理服务",将自身定位为"高端护理专家",满足高收入老年人对高品质服务的需求。

(3)品牌形象差异化策略

通过品牌名称、品牌标识、品牌文化等方面的差异化,提升品牌知名度和美誉度。一家老年教育机构可以将自身品牌定位为"中老年文娱俱乐部",通过强调名师教学、展现才华和拓展人脉,吸引有自我实现需求和社交需求的老年人,如图3-2-1所示。

(4)价格差异化策略

通过价格定位,满足不同消费层次的需求。一家养老机构可以将自身定位为"亲民价格专家",通过优化成本结构,提供性价比高的服务,吸引中低收入老年人。

(5)渠道差异化策略

通过销售渠道和服务网点的差异化,提升服务的便利性和覆盖面。一家养老服务机构可以通过"线上线下结合"的服务模式,将自身定位为"智慧养老专家",为老年人提供更便捷的服务体验。

企业选择定位策略时,需要综合考虑目标市场的需求、竞争态势以及自身的资源和能力。通过精准的定位策略,企业可以在激烈的市场竞争中脱颖而出,实现差异化竞争优势。

2. 差异化竞争的优势

差异化竞争是企业在市场中脱颖而出的关键。在老龄产业中,差异化竞争具有以下优势。

图3-2-1 老年教育机构的品牌定位

第一，提升客户满意度。通过满足客户的个性化需求，差异化竞争能够提升客户的满意度和忠诚度。一家提供"个性化康复训练方案"的养老机构，能够更好地满足老年人的健康需求，从而提升客户满意度。

第二，降低竞争压力。差异化竞争能够使企业在特定领域形成独特优势，减少直接竞争。一家专注于"老年心理健康服务"的机构，能够避开与传统养老服务机构的直接竞争，降低竞争压力。

第三，提升品牌知名度。通过独特的定位和差异化服务，企业能够提升品牌知名度和美誉度。一家定位为"高端医养结合专家"的养老机构，通过高质量的服务和专业的品牌形象，能够吸引更多的客户。

第四，增强市场适应性。差异化竞争能够使企业更好地适应市场变化，提升市场适应性。随着老年人对健康和科技的需求增加，一家定位为"科技健康养老专家"的机构，能够更快地适应市场趋势，推出新的产品和服务。

第五，提升盈利能力。差异化竞争能够使企业通过高附加值的产品和服务，提升盈利能力。一家提供"高端定制化养老服务"的机构，虽然价格较高，但能够通过差异化服务吸引高收入客户，提升利润空间。

（三）品牌定位与品牌形象塑造

1. 品牌定位的方法

品牌定位是企业塑造品牌形象、提升品牌竞争力的重要环节。在老龄产业中，品牌定位需要从品牌核心价值、目标客户、竞争态势等方面入手，基于需求、价值、竞争、情感进行定位（见图3-2-2）。

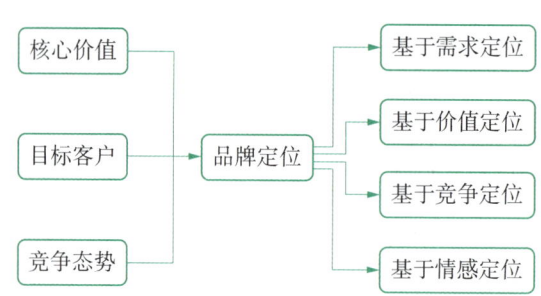

图3-2-2 品牌定位方法

（1）基于需求的品牌定位

通过深入了解目标客户的需求，将品牌定位为满足特定需求的专家。比如，一家养老机构可以将自身定位为"老年健康护理专家"，通过提供专业的健康护理服务，满足老年人对健康的高需求。

（2）基于价值的品牌定位

通过明确品牌的核心价值，将品牌定位为提供高附加值服务的专家。比如，一家养老机构可以将自身定位为"高品质生活服务专家"，通过提供高端的设施和服务，满足老年人对生活品质的追求。

（3）基于竞争的品牌定位

通过分析竞争对手的优势和劣势，找到差异化竞争优势，将品牌定位为独特的服务提供商。比如，一家养老机构可以将自身定位为"社区嵌入式养老服务专家"，通过贴近社区的服务模式，区别于其他大型养老机构。

（4）基于情感的品牌定位

通过营造情感共鸣，将品牌定位为温馨、贴心的服务提供商。比如，一家养老机构可以将自身定位为"温馨家园"，通过营造温馨的服务环境和品牌文化，吸引注重情感体验的老年人。

品牌定位需要通过品牌传播和品牌建设，将品牌的核心价值传递给目标客户。通过广告、公关、口碑传播等多种方式,企业可以提升品牌知名度和美誉度,增强客户对品牌的认同感。

2. 品牌形象塑造的途径

品牌形象是品牌定位的重要体现,通过形象塑造,企业可以提升品牌知名度和美誉度,增强客户对品牌的认同感。在老龄产业中,形象塑造可以通过以下途径实现。

(1) 品牌标识设计

通过设计简洁、易记、富有寓意的品牌标识,提升品牌的视觉识别度。养老机构可以设计一个温馨、亲切的品牌标识,体现品牌对老年人的关爱和专业性,如图3-2-3。

图3-2-3 养老机构品牌标识示例

(2) 品牌文化传播

通过传播品牌的核心价值观和文化理念,提升品牌的内涵和深度。养老机构可以通过宣传"关爱老人、服务社会"的品牌文化,提升品牌的美誉度和公信力。

(3) 服务质量提升

通过提供高质量的服务,提升品牌的口碑和形象。养老机构可以通过优化服务流程、提升服务人员素质,为老年人提供贴心、专业的服务,增强客户对品牌的认同感。

(4) 品牌活动推广

通过举办品牌活动,提升品牌的知名度和影响力。养老机构可以通过举办"老年文化节""健康讲座"等活动,吸引老年人及其家属参与,提升品牌的知名度和美誉度。

(5) 客户关系管理

通过建立良好的客户关系,提升客户的满意度和忠诚度。养老机构可以通过定期回访、客户关怀等方式,增强客户对品牌的认同感和忠诚度。

品牌形象的塑造需要长期的努力和持续的投入。通过综合运用多种途径,企业可以提升品牌的知名度和美誉度,增强客户对品牌的认同感和忠诚度。

差异化突围——高端养老社区的品牌定位设计

1. 案例背景

某高端养老社区因同质化竞争陷入滞销困境。该社区地处市中心,环境优美,设施齐全,但与其他养老社区相比,缺乏独特的卖点。市场调研发现,当前高端养老社区大多强调硬件设施,而忽视了老年群体的精神文化需求和个性化服务。为了在竞争中脱颖而出,该社区需要重新定位,打造差异化的品牌形象,吸引对精神文化生活有追求的老年人。此外,养老社区管理层希望通过此次品牌定位,体现企业的社会责任,避免过度商业化,为低收入老年人提供一定比例的公益床位。

2. 案例目标

制订一套包含"文化＋科技"差异化的品牌定位策略,提升高端养老社区的市场竞争力,同时体现企业的社会责任。

3. 思政融入点

反对过度商业化,保留公益床位惠及低收入老年人,树立"经济效益与社会效益并重"的发展理念,反对唯利是图。

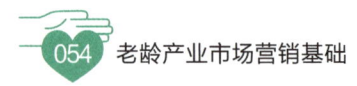

4. 案例准备

材料:高端养老社区市场调研报告、竞争对手分析报告、相关政策文件(如养老机构公益床位政策)。

工具:PPT模板、品牌设计软件、SWOT分析工具。

5. 实施步骤(共45分钟,最后展示时间可适度延长)

表 3-2-1 实施步骤

阶段	任务	时间	要求
1. 竞品分析	分析三家竞争对手的品牌定位、服务内容和市场表现	10 分钟	使用SWOT分析工具,提炼竞品优势和劣势
2. 定位设计	确定本社区的品牌定位方向(如"文化养老""科技养老"),设计独特的价值主张	20 分钟	需结合老年群体需求,突出差异化
3. Slogan 与 VI 设计	设计品牌标语(Slogan)和视觉识别系统(VI),包括品牌标识、宣传海报等	10 分钟	标语需简洁有力,视觉设计需体现品牌定位
4. 答辩	用PPT展示品牌定位方案,模拟向企业管理层汇报	5 分钟	突出差异化优势和社会责任

6. 案例考评标准(满分20分)

表 3-2-2 案例实施评价表

维度	评分细则	分数
差异化程度(5分)	品牌定位是否与竞争对手形成明显差异	
品牌价值观传达(5分)	品牌定位是否清晰传达价值主张,吸引目标客户	
社会责任感体现(5分)	是否有效融入社会责任,如公益床位计划	
团队协作(3分)	组内分工是否合理,协作是否顺畅	
汇报效果(2分)	PPT展示是否清晰,逻辑是否连贯	

7. 案例总结

知识复盘:回顾市场定位的基本方法和工具,强调差异化定位的重要性。

价值观引导:如何在追求高端化的同时,避免过度商业化?请带着这个问题继续学习。

8. 延伸思考

调研本地高端养老社区,分析其品牌定位的不足之处,并提出改进建议。探讨如何通过文化活动和科技应用,提升养老社区的附加值。

9. 常见误区

误区:过于关注硬件设施的高端化,而忽视了老年群体的精神需求。

走出误区:认识文化养老的差异化优势。

课后思考

1. 市场定位的含义是什么？如何理解其原则？
2. 定位策略与差异化竞争的关系是什么？如何实现差异化竞争？
3. 品牌定位与品牌形象塑造的方法有哪些？如何通过这些方法提升品牌形象？
4. 如何根据市场调研结果进行精准的市场定位？
5. 在老龄产业中，如何通过品牌建设提升市场竞争力？

项目四

养老服务产品开发策略

项目导读

服务创新是企业持续竞争优势的源泉。

——[英]克里斯廷·格罗鲁斯《服务管理与营销》

养老服务产品开发策略是指企业在锁定目标市场并确立创新市场战略后,为有效应对老龄市场需求、提升竞争力而制订的系统性规划和行动指南。

在养老服务企业进行市场营销策略过程中,制订养老服务产品开发策略至关重要,因为它能够驱动服务创新,通过开发新服务,显著提升企业在老龄产业中的核心竞争力;能够确保开发方向聚焦市场,遵循有的放矢、相辅相成、差异化和成本收益原则,使产品创意能精准匹配老年群体需求,避免资源浪费;能够构建系统化开发路径,通过严谨的流程管理,提高成功率,并为后续营销活动和品牌建设提供有力支撑,最终实现开发适销对路的产品,把握市场机遇,巩固市场地位和达成企业长期增长的目标。

在养老服务产品开发策略中,企业依据开发战略和原则,明确创新的方向和根本准则,为整个开发过程提供顶层设计和决策框架。在战略原则指引下,企业执行开发流程,将战略转化为具体行动的蓝图,确保产品从构想到上市的可行性与效率。最后,企业通过品牌创建与维护来进行产品开发成果的价值延伸与保障,将产品价值转化为可感知、可持续的市场资产,形成从战略构思到市场价值实现的闭环。

本项目系统介绍了制订养老服务产品开发战略的原则和方法,应用养老服务产品开发的科学流程,以及养老服务品牌定位、建设、传播、维护及延伸的策略与技巧。通过整合运用这些理论知识,能够帮助企业有效把握老龄市场机遇,开发出满足需求、具有竞争力的养老服务产品,并成功建立强大的品牌形象,为后续的市场营销策略的制订和执行提供有力支持。

项目导图

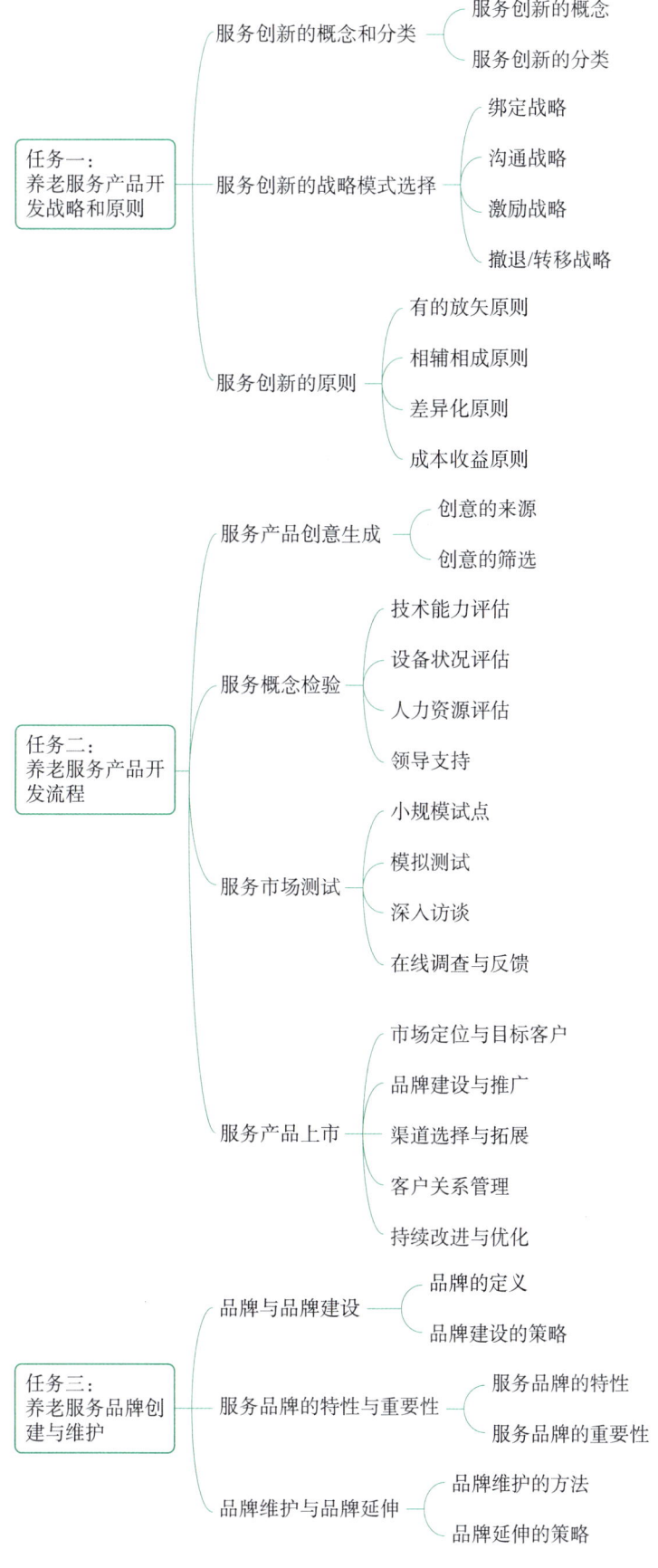

任务一 养老服务产品开发战略和原则

案例导入

老年康复中心的服务创新

老李是一家老年康复中心的负责人,近年来,随着老年人对康复服务需求的增加,康复中心的业务量也在不断扩大。然而,老李发现,现有的康复服务模式比较单一,无法满足老年人多样化的需求。为了提升康复中心的竞争力,他决定进行服务创新。他首先对康复服务市场进行了调研,发现老年人对康复服务的需求主要集中在运动康复、心理康复、营养康复等方面。针对这些需求,老李制订了服务创新的战略和原则。他决定采用绑定战略,将康复服务与老年人的生活照料、文化娱乐等服务相结合,为老年人提供一站式的康复服务。同时,他还注重沟通战略,加强与老年人及其家属的沟通,了解他们的需求和意见,不断改进服务。在服务创新的过程中,老李坚持有的放矢原则,根据老年人的实际需求,开发针对性的康复服务项目;坚持相辅相成原则,将康复服务与生活照料、文化娱乐等服务有机结合,形成互补效应;坚持差异化原则,提供个性化的康复服务,满足不同老年人的需求;坚持成本收益原则,在保证服务质量的前提下,控制成本,提高效益。通过这些服务创新的战略和原则,老李的老年康复中心服务质量和竞争力得到了显著提升。

问题:
1. 你认为老李的老年康复中心在服务创新过程中,采用了哪些战略和原则?
2. 如果你是老李,你还会采取哪些措施来进一步提升康复中心的服务质量?

任务目标

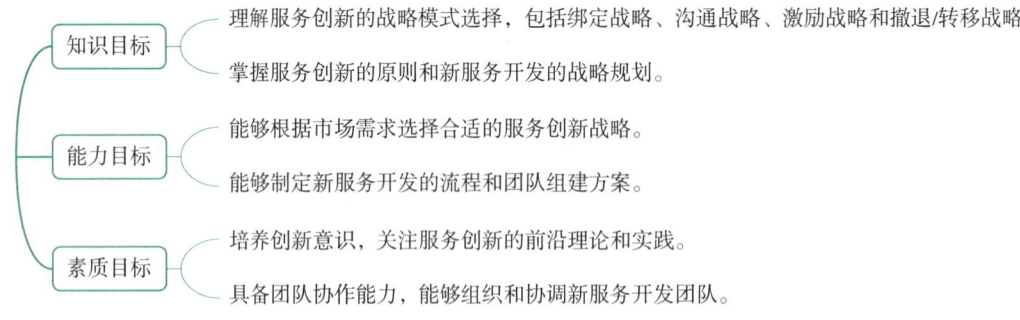

- 知识目标:
  - 理解服务创新的战略模式选择,包括绑定战略、沟通战略、激励战略和撤退/转移战略。
  - 掌握服务创新的原则和新服务开发的战略规划。
- 能力目标:
  - 能够根据市场需求选择合适的服务创新战略。
  - 能够制定新服务开发的流程和团队组建方案。
- 素质目标:
  - 培养创新意识,关注服务创新的前沿理论和实践。
  - 具备团队协作能力,能够组织和协调新服务开发团队。

知识梳理

(一)服务创新的概念和分类

1. 服务创新

"创新"一词,早在20世纪初就被经济学家熊彼特赋予了深刻的内涵,他指出创新是新产品的开发、新市场的开拓、新生产要素的发现、新的生产经营过程的引入以及新组织形式的实施。熊彼特强调了"组合"的重要性,并且认为创新是一个过程。然而,熊彼特的创新概念诞生于制造业主导的时代。直到1995年,欧盟的SI4S项目研究发现,熊彼特的创新理念同样适用于服务业,服务创新被定义为新的或改进的产品或服务、服务中使用的新技术或现有技术的新应用。

服务的特殊性使得服务创新独具特色,服务业创新与制造业创新的比较见表4-1-1。服务的无形性、流程性、异质性以及易逝性,让服务创新充满挑战。因此,服务创新可以被理解为发生在服务业中,以渐进性为主,具有多种创新形式的概念性、过程性的创新活动,同时具备无形性和顾客导向性。需要明确的是,这里讨论的服务创新是狭义的,特指服务业中的创新行为与活动。

表4-1-1 服务业创新与制造业创新的比较

类目	制造业创新	服务业创新
创新结果	有形产品为主	无形的概念/过程/标准为主
创新新颖度	根本性创新为主、可复制性	渐进性为主、可复制和不可复制性的混合体
创新形式	技术创新为主	多样性(专门创新、传递创新、组织创新、过程创新、技术创新等)
顾客的作用	创新的被动接受者	创新的"合作生产者"、有明显的顾客导向性

2. 服务创新的分类

服务的多样性和无形性、顾客导向性,使得新服务的开发和管理比有形产品的更为复杂。在广阔的服务领域,运用不同的创新管理方法对服务创新进行分类,有助于理解不同创新服务产品的内涵。这些分类方法从不同角度观察服务创新,但它们相互关联,共同提供全面的视角,为组织开发新服务产品时提供管理依据。

服务如同有形产品,也包含核心服务和附加服务。核心服务是顾客购买的基本利益,而附加服务则为核心服务提供支持,增加顾客价值;洛夫洛克提出的"服务之花"模型(见图4-1-1)生动地展示了这一概念。花心是核心服务,四周的花瓣是附加服务,包括便利性附加服务(如信息服务、预订服务、付款与结账服务)和支持性附加服务(如信息咨询服务、热情的招待、保管服务、例外服务和特殊要求服务)。便利性服务与支持性服务之间的界限并非绝对,同一种服务在不同情境下可能转换角色。

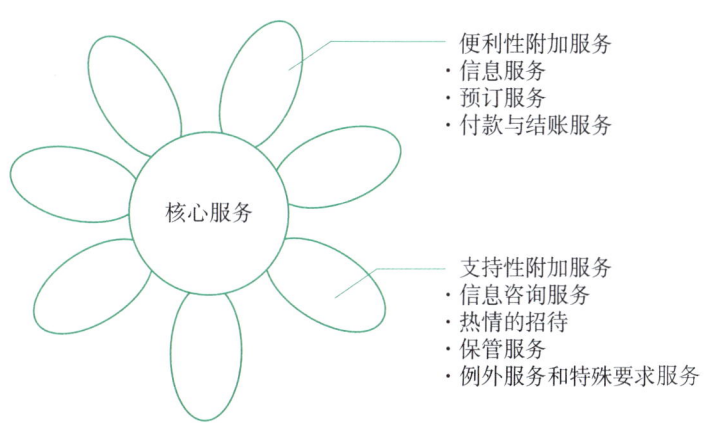

图4-1-1 洛夫洛克"服务之花"模型

从顾客价值创造的角度来看,关注新服务的定制化程度至关重要,它决定了企业是提供标准化创新服务还是定制化创新服务。新服务的开发是一个综合、系统的过程,企业需要考虑服务的可获得性、交互性和顾客参与性,结合自身资产与能力推出新的服务产品。

服务创新可以分为标准化核心服务创新、标准化附加服务创新、定制化核心服务创新、定制化附加服

务创新(图4-1-2),具体到老龄产业:

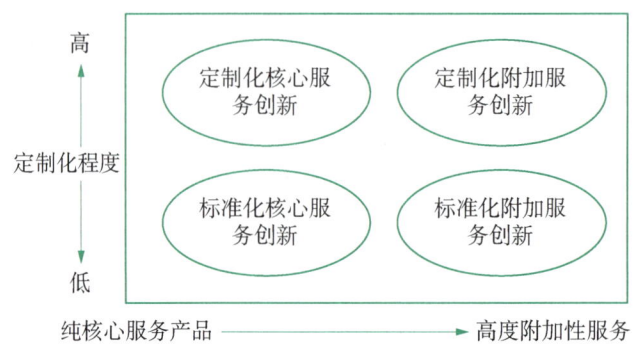

图4-1-2 服务创新

(1) 标准化核心服务创新

例如,养老机构提供的日常照料服务,包括定时的餐饮供应、居住环境维护等基础服务。就像快餐店的标准化食品供应、经济型酒店的住宿服务一样,这些服务在每个养老机构中都遵循统一的标准和流程,确保服务的稳定性和一致性。

(2) 标准化附加服务创新

比如,一些养老社区引入的智能化健康监测设备,定期为老年人提供免费的健康检查和数据记录服务,类似于医疗机构的付款结账服务创新,这种服务在保证核心养老照料服务的基础上,通过附加的标准化健康监测,提升整体服务质量。

(3) 定制化核心服务创新

例如,针对患有阿尔茨海默病的老年人提供专业护理服务。这种服务需要根据老年人的病情阶段、个人习惯和家庭需求,量身定制护理方案。就像医生的治疗诊断服务、律师事务所与会计师事务所的咨询服务一样,它强调根据个体独特情况提供高度个性化的服务。

(4) 定制化附加服务创新

比如,为独居老年人提供的个性化陪伴服务。服务人员根据老年人的兴趣爱好,如绘画、音乐等,定制陪伴活动,丰富老年人的精神生活。类似于制造业的售前咨询和售后服务、宾馆中的叫醒服务,这种服务在核心养老照料服务之外,为老年人提供额外的关怀和便利。

核心服务创新和附加服务创新之间的界线并非固定不变。以养老餐饮服务为例,最初营养点餐服务可能是作为一种核心服务创新推出,随着市场接受度提高,它逐渐稳定下来。而由此催生的营养配菜师服务,最初作为附加服务存在,但随着其专业性和市场需求的提升,有可能发展为独立的服务产品,甚至形成新的服务行业。

(二) 服务创新的战略模式选择

1. 绑定战略

绑定战略指养老服务机构将核心服务与其他互补性服务深度整合、不可分割地捆绑,形成更具价值的整体解决方案。该战略通过整合内外部资源,突破单一服务局限,创造性地满足老年人多样化、交织的"医养康护"等复合需求,提供便捷高效的一站式体验,显著提升服务附加值和用户黏性。

绑定策略的具体创新表现形式包括:服务功能绑定,如将"居家照护"与"社区医疗服务"绑定,创新性地实现"医养结合";异业资源绑定,如与保险公司合作,将养老服务与保险产品绑定,创新推出"养老+保险保障"的综合套餐,拓展服务边界并构建竞争新优势。

2. 沟通战略

沟通战略是指企业通过各种渠道和方式与客户进行信息交流,以了解客户的显性和隐性需求以及服务中的问题和不足,为服务创新提供方向和灵感的一种服务创新战略。

企业可以通过建立在线客服、社交媒体、电子邮件、电话热线等多种反馈渠道,方便客户随时反馈意见和建议。定期开展客户满意度调查、客户座谈会、沟通会议等活动,与客户保持定期沟通。同时,根据客户的特征和需求,提供个性化的沟通内容和服务方式,提高沟通效果。

3. 激励战略

激励战略是指企业通过设立各种奖励和激励机制,激发员工、合作伙伴等利益相关者积极参与服务创新活动的一种战略。

激励策略通过物质奖励、荣誉表彰、职业发展机会等激励措施,激发员工的创新热情和积极性,促使其主动提出创新想法和建议。还可以鼓励员工、合作伙伴等利益相关者合作、共同创新,形成良好的团队协作氛围,提高企业的整体创新能力。

4. 撤退/转移战略

撤退/转移战略是指企业在面对市场变化或竞争压力时,通过调整业务方向或退出某些市场,以实现资源的优化配置和可持续发展。该战略的核心作用是止损、聚焦核心能力、释放资源并把握新的机遇。及时终止持续亏损且需求萎缩的服务线,或退出一个与自身优势不匹配的高端细分市场,能避免持续的资源消耗。将释放出的资金、场地、专业人员重新配置到更具发展潜力、更符合机构核心竞争力的创新领域。

撤退/转移战略可以通过业务转型实现。当传统的居家养老服务市场需求下降时,企业可以选择向"智慧养老服务"转型,通过引入新技术,提升服务的附加值和竞争力。通过撤退/转移战略,企业可以在动态的市场环境中保持灵活性,实现可持续发展。

(三)服务创新的原则

1. 有的放矢原则

有的放矢原则是指服务创新需要明确目标,针对特定的市场需求或问题进行创新。在老龄产业中,服务创新需要紧密围绕老年人的需求和痛点展开,确保创新具有实际价值和市场意义。如针对老年人对健康管理的需求,企业可以开发"智能健康监测设备",通过实时监测老年人的生命体征,提供个性化的健康管理方案。这种创新不仅解决了老年人的实际需求,还能提升企业的市场竞争力。

有的放矢原则要求企业在创新过程中进行充分的市场调研,了解老年人的需求和偏好。同时,企业还需要关注政策导向和社会发展趋势,确保创新方向与市场需求相匹配。通过有的放矢原则,企业可以提高创新的成功率,实现资源的有效利用。

2. 相辅相成原则

相辅相成原则是指服务创新需要与其他业务环节或外部资源相结合,形成协同效应。在老龄产业中,服务创新不仅需要关注产品或服务本身,还需要考虑与之相关的配套设施、服务流程和人员培训等方面。如企业在开发"智慧养老服务"时,不仅需要提供智能设备,还需要优化服务流程、培训服务人员,确保服务的顺利实施。同时,企业还可以与医疗机构、社区组织等合作,形成服务生态,提升整体服务质量。

相辅相成原则要求企业在创新过程中注重系统性思维,将创新融入整体业务体系中。通过与其他业务环节或外部资源的协同,企业可以提升创新的综合效益,实现可持续发展。

3. 差异化原则

差异化原则是指服务创新需要在产品或服务中体现独特的价值和优势,以区别于竞争对手。在老龄产业中,差异化原则尤为重要,因为老年人的需求多样化且个性化。针对高收入老年人对生活品质的需求,企业可以开发"高端定制化养老服务",提供个性化的服务方案和高端的设施设备。通过这种方式,企业可以在特定市场领域形成竞争优势,吸引目标客户群体。

差异化原则要求企业在创新过程中注重市场细分,深入了解目标客户的需求和偏好。同时,企业还需要关注竞争对手的优势和劣势,找到差异化的切入点。通过差异化原则,企业可以在激烈的市场竞争中脱颖而出,实现差异化竞争优势。

4. 成本收益原则

成本收益原则是指服务创新需要在成本和收益之间找到平衡,确保创新具有经济可行性和盈利能力。在老龄产业中,服务创新往往需要投入大量的资源,包括研发成本、设备采购成本和人员培训成本等。如企业在开发"适老化智能家居系统"时,需要考虑系统的研发成本、设备采购成本,以及安装和维护成本。同时,企业还需要评估市场对这种创新产品的接受度和支付意愿,确保创新具有经济可行性。

成本收益原则要求企业在创新过程中进行详细的成本分析和市场预测,确保创新项目能够在合理的成本范围内实现预期收益。通过成本收益原则,企业可以避免不必要的资源浪费,提升创新的经济效益。

从"照护"到"赋能"——老年教育产品开发战略设计

1. 案例背景

某老年大学近年来面临课程报名率持续下降的问题,传统课程如书法、绘画等已难以满足现代老年人的需求。随着老年人受教育程度的提高和对精神文化生活的追求,他们更希望在学习中获得新技能、提升自我价值。为此,老年大学计划开发一系列赋能型教育产品,如智能手机培训、非遗手作课程、老年心理调适等,以吸引更多老年人参与学习。

同时,学校希望通过课程开发体现"终身学习"理念,避免课程过度娱乐化,引导老年人积极融入社会生活。

2. 案例目标

制订"分层需求绑定+资源整合"的开发战略,覆盖健康老年人与失能老年人两类群体,设计符合现代老年人需求的赋能型教育产品,并体现终身学习理念。

3. 思政融入点

倡导"终身学习"理念,避免课程过度娱乐化,增设"反诈知识必修课"。树立积极老龄化观念,反对年龄歧视,关注老年人的精神文化需求。

4. 案例准备

材料:老年大学现有课程数据、老年人学习需求调研报告、相关政策文件(如《老年教育发展规划》)。

工具:PPT模板、需求分析表格、课程设计软件。

5. 实施步骤(共45分钟,最后展示时间可适度延长)

表 4-1-2 实施步骤

阶段	任务	时间	要求
1. 需求分层	通过角色扮演(健康老年人/失能老年人家属)提炼两类群体核心需求	10分钟	需引用马斯洛需求层次理论,明确需求层次
2. 战略设计	选择"绑定战略"(课程+社群服务)或"激励战略"(学员积分兑换)	15分钟	说明战略与政策(如"老年友好型社会建设")的关联性
3. 成本测算	估算课程开发成本与预期收益(如政府补贴比例)	10分钟	需包含社会责任成本(如公益课程占比)
4. 方案路演	以"教育产品发布会"形式展示战略	10分钟	突出"赋能"价值点,展示课程设计与服务

6. 案例考评标准（满分20分）

表4-1-3 案例实施评价表

维度	评分细则	分数
需求分层准确性(5分)	是否准确提炼健康老年人与失能老年人的核心需求	
战略创新性(5分)	开发战略是否具有创新性，能否有效满足老年人需求	
成本收益合理性(5分)	成本测算是否合理，预期收益是否可行	
思政契合度(3分)	是否有效融入"终身学习"理念，反对课程过度娱乐化	
团队协作(2分)	组内分工是否合理，协作是否顺畅	

7. 案例总结

知识复盘：回顾养老服务产品开发战略的核心要点，强调分层需求分析和资源整合的重要性。
价值观引导：如何在课程设计中体现"终身学习"理念？请带着这个问题继续学习。

8. 延伸思考

调研本地老年大学或其他老年教育机构，分析其课程设置的不足之处，并提出改进建议。探讨如何通过线上线下结合的方式，提升老年教育的可及性和覆盖面。

9. 常见误区

误区：过于关注课程的娱乐性，而忽视了赋能型教育的价值。
走出误区：认识课程设计应注重技能提升和价值实现。

课后思考

1. 服务创新的战略模式有哪些？如何选择适合老龄产业的战略模式？
2. 服务创新的原则有哪些？如何在产品开发中应用这些原则？
3. 新服务开发的流程包括哪些阶段？如何确保每个阶段的有效实施？
4. 新服务开发的团队组建需要哪些成员？如何发挥各成员的优势？
5. 如何通过服务创新提升养老服务产品的竞争力？

任务二 养老服务产品开发流程

案例导入

老年智能手环的开发

某科技公司计划开发一款老年智能手环，这款手环不仅可以监测老年人的健康数据，还能提供紧急呼叫、位置定位等功能。在开发过程中，公司首先进行了创意的征集和筛选。他们通过市场调研、用户访谈、头脑风暴等方式，收集了大量的创意，如增加手环的娱乐功能、优化手环的外观设计等。经过筛选，他们确定了几个具有潜力的创意，如开发一款具有健康监测、紧急呼叫、位置定位等功能的智能手环，同时注重手环的易用性和舒适性。接下来，公司进行了服务概念检验。他们对手环的技术能力进行了评估,确保手环的各项功能能够实现;对手环的设备状况进行了评估,确保手环的质量和稳定性;对手环相关的人力资源进行了评估,确保有足够的技术人员和客服人员支持手环的开发和运营;还得到了公司领导的支持,为手环的开发提供了充足的资源。最后,公司进行了服务市场测试。他们在小范围内进行了市场测试,收集用户的反馈意见,对手环的功能和设计进行了优化。经过一段时间的测试和调整,手环正式上市,受到了老年人及其子女的欢迎。

问题:
1. 老年智能手环的开发流程主要包括哪些环节?
2. 如果你是科技公司的产品经理,你还会采取哪些措施来确保手环的成功上市?

任务目标

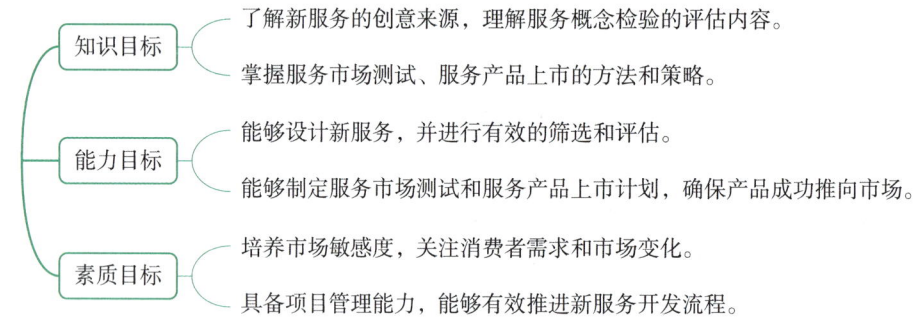

知识梳理

养老服务产品开发主要包括服务产品创意生成、服务概念检验、服务市场测试、服务产品上市四个步骤,如图4-2-1。

图4-2-1 养老服务产品开发流程

(一) 服务产品创意生成

1. 创意的来源

新服务的创意是养老服务产品开发的起点,其来源广泛且多样。在老龄产业中,创意的来源主要包括以下几个方面:

(1) 市场需求分析

通过对老龄市场的深入调研,发现老年人未被满足的需求或潜在需求,是创意的重要来源。随着老年人健康意识的提高,对健康管理服务的需求增加。企业可以通过市场调研,发现这一需求并开发相应的服务产品,如智能健康监测服务,通过可穿戴设备,实时监测老年人的生命体征,并提供健康建议。

（2）技术进步与创新

科技的快速发展为养老服务产品开发提供了新的可能性。人工智能、物联网、大数据等技术的应用,可以开发出智慧养老社区、远程医疗服务等创新产品。通过引入新技术,企业可以提升服务的效率和质量,满足老年人对科技化、智能化服务的需求。

（3）政策导向与支持

政府对老龄产业的政策支持和引导也是创意的重要来源。国家鼓励发展"医养结合"服务,企业可以根据这一政策导向,开发医养结合养老机构,提供一站式的生活照料和医疗服务。通过政策支持,企业可以获得更多的资源和机会,推动服务创新。

（4）竞争分析与差异化

分析竞争对手的优势和不足,寻找差异化创新的机会。市场上大多数养老服务机构侧重生活照料,企业可以通过开发"老年心理关怀服务",填补市场空白,满足老年人对精神慰藉的需求。通过差异化竞争,企业可以在市场中脱颖而出,吸引特定需求的客户群体。

（5）客户反馈与建议

客户反馈是创意的重要来源之一。通过收集老年人及其家属的意见和建议,企业可以发现潜在的创新点。通过客户满意度调查,发现老年人对"文化娱乐活动"的需求,企业可以开发"老年兴趣班""文艺演出"等服务,丰富老年人的精神生活。

2. 创意的筛选

创意的筛选是养老服务产品开发中的关键环节,其目的是从众多创意中筛选出具有市场潜力、经济可行性和技术可实现性的服务概念。筛选过程通常包括以下几个步骤：

（1）初步评估

对所有创意进行初步评估,筛选出符合企业战略方向和市场需求的创意。评估标准包括是否满足老年人的核心需求、是否具有差异化优势、是否符合政策导向等。比如,企业可以筛选出适老化智能家居服务这一创意,因为它符合老年人对生活便利性的需求,且具有技术可行性。

（2）技术可行性分析

对筛选出的创意进行技术可行性分析,评估现有技术是否能够支持该创意的实施。比如,对于远程医疗服务这一创意,需要评估是否具备稳定的网络环境、专业的医疗设备和远程诊断技术。通过技术可行性分析,确保创意能够在现有技术支持下实现。

（3）经济可行性分析

评估创意的经济可行性,包括开发成本、运营成本、预期收益等。比如,对于高端定制化养老服务这一创意,需要评估目标市场的支付意愿和企业的盈利能力。通过经济可行性分析,确保创意在经济上具有可持续性。

（4）市场潜力评估

对创意的市场潜力进行评估,包括市场需求规模、竞争态势、市场增长趋势等。通过市场潜力评估,确保创意能够为企业带来长期的经济效益。

（5）风险评估

评估创意实施过程中可能面临的风险,包括技术风险、市场风险、政策风险等。对于智慧养老服务这一创意,需要评估技术更新换代的风险、市场接受度的风险以及政策变化的风险。通过风险评估,制订相应的风险应对措施,确保创意的顺利实施。

(二)服务概念检验

1. 技术能力评估

在养老服务产品开发过程中,技术能力评估是确保服务概念能够顺利实施的重要环节。技术能力评估主要关注企业是否具备实现服务概念所需的技术资源和能力。对于智能健康监测服务这一概念,企业需要评估是否具备开发和维护智能设备的技术能力,是否能够接入专业的医疗数据分析平台,以及是否能够提供稳定的技术支持服务。通过技术能力评估,企业可以明确自身的技术优势和不足,从而决定是自主研发还是与外部技术供应商合作。

2. 设备状况评估

设备状况评估是服务概念开发中的重要环节,尤其是对于依赖特定设备的服务。对于康复护理服务这一概念,企业需要评估康复设备的种类、数量、性能和更新频率。设备的状况直接影响服务的质量和效果,因此企业需要确保设备的先进性和可靠性。设备状况评估还包括设备的采购成本、维护成本和使用寿命。企业需要在设备投资和运营成本之间找到平衡,确保设备的经济可行性和可持续性。通过设备状况评估,企业可以优化设备配置,提升服务的竞争力。

3. 人力资源评估

人力资源是养老服务产品开发和实施的核心要素。在服务概念开发过程中,企业需要对人力资源进行详细评估,确保具备足够数量和专业素质的服务人员。对于"医养结合服务"这一概念,企业需要评估是否具备专业的医疗护理人员、康复治疗师、心理咨询师等。同时,企业还需要评估服务人员的培训体系和职业发展规划,确保能够持续提升服务人员的专业能力和服务水平。

人力资源评估还包括服务人员的工作负荷和服务流程的合理性。企业需要通过优化服务流程和人员配置,提升服务效率和服务质量。通过人力资源评估,企业可以确保服务概念的顺利实施,提升客户的满意度。

4. 企业高层支持

企业高层支持是养老服务产品开发成功的关键因素之一。在服务概念开发过程中,企业高层的支持不仅体现在资源投入上,还体现在战略决策和组织协调上。企业高层需要明确服务概念的战略定位,确保其与企业的整体发展战略相匹配。同时,需要协调各部门之间的资源,确保服务概念的开发和实施能够顺利推进。

企业高层支持还包括对创新项目的持续关注和评估。企业高层需要定期审查项目的进展,及时调整战略方向,确保项目能够实现预期目标。通过企业高层支持,企业可以为服务概念的开发提供坚实的保障,提升项目的成功率。

(三)服务市场测试

服务市场测试是养老服务产品开发过程中的重要环节,其目的是通过小规模的市场试验,验证服务概念的市场接受度和可行性。市场测试的方法多种多样,主要包括以下几种。

1. 小规模试点

选择特定的区域或客户群体,进行小规模的服务试点。比如,选择一个社区或养老机构,推出老年健康管理服务试点项目,通过实际运营,收集客户反馈,评估服务的效果和市场接受度。小规模试点可以帮助企业发现潜在问题,优化服务内容。

2. 模拟测试

通过模拟服务场景，进行服务流程和用户体验的测试。比如，通过模拟智慧养老社区的服务场景，邀请老年人及其家属参与体验，收集他们的意见和建议。模拟测试可以帮助企业优化服务流程，提升用户体验。

3. 深入访谈

组织目标客户群体进行焦点小组讨论，深入了解他们对服务概念的看法和需求。比如，邀请老年人及其家属参与讨论医养结合服务的概念，通过互动交流，发现潜在的市场需求和问题。焦点小组讨论可以帮助企业优化服务设计，提升市场契合度。

4. 在线调查与反馈

通过在线平台收集客户对服务概念的反馈和建议。通过社交媒体、官方网站等渠道，发布服务概念的介绍，邀请客户参与在线调查。在线调查可以帮助企业快速收集大量客户意见，评估市场接受度。

（四）服务产品上市

服务产品上市是养老服务产品开发的最终目标，其策略的选择直接影响服务的市场表现和企业的经济效益。上市策略主要包括以下几个方面。

1. 市场定位与目标客户

明确服务的市场定位和目标客户群体，是服务上市的基础。企业需要根据服务的特点和优势，选择合适的市场定位，吸引特定需求的客户群体。比如，高端定制化养老服务的目标客户可以定位为高收入、对生活品质有较高要求的老年人，通过提供个性化、高品质的服务，吸引目标客户。

2. 品牌建设与推广

通过品牌建设与推广，提升服务的知名度和美誉度。企业可以通过广告宣传、公关活动、口碑传播等方式，向目标客户传递服务的价值和优势。企业可以通过举办"老年文化节""健康讲座"等活动，吸引老年人及其家属参与，宣传服务产品，提升品牌的知名度和影响力。

3. 渠道选择与拓展

选择合适的销售渠道和服务网点，是服务上市的重要环节。企业可以通过线上线下结合的方式，拓展服务渠道。通过建立线上服务平台，提供在线咨询、预约服务、在线支付等功能，提升服务的便利性。同时，企业还可以通过与社区、医院、老年活动中心等合作，拓展服务网点，将服务延伸到老年人的日常生活中。

4. 客户关系管理

在服务产品上市阶段，企业可利用既有的客户关系渠道向目标客户传递新品信息并收集反馈。在日常互动活动中巧妙融入新品体验环节，能有效降低认知门槛，增强老年人及家属对新服务的信任感与归属感，直接促进上市成功。

5. 持续改进与优化

服务上市后，企业需要通过持续改进和优化，提升服务的质量和竞争力。企业可以通过客户反馈和数据分析，发现服务中的问题和不足，及时进行优化和改进。比如，通过客户满意度调查，企业发现老年人对文化娱乐活动的需求，可以优化服务内容，增加活动的多样性和趣味性。通过持续改进，企业可以提升客户的满意度和忠诚度，实现可持续发展。

 **案例实操**

智慧养老 APP 从 0 到 1——服务概念检验与市场测试

1. 案例背景

某科技公司计划开发一款整合健康监测、紧急呼叫、社交功能的智慧养老 APP,目标是为老年人提供全方位的数字化服务。然而,在开发过程中,公司面临技术落地与用户接受度的双重挑战。市场调研发现,许多老年人对新技术存在抵触情绪,认为操作复杂且担心隐私泄露。为了确保产品的成功推出,公司需要完成从创意筛选到原型测试的全流程开发设计,并进行市场测试以优化用户体验。

同时,公司希望通过这款 APP 体现"技术普惠"理念,让更多老年人享受到数字化带来的便利。

2. 案例目标

完成智慧养老 APP 的全流程开发设计,包括创意筛选、技术评估、原型测试和市场反馈收集,确保产品适合老年人使用且符合市场需求。

3. 思政融入点

强调"技术普惠",如免费开放一键呼叫功能,关注技术的公平性和可及性,反对技术发展带来的数字鸿沟。

 拓展资源

4. 案例准备

材料:智慧养老 APP 市场调研报告、老年人数字化使用习惯数据、相关政策文件(如《智慧健康养老产业发展行动计划》)。

工具:PPT 模板、低保真原型设计软件(如 Sketch 或 Figma)、数据分析软件(如 Excel)。

5. 实施步骤(共 45 分钟,最后展示时间可适度延长)

表 4-2-1 实施步骤

阶段	任务	时间	要求
1. 创意筛选	从 10 个候选功能中筛选出 3 个核心功能(如用药提醒、线上问诊等)	10 分钟	需结合《智慧健康养老产业发展行动计划》政策要求
2. 技术评估	评估开发可行性(如血压监测模块的硬件成本)	15 分钟	列出 3 项技术风险及应对方案
3. 原型测试	设计低保真原型图,模拟老年用户操作流程	15 分钟	需标注适老化设计细节(如字体放大、语音交互)
4. 迭代建议	根据测试反馈,提出优化方案(如简化注册流程)	5 分钟	聚焦用户体验痛点

6. 案例考评标准(满分 20 分)

表 4-2-2 案例实施评价表

维度	评分细则	分数
功能实用性(5分)	筛选的功能是否符合老年人的实际需求	
技术可行性(5分)	技术评估是否全面,风险应对方案是否合理	
适老化设计完整性(5分)	原型设计是否充分考虑适老化需求,如界面简洁、操作简单	
政策响应度(3分)	是否有效结合相关政策要求,体现技术普惠理念	
团队协作(2分)	组内分工是否合理,协作是否顺畅	

7. 案例总结

知识复盘：回顾养老服务产品开发流程的关键环节，强调适老化设计和技术可行性的重要性。

价值观引导：如何在技术开发中避免数字鸿沟，实现技术普惠？请带着这个问题继续学习。

8. 延伸思考

调研本地智慧养老产品，分析其适老化设计的不足之处，并提出改进建议。探讨如何通过技术手段提升老年人对数字化产品的接受度。

9. 常见误区

误区：过于关注技术功能，而忽视适老化设计和用户体验。

走出误区：关注界面简洁和操作便捷的重要性。

课后思考

1. 新服务的概念与创意的来源有哪些？如何筛选创意？
2. 服务概念检验的评估内容有哪些？如何进行技术能力评估？
3. 服务市场测试的方法有哪些？如何选择合适的上市策略？
4. 如何通过市场测试优化养老服务产品？
5. 在养老服务产品开发中，如何平衡创新与成本收益？

任务三　养老服务品牌创建与维护

案例导入

老年旅行社的品牌建设

老王经营一家老年旅行社，经过多年的发展，旅行社在老年旅游市场有了一定的知名度。然而，随着市场竞争的加剧，老王意识到，要想在市场中脱颖而出，必须加强品牌建设。他首先对旅行社的品牌价值进行了定位，确定了"安全、舒适、快乐"的品牌理念。他希望通过提供优质的服务，让老年人在旅行过程中感受到安全和舒适，同时享受到快乐的旅行体验。为了实现这一品牌理念，老王在旅行社的服务中注重细节，从行程安排、住宿餐饮、导游服务等方面，都严格把关，确保服务质量。他还注重品牌形象的塑造，通过设计统一的品牌标识、宣传口号等，提升旅行社的品牌形象。在品牌维护方面，老王建立了完善的客户反馈机制，及时了解客户的需求和意见，不断改进服务。他还注重品牌的延伸，通过开发新的旅游产品、拓展新的市场，扩大旅行社的品牌影响力。经过一段时间的努力，老王的老年旅行社品牌得到了市场的认可，客户满意度和忠诚度不断提高。

问题：

1. 你认为老年旅行社在品牌建设过程中，主要采取了哪些措施？
2. 如果你是老王，你还会采取哪些措施来进一步提升旅行社的品牌影响力？

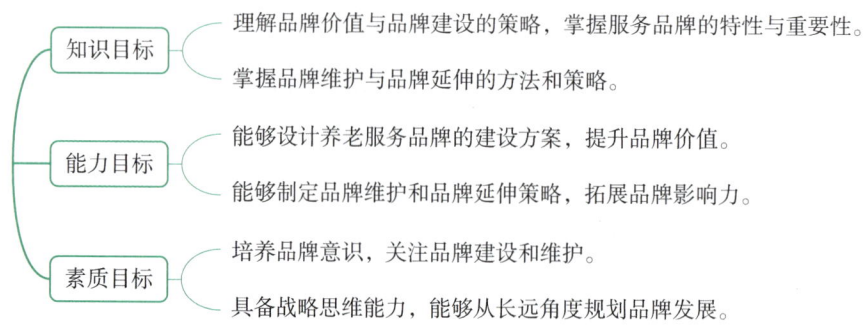

(一)品牌与品牌建设

1. 品牌

品牌是企业或产品在消费者心中形成的一种独特印象和认知,它不仅包括品牌名称、标识、口号等外在形式,还包括品牌所代表的价值观、文化内涵和情感连接。在老龄产业中,品牌是企业与老年人建立信任和情感连接的重要桥梁。

品牌的核心在于其价值主张。对于养老服务企业而言,品牌价值主张需要明确回答"我们为老年人提供什么价值"这一问题。一家高端养老机构的品牌价值主张可能是"为老年人提供高品质、个性化的生活照料和医疗护理服务",而一家社区养老服务机构的品牌价值主张可能是"为社区老年人提供便捷、亲民的居家养老服务"。

企业可以通过独特的品牌个性和文化内涵来吸引目标客户。一家养老机构的品牌个性可以是"温馨、专业、可靠",通过营造温馨的居住环境、提供专业的护理服务和可靠的保障体系,吸引注重情感体验和生活品质的老年人。品牌文化内涵则可以通过品牌故事、品牌使命和品牌价值观来体现。一家养老机构的品牌使命可以是"让每一位老年人都能享受幸福的晚年生活",品牌价值观可以是"关爱、尊重、创新、责任"。通过明确的品牌文化内涵,企业可以与老年人建立情感共鸣,提升品牌的吸引力和忠诚度。

2. 品牌建设的策略

品牌建设是企业提升品牌知名度、美誉度和忠诚度的系统性过程。在老龄产业中,品牌建设需要从品牌定位、品牌传播、品牌体验和品牌保护等多个方面入手。

(1)品牌定位

品牌定位是品牌建设的起点,企业需要通过市场调研和竞争分析,明确品牌的核心价值和目标客户群体。一家养老机构通过市场调研发现,高收入老年人对健康管理和个性化服务有较高需求,从而将品牌定位为"高端健康养老专家"。品牌定位需要简洁明了,易于理解和传播,同时要具有差异化竞争优势。

(2)品牌传播

品牌传播是提升品牌知名度的重要手段。企业可以通过广告宣传、公关活动、口碑传播、社交媒体等多种渠道,向目标客户传递品牌价值和文化内涵。通过在电视、报纸、社交媒体等平台上投放广告,宣传品牌的优势和服务内容;通过举办公益活动、健康讲座等活动,提升品牌的美誉度和公信力;通过客户推荐和口碑传播，扩大品牌的影响力。品牌传播需要注重内容的创意和形式的多样性，以吸引目标客户的注意力。

(3) 品牌体验

品牌体验是品牌建设的关键环节。企业需要通过优化服务流程、提升服务质量、营造良好的服务环境等方式，为老年人提供优质的品牌体验。通过提供个性化的护理方案、丰富的文化娱乐活动、舒适的居住环境等，提升老年人对品牌的满意度和忠诚度。品牌体验还需要注重细节，从服务人员的微笑到设施设备的整洁，每一个细节都可能影响老年人对品牌的整体印象。

(4) 品牌保护

品牌保护是品牌建设的重要保障。企业需要通过注册商标、保护知识产权等方式，防止品牌被侵权或滥用。同时，企业还需要通过持续的品牌管理和监督，确保品牌在市场中的形象和声誉不受损害。通过建立品牌危机管理机制，及时应对可能出现的品牌危机，保护品牌的长期价值。

(二) 服务品牌的特性与重要性

1. 服务品牌的特性

服务品牌与有形产品品牌相比，具有独特的特性。这些特性决定了服务品牌建设的复杂性和重要性。

(1) 无形性

服务品牌的核心是无形的服务体验，老年人在购买服务前往往难以直观地评估服务的质量和价值。养老服务的质量和效果需要在实际体验后才能感知。这种无形性增加了品牌建设的难度，企业需要通过品牌承诺、品牌体验和服务保障等方式，增强老年人对品牌的信任。

(2) 流程性

服务品牌服务的提供与服务人员的参与不可分离，服务人员的行为和态度直接影响品牌的形象和声誉。护理人员的专业素质和服务态度是养老服务品牌的重要体现。因此，企业需要通过培训和管理，提升服务人员的品牌意识和服务水平，确保每一位服务人员都能成为品牌的积极传播者。

(3) 异质性

服务品牌的质量和效果可能因服务人员、服务时间和地点的不同而存在差异。不同的护理人员提供的服务体验可能不同。这种异质性要求企业通过标准化的服务流程和质量监控体系，减少服务的差异性，提升品牌的稳定性。

(4) 易逝性

服务品牌的体验具有时效性，一旦错过提供服务的时间，就无法再补救。养老服务机构提供的定期健康检查服务，如果老年人错过预约时间，就无法再获得相同的服务。这种易逝性要求企业通过精准的需求预测和灵活的预约机制，确保服务的及时性和高效性。

(5) 互动性

服务品牌的建立需要企业与客户之间的互动和沟通。通过定期回访、客户反馈、社区活动等方式，企业可以与老年人建立情感连接，提升品牌的忠诚度。互动性还要求企业能够及时响应客户的需求，通过持续改进服务，提升品牌的竞争力。

2. 服务品牌的重要性

在老龄产业中，服务品牌的建设具有极其重要的意义。

(1) 提升客户信任

品牌是企业与老年人建立信任的重要桥梁。通过明确的品牌价值和优质的服务体验，企业可以增强老年人对品牌的信任感,提升客户的满意度和忠诚度。一家具有良好品牌形象的养老机构,更容易获得老年人及其家属的信任,从而提升市场占有率。

(2) 增强市场竞争力

品牌是企业在市场竞争中的重要武器。通过差异化品牌定位和独特的品牌价值,企业可以在激烈的市场竞争中脱颖而出,吸引特定需求的客户群体。一家定位为"高端医养结合专家"的养老机构,可以通过提供专业化的医疗服务和高品质的生活照料,吸引高收入老年人,从而在市场中占据一席之地。

(3) 促进客户推荐和口碑传播

品牌是客户推荐和口碑传播的重要基础。通过提供优质的服务和良好的品牌体验,企业可以激发客户的推荐意愿,通过口碑传播扩大品牌的影响力。一位对服务满意的老年人可能会向身边的亲朋好友推荐该养老机构,从而带来更多的潜在客户。

(4) 提升企业的抗风险能力

品牌是企业的无形资产,具有长期的价值和抗风险能力。通过持续的品牌建设和管理,企业可以在市场波动和竞争压力下保持稳定的发展。即使在市场环境不利的情况下,具有良好品牌形象的企业也更容易获得客户的信任和支持,从而渡过难关。

(5) 推动企业的可持续发展

品牌是企业实现可持续发展的重要动力。通过品牌建设,企业可以提升自身的社会形象和公信力,吸引更多的资源和机会,推动企业的长期发展。一家具有良好品牌形象的养老企业,更容易获得政府支持和社会认可,从而实现可持续发展。

(三) 品牌维护与品牌延伸

1. 品牌维护的方法

品牌维护是品牌建设的重要环节,企业需要通过持续的努力和管理,确保品牌的形象和声誉不受损害。

(1) 持续的品牌传播

通过定期的品牌宣传活动,保持品牌的曝光度和知名度。通过在重要节日或活动期间进行品牌推广,提升品牌的影响力。持续的品牌传播还需要注重内容的创新和形式的多样性,以吸引目标客户的注意力。

(2) 客户关系管理

通过建立良好的客户关系,提升客户对品牌的满意度和忠诚度。企业可以通过定期回访、客户关怀、活动邀请等方式,增强与客户的互动,提升客户对品牌的认同感。

(3) 质量监控与改进

通过持续的质量监控和改进,确保服务的质量和稳定性,维护品牌口碑。企业可以通过建立质量监控体系,定期收集客户反馈,及时发现和解决服务中的问题。

(4) 品牌危机管理

通过建立品牌危机管理机制,及时应对可能出现的品牌危机。企业需要制订详细的危机管理预案,明确危机处理的流程和责任分工。当出现服务质量问题或客户投诉时,企业需要及时响应,采取有效的措施解决问题,保护品牌的长期价值。

2. 品牌延伸的策略

品牌延伸是指企业利用已有的品牌资产,拓展新的产品或服务领域,从而实现品牌价值的最大化。

在老龄产业中,品牌延伸可以帮助企业拓展市场空间,提升品牌的综合竞争力。品牌延伸的策略包括服务延伸、产品延伸、市场延伸以及合作与联盟。

(1) 服务产品延伸

通过拓展服务内容,满足老年人多样化的需求。一家养老机构可以在提供生活照料和医疗服务的基础上,开拓老年心理关怀服务、文化娱乐活动、旅游服务等,丰富老年人的生活体验。服务延伸需要注重与现有品牌定位的匹配性,确保新服务能够增强品牌的价值和吸引力。

(2) 有形产品延伸

通过开发与养老服务相关的有形产品,实现品牌延伸。一家养老机构可以开发适老化智能家居设备、老年健康食品、康复辅助器具等产品,满足老年人的多样化需求。有形产品延伸需要注重有形产品的质量和安全性,确保能够提升品牌的整体形象。

(3) 市场延伸

通过拓展服务区域或目标客户群体,实现品牌延伸。一家养老机构可以在不同地区开设分支机构,拓展服务范围;或者针对不同收入层次的老年人,开发不同层次的服务套餐,满足更广泛的市场需求。市场延伸需要注重市场调研和分析,确保新市场具有足够的潜力和需求。

(4) 合作与联盟

通过与其他企业或机构合作,实现品牌延伸。养老机构可以与医疗机构合作,提供"医养结合"服务;与保险公司合作,开发"养老服务+保险"套餐;与社区组织合作,开展社区养老服务。通过合作与联盟,企业可以整合资源,提升品牌的价值和影响力。

案例实操

百年老院的品牌焕新——传统养老机构 IP 化升级

1. 案例背景

某公办养老院已有一百年的历史,但由于设施老旧、品牌形象刻板,近年来面临年轻老年客户流失的问题。市场调研发现,现代老年人对养老机构的环境、文化氛围和服务质量有更高要求,而该养老院在品牌传播和文化内涵上缺乏吸引力。为了重新赢得市场,养老院决定进行品牌焕新,打造具有特色的文化IP,提升品牌形象和竞争力。

同时,养老院希望通过品牌升级体现敬老文化,反对过度商业化,保留公益床位,为低收入老年人提供服务。

2. 案例目标

设计一套包含文化IP(如"银发茶馆""怀旧影院")的品牌升级方案,提升养老院的品牌形象和市场竞争力,同时体现文化传承和社会责任。

3. 思政融入点

传承"敬老文化",反对过度商业化,树立"文化传承与社会责任并重"的品牌理念,保留公益床位,体现普惠性。

4. 案例准备

材料:养老院历史资料、现有设施照片、老年人文化需求调研报告、相关政策文件(如《中华人民共和国老年人权益保障法》)。

工具:PPT模板、品牌设计软件(如 Adobe Illustrator)、社交媒体账号模拟工具。

5. 实施步骤(共 45 分钟,最后展示时间可适度延长)

表 4-3-1 实施步骤

阶段	任务	时间	要求
1. 文化挖掘	提炼养老院的历史故事与地域文化符号(如老照片墙、方言活动)	10 分钟	需与"积极老龄化"政策结合
2. IP 设计	策划品牌 IP 形象与主题空间(如"时光走廊""智慧康养角")	20 分钟	包含视觉标识(品牌标识、标语)与体验设计
3. 传播策略	制订线上线下传播计划(如抖音短视频"养老院的一天")	10 分钟	预算不超过 2 万元
4. 伦理辩论	分组讨论"品牌升级是否应牺牲普惠性"	5 分钟	需引用《中华人民共和国老年人权益保障法》

6. 案例考评标准(满分 20 分)

表 4-3-2 案例实施评价表

维度	评分细则	分数
文化融合深度(5分)	是否深入挖掘养老院的历史文化,体现地域特色	
IP 创新性(5分)	品牌 IP 形象和主题空间设计是否新颖,能否吸引目标客户	
传播可行性(5分)	传播计划是否合理,预算是否可控,能否有效提升品牌知名度	
伦理合规性(3分)	是否有效融入"敬老文化",反对过度商业化,保留公益床位	
团队协作(2分)	组内分工是否合理,协作是否顺畅	

7. 案例总结

知识复盘:回顾品牌创建与维护的关键要素,强调文化 IP 设计和传播策略的重要性。

价值观引导:如何在品牌升级中平衡商业利益与社会责任?请带着这个问题继续学习。

8. 延伸思考

调研本地传统养老机构的品牌现状,分析其在文化传承和品牌创新方面的不足,并提出改进建议。探讨如何通过数字化手段(如社交媒体、短视频),提升传统养老机构的品牌影响力。

9. 常见误区

误区:过于关注品牌设计的视觉效果,而忽视文化内涵和社会责任的体现。

走出误区:认识文化传承与社会责任的重要性。

课后思考

1. 品牌价值与品牌建设的策略有哪些?如何在老龄产业中应用?
2. 服务品牌的特性与重要性是什么?如何通过品牌建设提升市场竞争力?
3. 品牌维护与品牌延伸的方法有哪些?如何通过这些方法提升品牌影响力?
4. 如何通过品牌建设提升客户的信任和忠诚度?
5. 在老龄产业中,如何通过品牌延伸拓展市场空间?

项目五

养老服务产品分销渠道建设

项目导读

渠道是产品到达顾客的桥梁。

——[美]小威廉·D.佩罗特《基础营销学》

当企业开发设计出能够满足需求的产品和服务时,应该如何将这些产品推向市场,提高产品的可及性和市场覆盖率?通过合理设计和管理分销渠道,企业能够确保养老服务产品顺利到达目标老年顾客群体,从而实现产品的市场价值和企业的经营目标。

养老服务产品渠道建设直接决定了服务价值的有效触达与客户体验的质量。建设高效渠道能够显著提升服务可及性与便捷性,克服老年人身体、认知或地理限制带来的获取障碍;通过严格筛选和管理渠道成员,建立有效的质量监控机制,能够确保服务在传递过程中保持标准一致,维护品牌声誉和客户信任;整合线上、线下及融合模式资源,能够满足老年群体日益多元化和个性化的服务需求;优化信息流、沟通流与服务流,能够促进供需双方高效互动与反馈,提升客户满意度和忠诚度;通过合理的渠道结构与策略,控制成本、扩大市场覆盖、提升运营效率,从而增强企业在老龄产业中的竞争力和市场响应速度。

在养老服务产品渠道建设中,分销渠道的设计是战略起点,它基于渠道目标和核心原则,明确渠道的结构。在渠道设计的规划下选择具体的服务传递模式,并基于专业能力、市场覆盖、信誉口碑、合作意愿等关键标准甄选合适的渠道成员,是在为企业的服务产品选择价值传递的执行主体,也是将分销渠道具体化和现实化。但这并不是渠道建设的终点,企业还需要对渠道进行持续保障,涵盖对渠道绩效的评估和基于评估结果的动态调整优化,确保渠道运行符合设计预期并能适应市场变化,形成一个从规划到执行,再到反馈优化的动态闭环。

本项目介绍养老服务产品渠道建设的设计方法、成员的选择和渠道的管理措施,帮助企业为养老服务产品构建高效、稳定、适应性强且客户体验优良的分销网络,显著提升服务可及性、便捷性、质量保障能力和市场竞争力。

项目导图

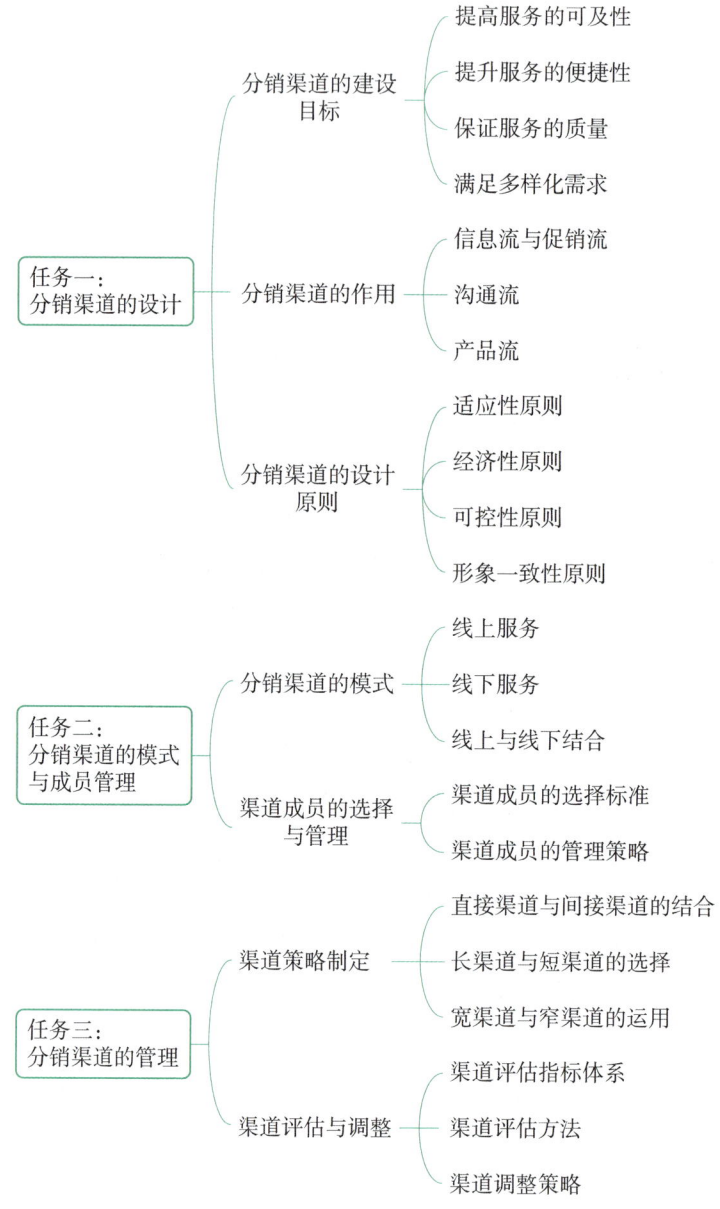

任务一 分销渠道的设计

案例导入

在某居家养老企业,负责人李明正为服务覆盖不足的问题发愁。虽然企业提供了优质的居家养老服务,但许多社区的老年人因信息不畅无法享受到这些服务。李明决定优化渠道网络,实现线上线下融合。

李明首先联系了一家互联网公司,合作开发了一个居家养老服务平台。平台上,老年人可以预约上门服务,包括护理、康复、送餐等。同时,企业还在社区设立了服务站点,方便老年人线下咨询和预约。

在社区服务站点,张阿姨询问:"这个平台真的能帮我们预约服务吗?我不会用智能手机怎么办?"站点的工作人员耐心地解释:"张阿姨,您不用担心。我们这里有专门的工作人员帮您操作,您只需要告诉我们您的需求,我们会帮您安排好一切。"李明还发现,许多老年人更信任面对面的服务。于是,企业增加了社区活动的频率,定期举办健康讲座和义诊,让老年人更直观地了解服务内容。同时,线上平台也不断优化,增加了语音导航和简单操作模式,方便老年人使用。

经过一段时间的努力,企业的服务覆盖范围显著扩大,客户满意度也大幅提升。李明感慨地说:"线上线下融合不仅提升了服务的可达性,还让老年人感受到我们的用心和专业。"

问题:
1. 你认为居家养老服务企业如何通过线上线下融合提升服务覆盖范围?
2. 如何设计一个高效的服务渠道网络来满足老年人的需求?

任务目标

知识目标
- 理解分销渠道的作用,包括信息流与促销流、沟通流和产品流。
- 熟悉分销渠道的设计原则,如适应性、经济性、可控性和形象一致性原则。

能力目标
- 能够依据不同地区老年人口分布、需求特点等因素,设计适合养老服务产品的分销渠道方案,确保服务有效触达目标客户。
- 能够根据不同阶段的市场反馈,对分销渠道进行动态调整与优化,以适应变化的市场需求。

素质目标
- 树立渠道管理意识,在关注渠道效率的同时,高度重视客户体验,平衡两者关系以实现可持续发展。
- 强化责任意识,认识到分销渠道对养老服务产品质量与老年人生活质量的重要性,确保渠道建设符合行业规范与道德标准。

知识梳理

（一）分销渠道的建设目标

养老服务产品分销渠道建设是指构建一套有效的网络和机制，使养老服务产品能够从提供者顺利传递到老年客户群体，以健康足浴盆为例的有形产品分销渠道如图 5-1-1 所示，以陪诊服务为例的服务产品分销渠道如图 5-1-2。在老龄产业中，分销渠道建设不仅仅是简单的服务传递路径，更是连接养老服务供应商与老年消费者之间的桥梁，是实现养老服务价值的关键环节。

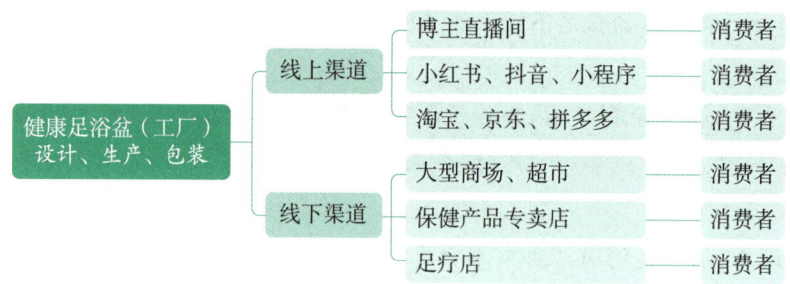

图 5-1-1 以健康足浴盆为例的有形产品分销渠道网络

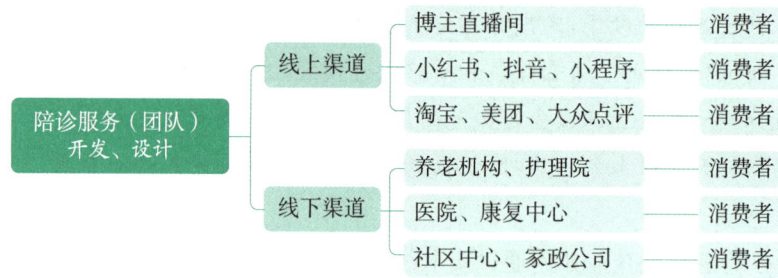

图 5-1-2 以陪诊服务为例的服务产品分销渠道网络

1. 提高服务的可及性

确保老年人能够方便地获取所需的养老服务，无论他们居住在城市还是农村，处于何种健康状况或收入水平。例如，通过建立社区养老服务站点，使老年人能够在自己熟悉的社区环境中咨询、获得基本的生活照料、健康管理等服务，无需长途跋涉或花费大量时间精力去寻找合适的养老服务机构。

2. 提升服务的便捷性

简化养老服务的获取流程，减少老年人在获取服务过程中所遇到的障碍和不便。比如，开发专门的养老服务预约平台，老年人或其家属可以通过手机应用或网站，轻松地浏览各种养老服务项目、查看服务提供者的资质和评价，并在线预约所需的服务，从而避免了传统的烦琐的电话咨询、现场排队等环节。

3. 保证服务的质量

在渠道建设过程中，通过严格的筛选和管理机制，确保渠道成员能够按照统一的服务标准和质量要求为老年人提供服务。例如，对加入渠道的养老机构、护理人员等进行专业培训和资质认证，定期对服务质量进行监督检查，建立服务质量反馈和改进机制，及时解决老年人在享受服务过程中遇到的问题，以保障老年人能够获得高质量、安全可靠的养老服务。

4. 满足多样化需求

考虑到老年群体需求的多样性和个性化特点，渠道建设应能够整合不同类型、不同层次的养老服务资源,为老年人提供丰富多样的服务选择。这不仅包括了常见的生活照料、医疗护理等基本服务,还涵盖了文化娱乐、精神慰藉、康复保健等增值服务,以及针对特殊老年群体(如失能失智老人、高龄独居老人等)的专业化、定制化服务,以满足每一位老年人的独特需求和偏好,提升他们的生活质量和幸福感。

(二)分销渠道的作用

1. 信息流与促销流

在老龄产业中,分销渠道不仅是产品和服务的传递路径,也是信息和促销活动的重要载体。信息流的作用在于将产品和服务的相关信息传递给目标客户,帮助他们了解和选择适合自己的养老服务。养老服务机构通过官方网站、社交媒体平台、社区宣传栏等渠道,发布服务内容、优势、价格和联系方式等信息,帮助老年人及其家属了解服务详情。同时,通过线上线下的促销活动,如免费体验、折扣优惠、健康讲座等,吸引潜在客户,提升品牌知名度和市场占有率。

信息流和促销流的有效结合,能够增强老年人对服务的信任感和购买意愿。比如,通过举办老年健康讲座,结合提供现场咨询服务和优惠套餐,不仅传递了健康知识,还促进了服务的销售。这种整合营销方式能够有效提升渠道的传播效果和销售转化率。

2. 沟通流

沟通流是分销渠道中的重要环节,它通过与客户的互动和反馈,增强客户体验和服务质量。在老龄产业中,沟通流不仅包括企业与客户之间的直接沟通,还包括客户之间的口碑传播和社区互动。养老服务机构通过定期回访、客户满意度调查、社区活动等方式,与老年人及其家属保持密切沟通,及时了解他们的需求和意见。同时,通过组织老年生日会、家属开放日等活动,增强老年人之间的互动和社区归属感。

沟通流的作用在于提升客户满意度和忠诚度。通过有效的沟通,企业可以及时发现服务中的问题并加以改进,同时也能通过客户的反馈,优化服务内容和营销策略。比如,通过客户反馈发现老年人对"文化娱乐活动"的需求,企业可以增加活动的种类和频率,提升客户的整体体验。

3. 产品流

产品流是指产品和服务从生产者到消费者的传递过程。在老龄产业中,产品流不仅包括有形产品的配送和服务的提供,还包括服务设施的建设和维护。对于老年用品的销售,企业需要通过高效的物流和配送系统,确保产品能够及时、准确地送达客户手中。对于养老服务,企业需要通过优化服务流程,确保服务的高效性和连贯性。同时,养老服务机构还需要通过设施设备的建设和维护,为老年人提供舒适、安全的居住环境。

产品流的有效管理能够提升服务的效率和质量。通过建立标准化的服务流程和质量监控体系,企业可以确保服务的一致性和稳定性。同时,通过优化物流和配送系统,企业可以减少有形产品的库存成本和配送时间,提升客户的满意度。

(三)分销渠道的设计原则

1. 适应性原则

(1)适应老年人的身心特点

老年人在身体机能和认知能力等方面可能与年轻人存在差异,因此渠道设计应充分考虑这些特点。例如,服务获取的界面和操作流程应简洁明了,避免复杂的操作步骤和晦涩难懂的专业术语,以便老年人能够轻松理解和使用。对于一些视力不佳或操作不便的老年人,可以提供语音辅助、大字体显示等适老化功能,确保他们能够顺利地获取养老服务信息并进行预约或咨询。

(2) 适应老年人的消费习惯

了解老年人的消费心理和习惯,设计符合他们偏好的渠道模式。部分老年人可能更青睐面对面的交流和传统的线下服务获取方式,那么在渠道建设中应保留一定比例的线下服务网点,如社区养老服务咨询点、实体养老机构展示中心等,安排专业的服务人员为老年人提供现场咨询、引导和办理服务。同时,也可以通过宣传和教育,逐步引导老年人接受和使用更加便捷的线上渠道,但要确保线上线下的服务体验具有一致性和连贯性,以满足不同老年人的消费习惯需求。

2. 经济性原则

(1) 合理控制渠道建设成本

在构建养老服务产品渠道时,要充分考虑成本因素,避免过度投资导致服务价格过高,从而影响老年人的接受程度和市场的可持续发展。例如,在选择渠道成员和合作伙伴时,可以通过与当地社区、医疗机构等建立合作关系,共享资源和场地,降低运营成本。同时,优化渠道结构,减少不必要的中间环节,提高服务传递的效率,从而在保证服务质量的前提下,降低渠道建设的整体成本。

(2) 提高服务效益

注重渠道的运营效率和效益,通过科学合理的渠道设计,实现养老服务资源的优化配置和充分利用。例如,利用信息技术对渠道进行智能化管理,实时监测各服务节点的运营状态和服务需求情况,根据数据分析结果进行精准的服务调度和资源分配,避免资源的闲置和浪费。同时,通过渠道的有效运作,提高养老服务的覆盖率和市场占有率,从而实现规模经济,进一步降低单位服务成本,提高企业的经济效益和社会效益。

3. 可控性原则

(1) 建立有效的管理机制

为了确保渠道的顺畅运行和服务质量的稳定,需要建立一套完善的渠道管理机制。这包括对渠道成员的选拔、培训、监督和评估等环节进行严格把控。例如,在选择渠道成员时,要对其资质、信誉、服务能力等方面进行全面考察,确保其具备为老年人提供优质服务的基本条件。与渠道成员签订详细的合作协议,明确双方的权利和义务,规范服务行为和标准。定期对渠道成员进行培训和指导,提升其服务能力和业务水平,同时加强对服务过程的监督检查,及时发现和纠正问题,确保渠道运行符合企业的整体战略和服务要求。

(2) 确保信息的及时沟通与反馈

在渠道建设中,建立高效的信息沟通机制至关重要。企业应与渠道成员保持密切的联系,及时传递市场信息、服务更新信息以及政策法规变化等,以便渠道成员能够迅速做出调整和应对。同时,要建立反馈渠道,鼓励渠道成员和老年人积极反馈服务过程中遇到的问题和建议,以便企业能够及时了解市场动态和客户需求,对渠道进行优化和改进。

4. 形象一致性原则

(1) 统一品牌形象

在养老服务产品渠道建设中,要确保所有渠道成员和合作伙伴在对外宣传和服务提供过程中,都能够展现出一致的企业品牌形象。这包括统一的品牌标识、服务理念、宣传口号等。例如,无论是在社区养老服务站点、线上服务平台还是线下养老机构,都应使用相同的品牌标识和视觉设计,使老年人在接触不同渠道时能够清晰地识别出企业的品牌特征,增强品牌的辨识度和记忆度。

(2) 统一服务形象

除了品牌形象的一致性外,服务形象的统一也至关重要。所有渠道成员应遵循相同的服务标准和流程,为老年人提供标准化、规范化服务。例如,从服务人员的着装、礼仪到服务的具体操作流程,都要保持高度的一致性,让老年人无论通过哪个渠道获取服务,都能享受到同样高质量、专业化的服务体验。这有助于树立企业在老龄产业中的良好品牌形象,提升品牌的美誉度和忠诚度,增强老年人对企业品牌的信任感和认同感。

 案例实操

构建社区养老服务网络——分销渠道设计

1. 案例背景

某市老龄产业协会计划构建一个覆盖全市的社区养老服务网络,以提高养老服务的可及性和便捷性。目前,该市的养老服务主要依赖于少数几家大型养老机构,导致许多老年人,尤其是居住在偏远地区的老年人,难以获得及时、便捷的养老服务。此外,现有的养老服务分销渠道缺乏有效的整合,导致资源浪费和服务质量参差不齐。

为了改善这一现状,老龄产业协会决定设计一套适应老年人需求的分销渠道,确保养老服务能够高效、优质地传递到每一位有需求的老年人手中。同时,协会希望通过此次渠道建设,体现"普惠养老"的理念,关注低收入和偏远地区老年人的需求。

2. 案例目标

设计一套覆盖全市的社区养老服务分销渠道,提高服务的可及性、便捷性和质量,同时满足老年人多样化的养老需求。

3. 思政融入点

强调"普惠养老",优先覆盖偏远社区和低收入群体,树立"服务社会、关爱老人"的价值观,反对因经济效益而忽视弱势群体的需求。

4. 案例准备

材料:某市老年人口分布数据、现有养老服务机构信息、相关政策文件(如《社区居家养老服务规范》)。

工具:PPT模板、地图标注工具、Excel数据分析软件。

5. 实施步骤(共45分钟)

表5-1-1 实施步骤

阶段	任务	时间	要求
1. 需求分析	分析某市老年人口分布和服务需求,识别服务盲区	10分钟	使用地图标注服务盲区,引用老年人口数据
2. 渠道设计	设计社区养老服务站点布局,规划线上服务平台功能	20分钟	站点布局需考虑人口密度和服务半径,线上平台需简洁易用
3. 成本测算	估算站点建设和线上平台开发成本,制订预算方案	10分钟	包含场地租赁、设备购置、人员培训等费用
4. 汇报答辩	用PPT展示渠道设计方案,模拟向老龄产业协会汇报	5分钟	突出普惠性、便捷性和可操作性

6. 案例考评标准(满分20分)

表5-1-2 案例实施评价表

维度	评分细则	分数
需求覆盖全面性(5分)	是否全面覆盖某市老年人口,尤其是偏远地区和低收入群体	
渠道设计合理性(5分)	站点布局和线上平台功能是否合理,是否满足老年人需求	

(续表)

维度	评 分 细 则	分数
成本预算准确性(5分)	是否提出有效的资源分配和冲突解决策略	
思政体现(3分)	是否有效结合"一刻钟养老服务圈"政策,体现普惠性	
团队协作(2分)	组内分工是否合理,协作是否顺畅	

7. 案例总结

知识复盘:回顾分销渠道设计的核心要点,强调服务可及性、便捷性和质量的重要性。

价值观引导:如何在渠道设计中平衡经济效益与社会效益?请就此问题进行思考讨论。

8. 延伸思考

调研本地社区养老服务网络,分析其在覆盖范围和服务质量方面的不足,并提出改进建议。探讨如何通过数字化手段(如智能养老服务平台),进一步提升社区养老服务的效率和质量。

9. 常见陷阱提示

误区:过于关注渠道的技术实现,而忽视老年人的实际需求和服务质量。

走出误区:明确需求导向和服务质量的重要性。

课后思考

1. 在养老服务产品渠道建设中,如何平衡线上与线下渠道的协同发展,以满足不同老年人群体的需求?

2. 从分销渠道的目标出发,探讨如何通过渠道优化来进一步提高养老服务的可及性、便捷性和质量。

3. 在老龄产业中,如何结合信息流与促销流、沟通流和产品流的特点,设计出更高效的养老服务产品分销渠道?

4. 分销渠道的设计原则在实际的养老服务产品渠道建设中,如何具体应用和体现?

5. 如何评估和选择合适的渠道成员,以确保养老服务产品渠道的有效运行和可持续发展?

任务二 分销渠道的模式与成员管理

案例导入

老年用品商店的渠道选择

老李开了一家老年用品商店,主要销售一些老年人常用的生活用品,如拐杖、轮椅、助听器等。随着互联网的发展,老李发现,越来越多的老年人开始通过网络购物。为了拓展销售渠道,他决定设计一套适合老年用品的分销渠道。他首先考虑了线上渠道,通过在电商平台上开设店铺,销售老年用品。他还利用社交媒体平台,进行产品推广和销售。然而,老李发现,线上渠道虽然方便快捷,但很多老年人对网络购物不太熟悉,操作起来比较困难。于是,他决定结合线下渠道,开设一些实体店铺,让老年人可以亲自体验和购买产品。他还与一些社区服务中心合作,将老年用品销售拓展到社区中,方便老年人购买。此外,老李还考虑了线上与线下结合的渠道,通过线上预约、线下体验和购买的方式,为老年人提供更加便捷的服务。通过这些分销渠道的设计,老李的老年用品商店销售额有了明显的提升。

问题:
1. 你认为老李的老年用品商店在分销渠道设计中,采用了哪些模式?
2. 如果你是老李,你还会采取哪些措施来进一步提升销售渠道的效率?

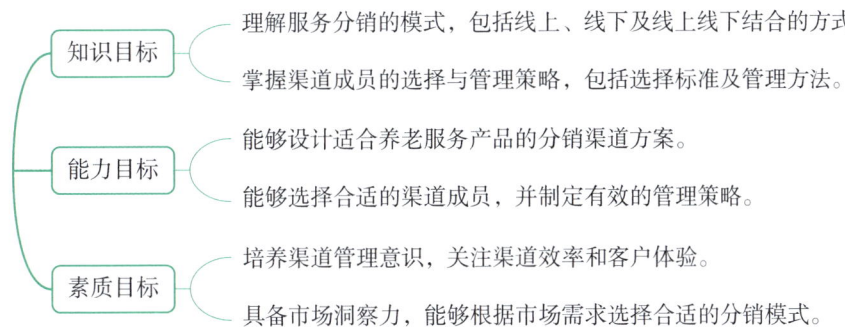

知识目标 —— 理解服务分销的模式,包括线上、线下及线上线下结合的方式。
　　　　　　掌握渠道成员的选择与管理策略,包括选择标准及管理方法。
能力目标 —— 能够设计适合养老服务产品的分销渠道方案。
　　　　　　能够选择合适的渠道成员,并制定有效的管理策略。
素质目标 —— 培养渠道管理意识,关注渠道效率和客户体验。
　　　　　　具备市场洞察力,能够根据市场需求选择合适的分销模式。

(一) 分销渠道的模式

1. 线上服务

随着互联网技术的发展,线上服务成为老龄产业的重要分销模式之一。线上服务通过互联网平台、移动应用、社交媒体等渠道,为老年人及其家属提供便捷的服务体验。

养老服务机构可以通过官方网站和移动应用,提供在线咨询、预约服务、在线支付、服务评价等功能,方便老年人及其家属随时随地获取服务信息和进行服务预约。同时,通过社交媒体平台,企业可以发布服务动态、健康知识、活动信息等内容,吸引潜在客户并增强客户黏性。

线上服务的优势在于其便捷性和高效性。通过线上平台,企业可以突破时间和空间的限制,扩大服务覆盖范围,提升服务的可及性。通过在线健康咨询平台,老年人可以随时向专业医生咨询健康问题,获得及时的医疗建议。同时,线上服务还可以通过数据分析和用户画像,实现精准营销和个性化服务,提升客户的满意度和忠诚度。

2. 线下服务

线下服务是老龄产业的传统分销模式,通过实体服务网点、社区活动、上门服务等方式,为老年人提供面对面的服务体验。养老服务机构可以通过在社区设立服务网点,提供居家养老、日间照料、康复护理等服务。同时,企业还可以通过上门服务,为行动不便的老年人提供生活照料、医疗护理、心理慰藉等服务。此外,通过举办社区活动,如健康讲座、文艺演出、老年运动会等,企业可以增强与老年人的互动,提升品牌的知名度和美誉度。

线下服务的优势在于其真实性和互动性。通过面对面的服务,企业可以更好地了解老年人的需求和偏好,提供个性化的服务体验。同时,线下服务还可以通过社区活动和上门服务,增强老年人的社区归属感和社会参与感。通过定期的社区健康讲座,老年人可以获得专业的健康知识,同时也能与其他老年人进行交流和互动,提升生活质量。

3. 线上到线下

线上到线下(Online To Offline,简写为"O2O")是老龄产业中一种新兴的分销模式,通过整合线上平台和线下服务资源,为老年人提供无缝衔接的服务体验(见图5-2-1)。养老服务机构可以通过线上平台进行服务预约和信息推送,同时通过线下服务网点和上门服务提供实际的服务体验。这种模式不仅结合了线上服务的便捷性和高效性,还保留了线下服务的真实性和互动性。

O2O模式的优势在于其综合性和灵活性。通过线上平台,企业可以扩大服务的覆盖范围,提升服务的可及性;通过线下服务,企业可以增强与客户的互动,提升服务的质量和体验。通过线上预约系统,老年人可以方便地预约线下服务;通过线下服务网点,老年人可以体验服务并获得专业的建议。这种线上线下结合的模式能够有效提升客户的满意度和忠诚度,增强企业的市场竞争力。

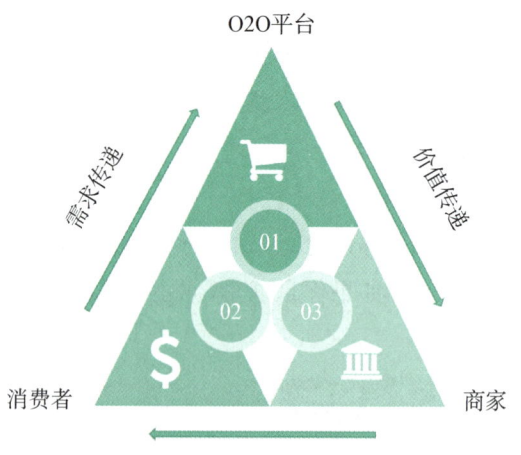

图5-2-1 线上到线下(O2O)模式

(二) 渠道成员的选择与管理

1. 渠道成员的选择标准

选择合适的渠道成员是分销渠道管理的重要环节。在老龄产业中,渠道成员的选择需要综合考虑多个因素,以确保渠道成员能够有效传递产品和服务,提升客户体验。其中,渠道成员的专业能力、市场覆盖范围、信誉和口碑、合作意愿和能力是尤其需要重点关注的。

专业能力。渠道成员需要具备提供高质量服务的专业能力。对于老年用品的销售,渠道成员需要具备产品知识和销售技巧;对于养老服务,渠道成员需要具备专业的护理能力和管理经验。

市场覆盖范围。渠道成员需要具备广泛的市场覆盖能力,能够将产品和服务传递给目标客户群体。选择与大型连锁药店合作,可以扩大老年用品的销售范围;选择与社区服务中心合作,可以提升养老服务的社区覆盖率。

信誉和口碑。渠道成员需要具备良好的信誉和口碑,能够为品牌提供声誉支持。选择与知名品牌或口碑良好的企业合作,可以提升品牌的公信力和市场认可度。

合作意愿和能力。渠道成员需要具备强烈的合作意愿和良好的合作能力,能够与企业共同推动产品和服务的销售。选择与愿意投入资源进行市场推广的渠道成员合作,可以提升渠道的销售能力和市场影响力。

2. 渠道成员的管理策略

渠道成员的管理是分销渠道成功运营的关键环节。在老龄产业中,渠道成员的管理需要通过激励机制、培训体系、监控机制和沟通机制等多方面进行。

激励机制。通过设计合理的激励机制,激发渠道成员的积极性和创造力。通过销售提成、奖励制度和优惠政策等方式,激励渠道成员积极推广产品和服务。同时,通过设立长期合作奖励,鼓励渠道成员与企业建立长期稳定的合作关系。

培训体系。通过建立完善的培训体系,提升渠道成员的专业能力和销售技巧。定期组织产品知识培训、销售技巧培训和客户服务培训等,帮助渠道成员更好地了解产品和服务,提升销售能力和客户满意度。

监控机制。通过建立有效的监控机制,确保渠道成员的服务质量和销售行为符合企业标准。通过定期检查、客户反馈和数据分析等方式,监控渠道成员的服务质量和销售业绩。对于不符合标准的渠道成员,及时进行整改或调整。

沟通机制。通过建立良好的沟通机制,保持与渠道成员的密切联系和信息共享。通过定期召开渠道会议、开展市场调研和分享市场动态等方式,增强与渠道成员的互动和合作。通过有效的沟通,企业可以及时了解渠道成员的需求和意见,优化渠道管理策略。

在实际管理中,这些策略往往需要综合运用。通过定期培训和激励机制,提升渠道成员的专业能力和积极性;通过监控机制和沟通机制,确保渠道成员的服务质量和销售行为符合企业标准。通过科学的渠道管理,企业可以提升渠道成员的销售能力和服务质量,增强渠道的稳定性和竞争力,从而实现与渠道成员的互利共赢,推动产品和服务的市场推广。

线上线下融合——居家养老服务渠道网络优化

1. 案例背景

某居家养老企业近年来服务覆盖不足,导致许多社区的老年人无法及时享受到优质的服务。市场调研发现,尽管企业提供了护理、康复、送餐等多种居家养老服务,但由于信息不畅和服务站点分布不均,许多老年人无法便捷地获取服务。此外,随着互联网技术的发展,老年人对线上服务的接受度逐渐提高,但企业尚未充分利用线上渠道的优势。

为了提升服务的可达性和便捷性,企业决定优化渠道网络,构建线上线下融合的O2O模式,实现服务的高效覆盖和精准触达。

2. 案例目标

构建"社区驿站+小程序"的融合渠道模型,解决居家养老服务的"最后一公里"难题,提升服务覆盖范围和客户满意度。

3. 思政融入点

注意优先服务偏远社区,如"流动服务车进乡村",树立"普惠性服务"的理念,反对因地域差异导致的服务不平等。

4. 案例准备

材料:居家养老服务覆盖范围地图、老年人口分布数据、民政部"一刻钟养老服务圈"政策文件。

工具:PPT模板、地图标注软件(如高德地图)、小程序设计软件、成本测算表格。

5. 实施步骤(共45分钟,最后展示时间可适度延长)

表 5-2-1 实施步骤

阶段	任务	时间	要求
1. 需求分析	通过地图标注,识别服务盲区(如老旧小区、农村)	10分钟	需引用民政部"一刻钟养老服务圈"政策
2. 渠道设计	设计驿站选址标准(如辐射半径500米)与线上功能模块(如预约系统)	20分钟	需包含成本估算表,考虑线上线下协同
3. 冲突模拟	角色扮演"驿站站长与线上运营经理"资源分配矛盾	10分钟	提出双赢解决方案,考虑用户体验和服务效率
4. 方案展示	用流程图展示渠道网络运作逻辑	5分钟	突出"普惠性",展示线上到线下服务的优势

6. 案例考评标准（满分20分）

表5-2-2 案例实施评价表

维度	评分细则	分数
覆盖全面性(5分)	是否有效识别并解决服务盲区问题，实现广泛覆盖	
成本可控性(5分)	渠道设计是否考虑成本效益，预算是否合理	
冲突解决有效性(5分)	是否提出有效的资源分配和冲突解决策略	
政策契合度(3分)	是否有效结合"一刻钟养老服务圈"政策，体现普惠性	
团队协作(2分)	组内分工是否合理，协作是否顺畅	

7. 案例总结

知识复盘：回顾分销渠道设计的关键要素，强调线上线下融合的重要性。

价值观引导：如何在渠道设计中体现普惠性，确保偏远地区老年人也能享受到服务？请带着这个问题继续学习。

8. 延伸思考

调研本地居家养老服务企业的渠道建设现状，分析其在服务覆盖和用户体验方面的不足，并提出改进建议。探讨如何通过数字化手段（如人工智能客服、智能调度系统），进一步提升居家养老服务的效率和质量。

9. 常见误区

误区：过于关注线上渠道的便捷性，而忽视线下服务的必要性和特殊需求。

走出误区：强调线上线下协同的重要性，尤其是线下服务对老年人的必要性。

课后思考

1. 分销渠道的作用有哪些？如何通过渠道提升服务效率？
2. 服务分销的模式包括哪些？如何选择适合老龄产业的分销模式？
3. 渠道成员的选择标准有哪些？如何管理渠道成员？
4. 如何通过渠道设计，提升养老服务产品的市场覆盖率？
5. 在老龄产业中，如何结合线上线下渠道提升客户体验？

任务三 分销渠道的管理

案例导入

老年康复中心的渠道管理

老李是一家老年康复中心的负责人，为了拓展业务，他与一些医院、社区服务中心等建立了合作关系，通过这些渠道为老年人提供康复服务。在渠道管理方面，老李制订了一套完善的管理流程和原则。他首先明确了渠道管理的流程,从渠道成员的选择、合作洽谈、合同签订到服务提供、效果评估等,都进行了规范。在渠道管理的原则上,老李注重规范化和高效化,要求渠道成员严格按照康复中心的标准提供服务,确保服务质量。他还建立了渠道绩效评估机制,定期评估渠道成员的服务质量、客户满意度等指标,根据评估结果,给予相应的奖励或惩罚。此外,老李还制订了渠道政策,明确了渠道成员的权利和义务,为渠道合作提供了保障。通过这些渠道管理措施,老李的老年康复中心业务不断拓展,服务质量不断提高。

问题:
1. 你认为老李的老年康复中心在渠道管理过程中,主要采取了哪些措施?
2. 如果你是老李,你还会采取哪些措施来进一步提升渠道管理的效率?

任务目标

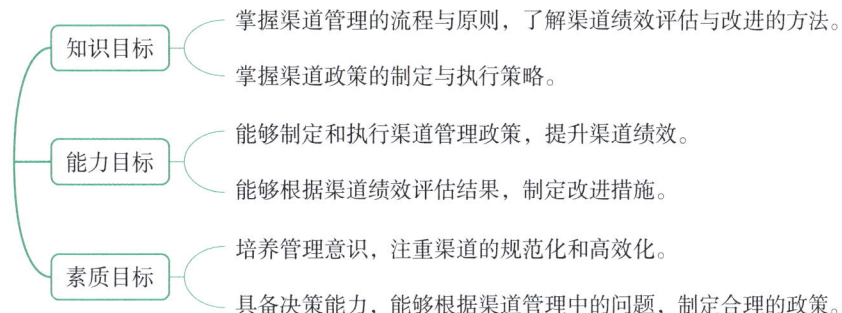

知识梳理

(一)渠道策略制订

1. 直接渠道与间接渠道的结合

(1)直接渠道的优势与应用

直接渠道是指企业直接面向老年人消费者提供养老服务产品,不通过中间环节。这种方式的优势在于企业能够更好地控制服务质量和客户体验,及时了解老年人的需求反馈,快速做出产品和服务调整。例如,企业自建养老机构或社区养老服务站点,直接为老年人提供生活照料、健康管理、文化娱乐等全方位服务。通过直接渠道,企业可以树立良好的品牌形象,增强客户黏性,提高市场竞争力。同时,直接渠道也有助于企业积累丰富的客户资源和市场数据,为企业的战略决策和产品创新提供有力支持。

(2)间接渠道的优势与应用

间接渠道是指企业通过合作伙伴(如经销商、代理商、其他服务机构等)将养老服务产品传递给老年消费者。其优势在于可以借助合作伙伴的资源和网络优势,快速扩大市场覆盖范围,提高服务产品的市场渗透率。例如,企业与老年用品经销商合作,将自身的养老服务产品与老年用品进行整合销售,借助经销商的销售渠道和客户资源,将服务推广到更广泛的老年群体中。此外,通过间接渠道还可以降低企业的运营成本和市场风险,企业可以专注于自身的核心业务,如服务产品的研发和设计,而将市场推广和销售等环节交给更具专业优势的合作伙伴负责。

(3) 直接渠道与间接渠道的协同效应

在养老服务产品渠道建设中,应实现直接渠道与间接渠道的有机结合,发挥两者的优势互补作用。企业可以通过直接渠道树立品牌形象和提供优质服务示范,同时利用间接渠道扩大市场覆盖面和提高销售效率。例如,在城市中心区域建立企业自有的旗舰养老机构,作为直接服务的窗口和品牌展示的平台,吸引周边老年人及其家属的关注和体验;在城市周边地区或交通不便的区域,则通过与当地养老机构、社区服务中心等建立合作关系,以间接渠道的方式将服务延伸至这些地区,满足更多老年人的需求。通过直接渠道与间接渠道的协同运作,实现养老服务产品的全方位覆盖和高效传递。

2. 长渠道与短渠道的选择

(1) 长渠道的特点与适用场景

长渠道是指养老服务产品经过多个中间环节和层级传递给消费者。这种渠道结构的优势在于能够充分利用各级中间商的专业能力和资源,实现服务产品的广泛覆盖和深度分销。例如,在老龄产业中,对于一些专业化程度较高、需要专业技术支持的养老服务产品(如老年康复护理服务、老年心理咨询等),可以通过长渠道进行推广和销售。企业先与专业的医疗机构或心理咨询机构合作,再由这些机构与基层的社区服务中心或养老机构建立联系,最终将服务传递给老年消费者,如图5-3-1。长渠道适用于市场范围较广、目标客户群体分散且需要专业服务支持的养老服务产品,有助于提高服务产品的市场覆盖率和专业服务水平。

AI心理抚慰服务 → 医院心理门诊 → 大型养老机构 → 社区服务中心 → 老年消费者

图5-3-1 长渠道示例

(2) 短渠道的特点与适用场景

短渠道是指养老服务产品经过较少的中间环节直接到达消费者手中。这种方式的优势在于渠道简短,信息传递和沟通更加直接高效,企业能够更好地控制服务质量和成本。例如,对于一些生活照料、居家维修等日常需求频繁、服务响应速度要求较高的养老服务产品,采用短渠道更为合适。企业可以直接与社区养老服务站点或本地的家政服务公司合作,减少中间转包环节,确保服务能够快速、准确地满足老年人的需求,如图5-3-2。短渠道适用于本地化程度高、需求即时性强的养老服务产品,有助于提高服务效率和客户满意度。

上门助浴服务 → 社区服务中心 → 老年消费者

图5-3-2 短渠道示例

(3) 长渠道与短渠道的平衡策略

在实际的养老服务产品渠道建设中,企业应根据自身资源、产品特点和市场情况,合理平衡长渠道与短渠道的运用。对于核心的、需要专业技术支持和品牌建设的服务产品,可以适当采用长渠道策略,借助专业合作伙伴的力量提升服务质量和市场影响力;对于辅助性的、贴近社区和家庭的服务产品,则倾向采用短渠道策略,以提高服务的响应速度和运营效率。同时,企业可以通过信息技术手段对长渠道和短渠道进行整合和管理,实现信息共享、资源优化配置,确保整个渠道系统的高效运行和协同服务。

3. 宽渠道与窄渠道的运用

(1) 宽渠道的特点与适用场景

宽渠道是指企业通过多个不同类型的渠道成员或合作伙伴,同时推广和销售养老服务产品。这种渠道策略的优势在于能够充分利用不同渠道成员的优势资源和市场网络,快速扩大服务产品的市场覆盖面和影响力。例如:在推广一款综合性的养老服务套餐时,企业可以同时与养老机构、社区服务中心、医疗机构、老年用品经销商等多个渠道成员合作，通过他们在各自的领域和客户群体中进行宣传和推广，吸引更多的老年人关注和购买；在推广辅具维修服务时，企业可以通过养老机构、社区服务中心、医疗机构、老年用品经销商、同城服务网站、二手交易平台等渠道，如图5-3-3。宽渠道适用于市场需求较大、目标客户群体多样化的养老服务产品，有助于提高服务产品的市场占有率和品牌知名度。

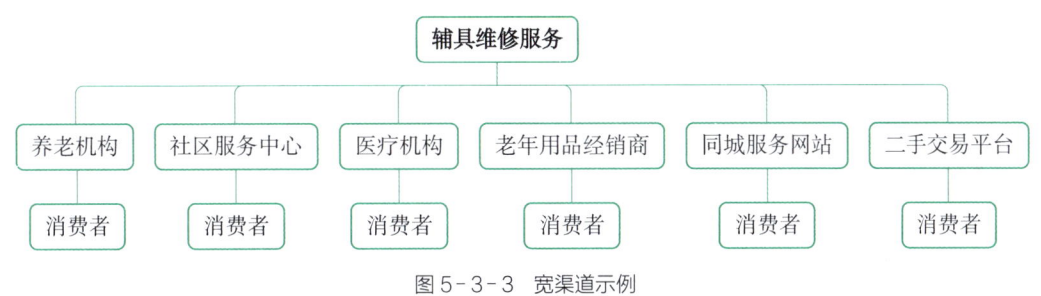

图5-3-3 宽渠道示例

（2）窄渠道的特点与适用场景

窄渠道是指企业选择较少的、特定的渠道成员来推广和销售养老服务产品。这种方式的优势在于渠道成员的选择更加精准，能够针对特定的市场细分群体提供更加专业和个性化的服务。例如，对于一些高端定制化的养老服务产品（如私人养老管家服务、高端养老社区会员服务等），企业可以选择与少数几家具有高端客户资源和优质服务口碑的渠道合作伙伴（如高端会所、银行VIP俱乐部等）进行合作，通过这些渠道精准地触达目标客户群体，提供专属的、高品质的服务体验，如图5-3-4。窄渠道适用于目标客户群体明确、服务定位高端或专业性强的养老服务产品，有助于提升服务产品的品牌形象和附加值。

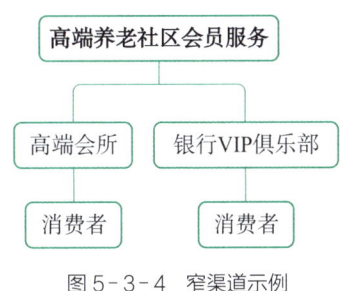

图5-3-4 窄渠道示例

（3）宽渠道与窄渠道的组合策略

在养老服务产品渠道建设中，企业可以根据不同产品线和市场定位，灵活运用宽渠道与窄渠道的组合策略。对于基础性、大众化的养老服务产品，采用宽渠道策略，广泛覆盖各类市场和客户群体；对于高端化、专业化的养老服务产品，则采用窄渠道策略，精准定位目标客户，提供差异化服务。通过宽窄渠道的有机结合，企业可以在满足不同层次老年人需求的同时，优化渠道资源配置，提高渠道的整体运营效益和竞争力。

（二）渠道评估与调整

1. 渠道评估指标体系

（1）销售业绩指标

销售业绩是评估渠道效果的重要指标之一，包括销售额、销售增长率、市场占有率等。通过分析各渠道成员的销售数据，了解其对整体销售业绩的贡献程度，判断渠道的销售效能。例如，对比不同养老机构或社区服务中心在一定时期内的养老服务套餐销售金额，评估其销售业绩的优劣。同时，关注销售增长率和市场占有率的变化趋势,及时发现渠道销售中的潜在问题和发展机遇,为渠道调整提供依据。

(2) 服务质量指标

服务质量直接关系到老年人的满意度和企业的品牌形象,是渠道评估的核心指标。可以通过客户满意度调查、服务投诉率、服务质量检查结果等来衡量。例如:定期收集老年人及其家属对渠道成员提供服务的满意度评价,从服务态度、服务专业性、服务及时性等多个维度进行综合评估;统计渠道成员的服务投诉率,分析投诉问题的类型和频率,及时发现服务质量的薄弱环节;组织专业团队对渠道成员的服务现场进行实地检查,依据服务标准和规范进行评分,确保服务质量的稳定性和可靠性。

(3) 市场拓展指标

市场拓展能力反映了渠道成员在开拓新市场、吸引新客户方面的表现。评估指标包括新客户数量、市场覆盖范围扩大情况、品牌知名度提升等。例如:统计渠道成员在一定时期内新增的老年客户数量,分析其市场拓展的成效;考察渠道成员是否能够将服务拓展到新的地理区域或新的老年群体(如高龄老年人、失能老年人等),扩大市场覆盖范围;通过市场调研和品牌监测,了解渠道成员在推广服务过程中对品牌形象的传播和品牌知名度的提升作用,评估其市场拓展的综合效果。

(4) 合作稳定性指标

合作稳定性体现了渠道成员与企业之间长期合作关系的牢固程度,对于渠道的可持续发展至关重要。评估指标可以包括合作年限、合同续签率、合作意愿等。例如:统计渠道成员与企业合作的时间长度,了解其合作的历史和经验;观察合同到期后的续签情况,判断渠道成员的合作满意度和忠诚度;通过定期沟通和调研,了解渠道成员与企业合作的意愿和计划,及时发现可能影响合作稳定性的因素,如利益分配问题、发展战略不一致等,为渠道调整和优化提供参考。

2. 渠道评估方法

(1) 数据收集与分析

建立完善的渠道数据收集系统,收集包括销售数据、服务数据、客户反馈数据等在内的各类信息。运用数据分析工具和方法,对数据进行深入挖掘和分析,如数据对比分析、趋势分析、相关性分析等。例如:通过对比不同渠道成员的销售数据和客户满意度数据,找出销售业绩好但客户满意度低的渠道成员,分析其存在的问题;利用趋势分析方法,观察渠道整体的销售业绩和市场拓展指标的变化趋势,预测未来市场发展动态,为渠道调整提供数据支持。

(2) 客户满意度调查

定期开展针对老年人及其家属的客户满意度调查,设计科学合理的调查问卷,涵盖服务态度、服务质量、服务响应速度、渠道便利性等多个维度。可以通过线上问卷、电话访问、现场访谈等方式进行调查,确保调查样本的代表性和广泛性。对调查结果进行量化分析,计算客户满意度得分,识别客户满意度高的渠道成员和需要改进的方面。同时,深入分析客户反馈的意见和建议,了解老年人对渠道建设的期望和需求,为渠道优化提供直接依据。

(3) 实地考察与评估

组织专业团队对渠道成员进行实地考察,深入了解其服务设施、人员配备、服务流程、内部管理等方面的情况。通过现场观察、与服务人员和老年人交流等方式,获取第一手资料,真实地评估渠道成员的服务质量和运营状况。例如:在考察养老机构时,查看其居住环境、餐饮卫生、护理操作规范等情况;与护理人员交流,了解其专业培训和工作态度;与老年人交流获取他们对服务的真实感受和评价。实地考察结果可以作为渠道评估的重要参考,有助于发现渠道成员存在的实际问题和潜在风险,及时进行调整和改进。

3. 渠道调整策略

（1）优化渠道结构

根据渠道评估结果，对渠道结构进行优化调整。对于销售业绩好、服务质量高、市场拓展能力强的渠道成员，可以增加资源投入和支持力度，扩大其服务覆盖范围和业务量；对于表现不佳的渠道成员，分析原因，如果是管理或运营方面的问题，可以帮助其进行整改和提升，如果是因为自身条件限制无法满足服务要求，则考虑终止合作关系，引入更合适的渠道成员。同时，根据市场需求和企业发展战略，适时调整渠道的长度和宽度，如增加或减少中间环节，拓展或收缩渠道覆盖面，以实现渠道结构的最优化配置，提高渠道的整体运营效率和效益。

（2）更新合作模式

在渠道调整过程中，探索和更新合作模式，以适应市场变化和渠道成员的发展需求。例如：与渠道成员建立战略合作伙伴关系，共同开展市场调研、产品研发和服务推广等活动，实现资源共享、风险共担、优势互补；引入信息化合作平台，实现企业与渠道成员之间的实时信息共享和业务协同，提高合作的紧密性和效率；针对不同类型的渠道成员，制订个性化的合作政策和激励机制，充分调动其积极性和创造性，提升渠道的合作效能和稳定性。

（3）加强培训与支持

为了提升渠道成员的服务能力和业务水平，企业应加强对渠道成员的培训与支持。根据渠道评估中发现的问题和不足，有针对性地设计培训课程和内容，如服务技能提升培训、市场营销培训、客户关系管理培训等。定期组织培训活动，邀请行业专家、企业内部培训师等为渠道成员进行授课和指导，帮助他们提升专业素质和服务水平。同时，在技术、资金、资源等方面为渠道成员提供必要的支持，如协助渠道成员进行服务设施的升级改造、提供市场推广资金支持、共享客户资源等，助力渠道成员更好地开展业务，提高服务质量和销售业绩，实现企业与渠道成员的共同发展和成长。

渠道冲突化解术——养老产品区域代理权纠纷模拟

1. 案例背景

某养老产品企业因区域代理权分配不公，引发渠道商集体抗议。企业原本按照传统方式划分代理区域，但随着市场环境的变化和新区域的开发，原有的代理权划分导致部分渠道商之间的竞争加剧，甚至出现跨区域销售的情况。这不仅影响了渠道商的利益，也导致企业品牌形象受损，市场秩序混乱。

企业负责人意识到，需要紧急制订一套科学合理的渠道管理方案，重新划分代理区域，并建立渠道冲突调解机制，以维护渠道商的利益和企业的市场秩序。

2. 案例目标

通过角色扮演（厂商、代理商、客户）学习冲突调解与渠道政策优化，制订一套公平合理的渠道管理方案，化解区域代理权纠纷，提升渠道管理效率。

3. 思政融入点

强调"公平竞争"，反对垄断行为，如设定代理商业绩红线。树立正确的市场竞争观念，反对不正当竞争行为。

4. 案例准备

材料：企业渠道商数据、区域销售数据、市场划分地图、相关政策文件（如《中华人民共和国反不正当竞争法》）。

工具:PPT模板、鱼骨图工具、渠道政策设计表格。

5. 实施步骤(共45分钟,最后展示时间可适度延长)

表5-3-1 实施步骤

阶段	任务	时间	要求
1. 矛盾分析	分组梳理冲突根源(如利益分配、地域重叠)	10分钟	使用鱼骨图工具,标注主要问题
2. 方案制订	设计包含"分级代理制+动态调整机制"的管理方案	20分钟	需附违规处罚条款,确保公平性
3. 模拟谈判	角色扮演,模拟厂商与代理商谈判(如资源补偿方案)	10分钟	需达成书面协议,体现双方利益平衡
4. 复盘总结	提炼渠道管理原则(如透明化、灵活性等)	5分钟	结合案例说明,展示方案的合理性

6. 案例考评标准(满分20分)

表5-3-2 案例实施评价表

维度	评分细则	分数
矛盾诊断深度(5分)	是否准确分析冲突根源,提出的关键问题是否全面	
方案公平性(5分)	渠道管理方案是否公平合理,是否能有效解决冲突	
谈判结果可行性(5分)	模拟谈判是否达成有效协议,协议是否具有可操作性	
原则提炼准确性(3分)	是否准确提炼渠道管理的核心原则,是否具有指导意义	
团队协作(2分)	组内分工是否合理,协作是否顺畅	

7. 案例总结

知识复盘:回顾分销渠道管理的核心要点,强调公平竞争和动态调整机制的重要性。

价值观引导:如何在渠道管理中平衡企业利益与渠道商利益?请带着这个问题继续学习。

8. 延伸思考

调研本地养老产品企业的渠道管理模式,分析其在冲突调解和方案制订方面的不足,并提出改进建议。探讨如何通过数字化手段(如渠道管理系统),提升渠道管理的透明度和效率。

9. 常见误区

误区:过于关注企业利益,而忽视渠道商的利益诉求。

走出误区:强调合作共赢的重要性,以及动态调整机制在解决冲突中的作用。

课后思考

1. 如何在养老服务产品渠道建设中,实现直接渠道与间接渠道的协同发展,以满足不同老年群体的需求?

2. 在选择养老服务产品的长渠道与短渠道时,应考虑哪些因素?如何平衡两者的运用?

3. 如何根据养老服务产品的特点和市场定位,灵活运用宽渠道与窄渠道的组合策略?

4. 在评估养老服务产品渠道时,应从哪些维度构建评估指标体系?

5. 如何运用这些指标进行科学评估?根据渠道评估结果,可以采取哪些策略来优化渠道结构和提升渠道效能?

项目六

养老服务产品定价设计

项目导读

价格是价值的货币表现形式。

——[英]亚当·斯密《国富论》

价格策略在市场营销中被誉为"伟大的艺术",合理的定价策略能够使产品在市场中具有竞争力,实现企业的收益和利润目标。在老龄产业中,通过对成本、竞争和顾客感知价值的综合分析,企业能够制订出科学合理的定价策略,从而在满足老年群体需求的同时,为企业带来可观的经济效益,促进企业的可持续发展。

在进行养老服务产品定价设计时,首先要明确定价要达成什么目的,价格体系的目标是定价的起点和指南针,它定义了企业希望通过定价实现的战略意图,为后续决策提供方向性约束。然后要考虑有哪些关键因素以及这些因素的制约或支撑作用,价格体系影响要素是定价决策的基石和边界条件,它要求我们深入分析成本、竞争以及至关重要的顾客感知价值。最后解决如何根据目标和要素计算出或确定最终价格。

定价不仅涉及科学的分析和计算,还需要深刻的人性洞察、市场敏感度和策略灵活性,它是科学与艺术的结合,企业需要在满足盈利目标的同时,兼顾客户的需求和市场环境的变化。本项目介绍了养老服务产品定价设计的目标、影响要素和定价策略。通过学习整合目标设定、要素分析与策略制订的知识与技能,能够为养老服务产品制订出科学合理、兼具市场竞争力和财务可行性的定价方案,有效满足老年群体多样化需求,实现企业盈利目标,并在老龄产业中建立持久的竞争优势。

项目导图

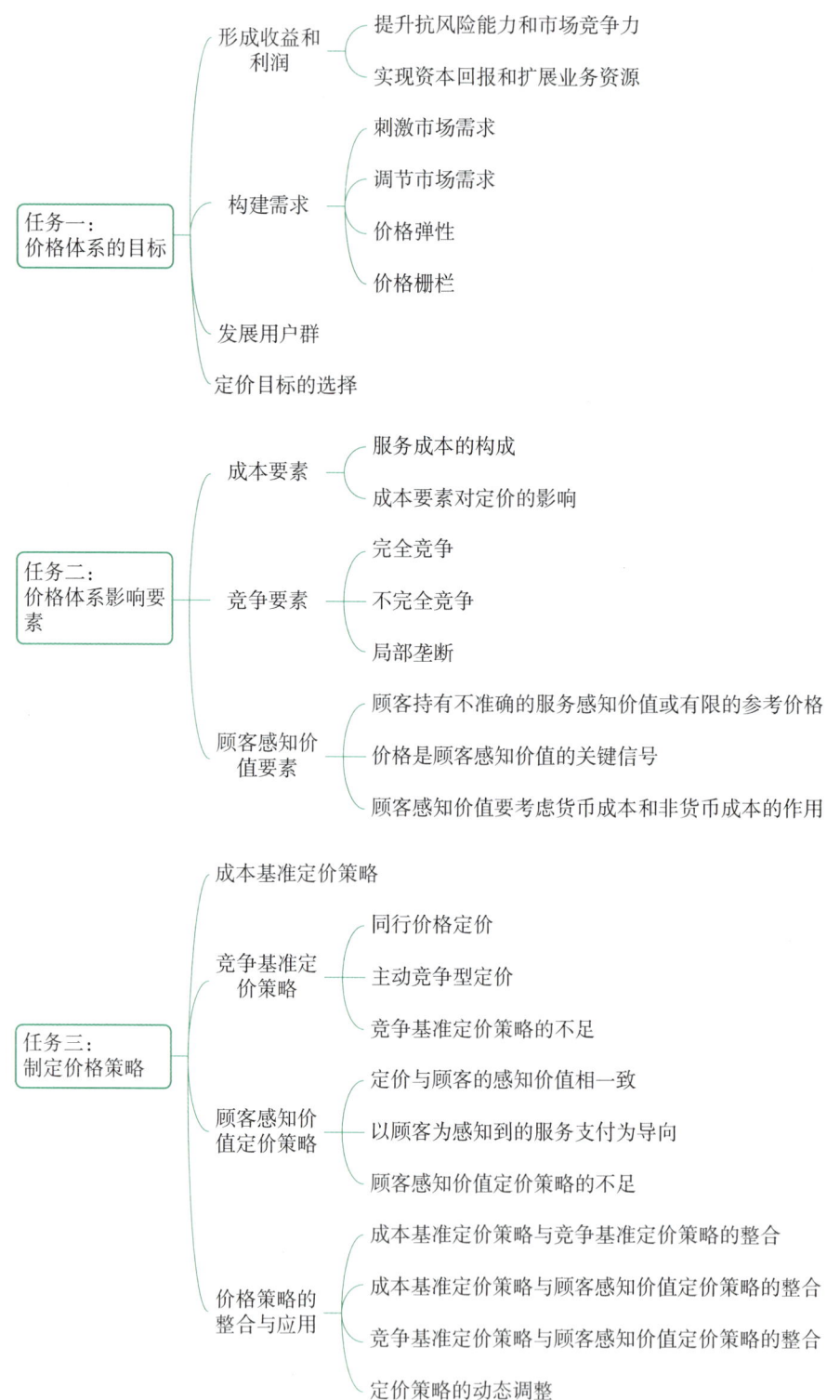

任务一 价格体系的目标

案例导入

老年公寓的定价策略

某房地产开发商开发了一家老年公寓,为了制订合理的定价策略,开发商首先确定了定价目标。他们希望通过定价,实现一定的利润和收益,同时吸引更多的老年人入住。在确定目标成本和利润时,开发商对老年公寓的建设成本、运营成本等进行了详细的核算,确保定价能够覆盖成本并实现一定的利润。他们还考虑了价格弹性与市场定位的关系,根据老年人的支付能力和市场需求,制订了不同的价格档次。对于高端老年公寓,他们定价较高,以满足高收入老年人的需求;对于中低端老年公寓,他们定价较低,以吸引更多的普通老年人。通过这些定价策略,老年公寓在保证利润的同时,也提高了入住率。

问题:
1. 你认为该老年公寓在定价过程中,主要考虑了哪些因素?
2. 如果你是开发商,你还会采取哪些措施来进一步优化定价策略?

任务目标

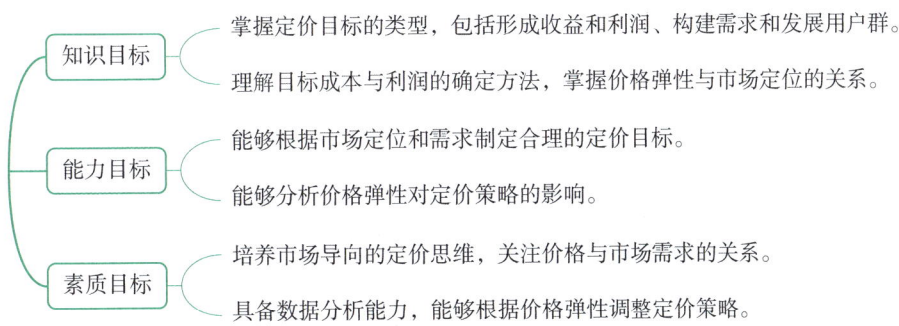

知识目标——掌握定价目标的类型,包括形成收益和利润、构建需求和发展用户群。
　　　　——理解目标成本与利润的确定方法,掌握价格弹性与市场定位的关系。
能力目标——能够根据市场定位和需求制定合理的定价目标。
　　　　——能够分析价格弹性对定价策略的影响。
素质目标——培养市场导向的定价思维,关注价格与市场需求的关系。
　　　　——具备数据分析能力,能够根据价格弹性调整定价策略。

知识梳理

(一)形成收益和利润

通过合理的价格策略实现收益和利润是定价的核心目标之一。在老龄产业中,企业需要通过定价策略确保服务和产品的销售能够覆盖成本并实现盈利。

收益目标是指企业通过定价策略实现的销售收入。利润目标是指企业在扣除所有成本后实现的净利润。在老龄产业中,企业需要根据市场需求和成本结构,设定合理的价格,以确保销售收入能够覆盖运营成本。养老服务机构需要考虑场地租赁、人员工资、设备购置等成本,通过合理定价确保服务的收益能够满足企业的基本运营需求。

1. 提升抗风险能力和市场竞争力

在老龄产业中,形成收益和利润对于企业的持续运营和发展具有至关重要的意义。收益和利润的稳定增长不仅能够增强企业的现金储备,提升其抗风险能力,还能为股东带来丰厚的回报,对于上市公司而言,还可以有效提升股价,增强企业在资本市场的吸引力和竞争力。充足的现金储备也是养老企业应对各种不确定性和风险的坚实保障。在面对突发的公共卫生事件、自然灾害或者市场波动时,拥有强大现金储备的企业能够更加从容地应对挑战,确保服务的连续性和稳定性。同时,良好的现金流能够帮助养老企业在复杂的市场环境中保持竞争力,抓住发展机遇。当市场出现新的需求趋势或者技术革新时,有足够资金的企业可以及时进行设施设备的更新换代、服务内容的优化升级以及人才的引进培养,从而在激烈的市场竞争中脱颖而出,占据有利地位。

2. 实现资本回报和扩展业务资源

实现盈利目标可以为股东带来丰厚的回报,这对于吸引投资者、稳定股权结构以及推动企业的长期发展具有积极作用。养老产业作为一项具有广阔前景的事业,其投资回报的稳定性是吸引社会资本进入的重要因素之一。只有当企业能够持续创造良好的经济效益,为股东创造价值时,才能吸引更多的投资者关注和参与,为企业的扩张和发展提供充足的资金支持。对于上市公司而言,稳定的利润增长和良好的财务状况会直接反映在股价上。较高的股价不仅能够提升企业的市场价值和品牌形象,还能为企业在资本市场上进行再融资、并购重组等资本运作提供有力支持。例如,某上市养老企业通过科学合理的定价策略和高效的运营管理,实现了连续多年的业绩增长,股价也随之稳步上升,这不仅为股东带来了可观的资本增值收益,也为企业进一步拓展业务、整合资源创造了有利条件。

(二)构建需求

定价的目标还包括有效构建需求。通过合理的定价,企业不仅能够吸引更多的潜在客户,扩大市场规模,还能有效提升客户的购买频率和消费强度,并对市场需求进行调节。这种需求的构建对于企业的长期发展和市场竞争力的提升具有至关重要的作用。

1. 刺激市场需求

图6-1-1 社区养老服务价格优惠示例

在服务营销理论中,刺激市场需求的定价目标主要体现在两个方面:刺激需求增长和提升消费强度。刺激需求增长是指通过合理的定价策略,吸引更多潜在客户购买服务,扩大市场规模。这可以通过设置具有吸引力的低价位或提供折扣优惠来实现(如图6-1-1所示)。当价格低于市场平均水平时,对价格敏感的潜在客户会被刺激产生购买行为,从而增加市场需求。此外,还可以通过价格套餐、组合优惠等方式,引导客户增加购买量,进一步扩大需求规模。

提升消费强度是指通过定价策略提高客户在每次消费中的平均支出。这可以通过提供不同档次的服务套餐,满足客户多样化的需求,使客户在享受基础服务的同时,愿意为更高品质或更多功能的服务支付额外费用。

2. 调节市场需求

在一般情况下,价格与需求会呈现这样的关系:价格上升会导致需求下降,价格下降会刺激需求上升(图6-1-2)。养老机构可以根据不同时段的需求特点,制订不同的价格策略。在需求旺盛的时段,适当提高价格;在需求较低的时段,推出优惠活动。以某海滨养老度假村为例,在旅游旺季,由于入住率高,机构将价格上调20%;在淡季,推出"买一送一"等优惠活动,吸引客户入住。这种高峰低谷定价法,有助于平衡不同时间段的需求,提高资源利用率。

图6-1-2 需求与价格的关系

通过定价策略调节市场需求,养老机构能够更好地优化资源配置。在需求旺盛的时段或服务项目上,机构可以合理增加人力、物力等资源投入,提高服务供给能力。在需求较低的时段,则可以通过培训、设备维护等方式提升内部管理效率。

3. 价格弹性

价格弹性是指需求量对价格变化的敏感程度。根据服务项目的价格弹性不同,养老机构可以制订差异化的定价策略。对于价格弹性低的必需型服务,如基本护理、餐饮服务等,价格调整对需求量的影响较小,机构可以适当保持价格稳定。对于价格弹性高的增值型服务,如高端体检、境外旅游等,机构则可以更加灵活地运用价格策略,如季节性折扣、会员专享价等,激发市场需求。

4. 价格栅栏

价格栅栏是指企业通过设置不同的价格层次或限制条件,将客户群体进行细分,从而实现对不同需求和支付能力客户的精准定价。在养老服务中,价格栅栏可以帮助机构更好地管理客户需求,提高收益。例如,某养老机构根据客户的健康状况和护理需求,将服务分为"自理""半自理"和"不能自理"三个服务档次,每个档次对应不同的价格(见图6-1-3)。这种分层定价不仅满足了不同客户的需求,还能确保机构在提供高质量服务的同时,获得合理的回报。

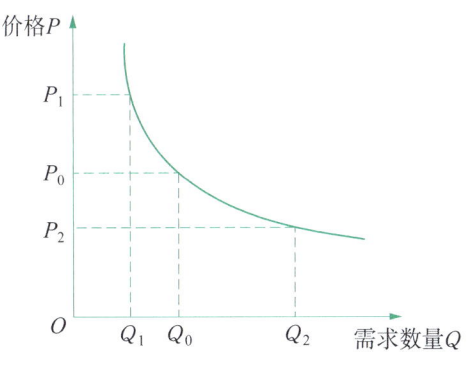

图6-1-3 北京某养老机构陪护服务价格栅栏

(三) 发展用户群

在养老服务领域,企业的价格策略目标之一是快速发展用户群,此目标的意义是通过战略性价格设定,主动降低潜在客户的尝试门槛和长期使用成本,从而吸引更广泛的目标老年群体,尤其是价格敏感型或新用户采纳服务,并促进现有用户的稳定留存与口碑推荐,最终实现客户基数的显著扩大和市场份额的有效提升。

用户群体的规模化有助于降低企业的运营成本。随着入住老年人数量的增加,养老机构可以实现规模经济,提高资源利用效率,降低单位服务成本。例如,在食材采购、设施设备维护等方面,大规模的机构能够获得更优惠的价格和服务,从而节省开支。同时,稳定充足的客户资源也能够减少营销成本的投入,提高企业的盈利能力。

庞大的用户群体为养老机构提供了丰富的数据资源,有助于企业进行精准的市场分析和产品优化。通过对用户数据的挖掘和分析,机构可以深入了解老年人的需求特点、消费习惯和健康状况,从而有针对性地调整服务内容、优化服务流程、开发新的服务产品,提高客户满意度和忠诚度。

发展用户群不仅能够为企业带来直接的经济效益,还能促进整个养老服务产业链的协同发展。规模化的养老机构可以与供应商、医疗机构、社区组织等建立更加紧密的合作关系,共同推动养老服务产业的创新和发展。

(四)定价目标的选择

在养老服务定价策略中,形成收益和利润、构建需求、发展用户群这三个目标相互关联、相辅相成,共同构成了企业定价策略的完整体系。形成收益和利润是基础,只有实现盈利,养老机构才能持续运营并提供高质量的服务;构建需求是手段,通过吸引更多的顾客,扩大市场规模,为收益增长创造条件;发展用户群是长远目标,稳定的用户群体能够带来持续的现金流和品牌影响力。不同生命周期和类型的养老企业应根据自身情况选择合适的定价目标。对于初创期的养老机构,构建需求和发展用户群应作为重点,通过低价策略和优质服务吸引客户,树立品牌形象;成长期和成熟期的机构则可以更加注重收益和成本的平衡,通过优化价格体系和提升服务质量实现可持续发展。大型连锁养老企业可以利用规模优势,通过差异化定价满足不同层次的需求;小型专业养老机构则应突出特色服务,以价值定价吸引特定客户群体。

案例实操

普惠与盈利的平衡术——老年助餐服务定价策略

1. 案例背景

某社区老年食堂因食材成本、人力成本和运营成本的上涨,面临亏损困境。食堂目前采用统一价格策略,但这种定价方式未能充分考虑老年人的收入差异和服务成本。市场调研发现,社区内老年人的收入水平存在较大差异,部分低收入老年人对价格较为敏感,而高收入老年人则对服务品质有更高要求。

为了实现可持续运营,同时确保老年食堂的公益性和普惠性,食堂管理层决定重新设计分层定价体系,平衡普惠性与盈利性,确保所有老年人都能享受到高质量的助餐服务。

2. 案例目标

制订"政府补贴+市场化套餐"的组合定价策略,实现老年食堂的可持续运营,同时保障低收入群体的权益,体现社会公平性。

3. 思政融入点

保障低收入群体权益,如推出"低保老年人5元营养套餐"。树立"经济效益与社会效益并重"的理念,反对因经济利益而忽视弱势群体的需求。

4. 案例准备

材料:社区老年人口收入数据、食堂成本数据、政府补贴政策文件。

工具:PPT模板、Excel成本测算表格、政策解读资料。

5. 实施步骤(共 45 分钟,最后展示时间可适度延长)

表 6-1-1 实施步骤

阶段	任务	时间	要求
1. 成本核算	计算食材、人力、水电等单项成本,区分固定成本与变动成本	10 分钟	使用 Excel 进行成本核算,标注各项成本占比
2. 分层设计	设计三档价格套餐(普惠档、标准档、VIP 档),明确各档利润空间	15 分钟	结合社区老年人收入数据,设计合理的套餐价格
3. 政策匹配	结合地方老年人助餐服务管理办法申请政府补贴,优化定价方案	10 分钟	标注补贴申请流程,计算补贴后的价格调整
4. 伦理测试	讨论"VIP 套餐是否加剧养老不平等",提出平衡方案(如 VIP 利润反哺普惠套餐)	10 分钟	需引用相关政策,提出具体平衡措施

6. 案例考评标准(满分 20 分)

表 6-1-2 案例实施评价表

维度	评分细则	分数
成本准确性(5分)	成本核算是否准确,各项成本分类是否清晰	
分层合理性(5分)	分层定价方案是否合理,是否充分考虑老年人收入差异	
政策响应度(5分)	是否有效结合政府补贴政策,优化定价方案	
伦理合规性(3分)	是否有效平衡 VIP 套餐与普惠套餐的利益,体现社会公平性	
团队协作(2分)	组内分工是否合理,协作是否顺畅	

7. 案例总结

知识复盘:回顾价格体系设计的核心要点,强调成本核算、分层定价和政策响应的重要性。

价值观引导:如何在定价中平衡经济效益与社会公平?请带着这个问题继续学习。

8. 延伸思考

调研本地老年助餐服务的定价模式,分析其在普惠性和盈利性方面的不足,并提出改进建议。探讨如何通过政府补贴和社会力量支持,进一步降低老年助餐服务的成本。

9. 常见误区

误区:过于关注盈利性,而忽视普惠性和社会公平性。

走出误区:强调分层定价和政府补贴在平衡利益中的作用。

课后思考

1. 定价目标的类型有哪些?如何根据企业战略选择定价目标?
2. 成本构成与利润目标的确定方法有哪些?如何确保定价能够覆盖成本并实现利润?
3. 价格弹性与市场定位的关系是什么?如何根据市场定位制订价格策略?
4. 如何通过定价目标提升企业的市场竞争力?
5. 在老龄产业中,如何平衡形成收益和利润、构建需求和发展用户群的目标?

任务二 价格体系影响要素

案例导入

老年旅游产品的定价

老王经营一家老年旅游公司,为了制订合理的旅游产品价格,他首先分析了成本因素。他核算了旅游产品的各项成本,如交通、住宿、餐饮、门票等,确保定价能够覆盖成本。他还考虑了竞争状况,了解市场上同类旅游产品的价格,制订具有竞争力的价格。此外,老王还关注顾客需求与感知价值,根据老年人的需求和对旅游产品的感知价值,制订不同的价格档次。对于一些高端旅游产品,他定价较高,为高收入老年人提供个性化的服务;对于一些普通的旅游产品,他定价较低,以吸引更多的普通老年人。通过这些定价策略,老王的老年旅游公司产品在市场上具有一定的竞争力,销售额不断提高。

问题:
1. 你认为老王在老年旅游产品的定价过程中,主要考虑了哪些因素?
2. 如果你是老王,你还会采取哪些措施来进一步优化定价策略?

任务目标

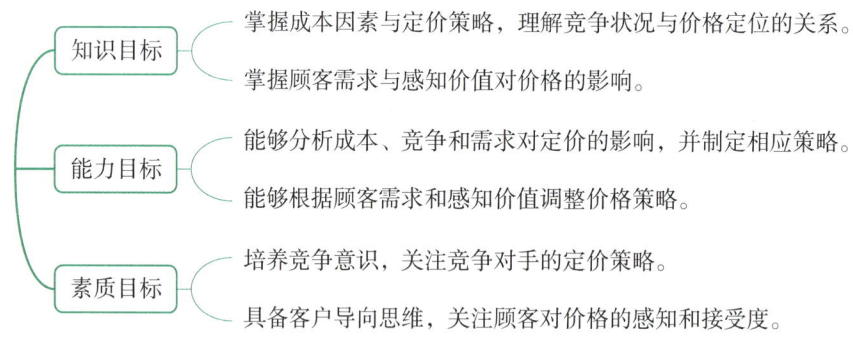

知识梳理

(一)成本要素

1. 服务成本的构成

在养老服务产业中,服务成本的构成是定价的基础。

(1)成本计算

在老龄产业中,成本主要包括固定成本和变动成本。固定成本是指不随服务量变化而变化的成本,如场地租赁、设备购置、人员工资等,这些成本是养老机构运营的必要支出,不受服务量的直接影响。变动成本则与服务量直接相关,如原材料采购、水电费、耗材等,随着服务量的增加,变动成本会相应上升。企业需要通过详细的成本分析,计算出每项服务或产品的单位成本。养老服务机构需要考虑场地租赁、护理人员工资、设备折旧等固定成本,以及食品、药品、水电费等变动成本。通过计算单位成本,企业可以确定最低售价,确保收入能够覆盖成本。

(2) 加成定价

在计算出单位成本后,企业需要根据市场情况和预期利润,在成本基础上加上一定的利润率,确定最终售价。某养老服务机构的单位成本为每月5 000元,预期利润率为20%,则最终售价为每月6 000元。

(3) 其他成本相关因素

除了直接成本外,还有一些间接成本和隐性成本也会影响定价策略。间接成本是指与服务或产品生产间接相关的成本,如管理费用、营销费用、财务费用等。在老龄产业中,这些成本虽然不直接计入产品成本,但也会对企业的整体运营成本产生影响,如养老服务机构的管理费用、广告宣传费用等间接成本,需要通过合理的定价策略分摊到服务价格中。养老服务中还会产生隐性成本,隐性成本是指企业运营中不易察觉的成本,如机会成本、时间成本等。在老龄产业中,隐性成本也需要通过定价策略予以考虑,如某养老机构在选择场地时,需要考虑场地的机会成本,即该场地用于其他用途可能获得的收益。通过合理定价,企业可以确保收入能够覆盖隐性成本,实现资源的最优配置。

2. 成本要素对定价的影响

成本要素对定价的影响主要体现在以下几个方面。

(1) 成本是定价的下限

企业必须确保价格能够覆盖成本,以实现盈利。如果价格低于成本,企业将面临亏损。在养老服务中,确保价格覆盖成本尤为重要,因为养老服务涉及大量的固定成本和变动成本。

(2) 成本影响价格的稳定性

成本的波动会直接影响价格的稳定性。当成本上升时,企业可能需要提高价格以维持利润水平;反之,当成本下降时,企业可以适当降低价格以增强竞争力。在养老服务中,成本的波动可能来自食材价格、人员工资、设备维护等方面。

(3) 成本结构影响定价策略

不同的成本结构要求企业采用不同的定价策略。例如,高固定成本的服务项目可能需要通过提高价格来分摊成本,而高变动成本的服务项目则需要通过控制成本来保持价格竞争力。在养老服务中,高固定成本的项目如场地租赁和设备购置,可能需要通过提高服务价格来分摊成本。

(二) 竞争要素

1. 完全竞争市场

在完全竞争市场中,企业无法控制价格,只能接受市场价格。服务同质化严重,客户对价格极为敏感。在养老服务中,完全竞争市场可能出现在一些小型社区养老服务中心或居家养老服务提供商中,这些机构提供的服务较为相似,客户主要根据价格选择服务提供商。企业应通过优化成本结构、提高服务效率来保持价格竞争力,同时注重服务质量,以在价格相同的情况下吸引客户。

2. 不完全竞争市场

不完全竞争市场中,企业具有一定的定价自主权。这包括垄断竞争和寡头竞争两种形式。在垄断竞争中,企业通过产品差异化来影响价格,提供独特服务或品牌体验以支持较高定价。在养老服务中,一些

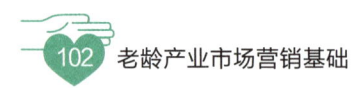

高端养老机构通过提供个性化服务、豪华设施和专业护理来实现产品差异化,从而支持较高的定价。在寡头竞争中,企业需考虑竞争对手反应,避免价格战,通过合作或差异化策略实现价格稳定和市场占有率提升。在养老服务中,大型连锁养老机构之间可能存在寡头竞争,它们通过合作或差异化策略来维持市场稳定。

3. 局部垄断市场

局部垄断市场中,企业拥有较大定价权。企业应谨慎行使定价权,避免过高定价引发监管或客户流失,通过提供高质量服务和创新,保持市场地位和客户忠诚度。在养老服务中,一些具有独特地理位置或专业服务的养老机构可能享有局部垄断地位,它们需要通过提供高质量的服务和创新来维持市场地位和客户忠诚度。

(三)顾客感知价值要素

感知价值是指顾客对产品或服务价值的主观评价。在老龄产业中,顾客感知价值是影响定价策略的重要因素。企业需要通过市场调研,了解目标客户群体的感知价值,从而制订合理的定价策略。企业可以通过客户满意度调查、市场调研等方式,了解顾客对服务或产品的价格、质量、内容等方面的评价。顾客感知价值与价格之间存在密切关系:如果顾客认为服务或产品的价值高于价格,他们更愿意购买;反之,如果顾客认为价格高于价值,他们可能会选择其他替代品。

1. 顾客持有不准确的服务感知价值或有限的参考价格

顾客对服务的感知价值往往受到多种因素的影响,导致其持有的参考价格不准确或有限。这包括信息不对称、缺乏专业知识和经验,以及个人偏好和心理因素。在养老服务中,老年人及其家属可能对不同养老机构的服务质量、设施设备等缺乏深入了解,导致他们对服务的参考价格认知不准确。企业需要通过有效的沟通和营销策略来影响顾客的感知价值,提供透明的信息、专业的咨询和优质的客户服务,以引导顾客形成合理的参考价格。

2. 价格是顾客感知价值的关键信号

价格在顾客感知价值中起着关键的信号作用。适中的价格可以提升顾客的信任感和满意度,而过高的价格可能让顾客怀疑服务的价值,过低的价格则可能引发对质量的担忧。在养老服务中,价格作为信号尤为重要,因为老年人及其家属在选择养老机构时,不仅关注价格本身,还通过价格来判断服务的质量和价值。企业需要根据服务定位和目标市场来设定合理的价格信号,通过市场调研,了解顾客对价格的预期和敏感度,结合品牌形象和服务特色,制订符合顾客心理预期的价格策略。

3. 顾客感知价值要考虑货币成本和非货币成本的作用

顾客在评估服务价值时,会综合考虑货币成本和非货币成本。非货币成本如时间、精力和机会成本等,与货币成本共同影响顾客的购买决策。在养老服务中,老年人及其家属在选择养老机构时,不仅考虑服务费用(货币成本),还会考虑交通便利性、服务质量、环境氛围等非货币成本。企业需要通过优化服务流程、提供便捷的购买渠道和高效的售后服务来降低顾客的非货币成本,从而提升顾客的整体感知价值,使顾客更愿意为服务支付相应的价格。

在老龄产业中,企业必须综合考虑成本、竞争和顾客感知价值这三个关键要素,制订合理的定价策略,以实现盈利目标并提升市场竞争力。这需要企业深入了解自身成本结构、市场环境和顾客需求,通过科学的定价方法和灵活的定价策略,在满足顾客需求的同时,实现企业的可持续发展。

竞争对手"价格战"应对——养老护理服务定价调整

1. 案例背景

某养老护理企业近年来面临同行低价竞争的挑战,导致客户流失严重。市场调研发现,竞争对手通过降低价格吸引客户,但这种"价格战"模式不仅压缩了利润空间,还可能影响服务质量。事实上,客户对养老护理服务的需求不仅在于价格,更在于服务的专业性、安全性和个性化。

为了应对"价格战",企业决定重新审视定价策略,分析价格体系的影响要素,制订一套既能体现服务价值,又能保持市场竞争力的动态定价模型。

2. 案例目标

制订动态定价策略,平衡成本、竞争与客户感知价值,避免陷入"价格战"的恶性循环,同时提升客户满意度和服务质量。

3. 思政融入点

反对恶性竞争,如签署行业自律公约。树立"质量优先、诚信经营"的理念,反对通过低价竞争损害行业整体利益。

4. 案例准备

材料:养老护理服务市场调研报告、竞争对手价格数据、企业成本数据、客户满意度调研结果。

工具:PPT 模板、Excel 数据分析软件、SWOT 分析工具。

5. 实施步骤(共 45 分钟,最后展示时间可适度延长)

表 6-2-1 实施步骤

阶段	任务	时间	要求
1. 竞品分析	对比 3 家竞争对手的服务内容与价格,分析其优势和劣势	10 分钟	使用 SWOT 分析工具,标注关键差异
2. 价值测算	量化服务附加价值,如"夜间陪护增值包""专业护士上门服务"等的感知价值	15 分钟	设计客户感知价值调研表,评估客户对不同服务的感知价值
3. 策略设计	制订"基础服务+增值服务"的弹性定价模型,考虑不同客户群体的需求	15 分钟	需包含风险预案(如客户抵触高价服务)
4. 模拟宣传	向客户解释新定价策略(角色扮演),突出"质价相符"理念	5 分钟	使用话术模板,模拟与客户沟通的场景

6. 案例考评标准(满分 20 分)

表 6-2-2 案例实施评价表

维度	评 分 细 则	分数
分析全面性(5分)	是否全面分析了竞争对手的优势和劣势,以及客户的感知价值	
价值量化科学性(5分)	服务附加价值的量化是否科学合理,是否能被客户接受	
策略灵活性(5分)	动态定价模型是否灵活,是否能根据不同客户群体调整	
沟通有效性(3分)	模拟宣传是否清晰、有效,是否能说服客户接受新定价策略	
团队协作(2分)	组内分工是否合理,协作是否顺畅	

7. 案例总结

知识复盘：回顾价格体系影响要素的分析方法，强调服务价值与价格匹配的重要性。

价值观引导：如何在定价中避免恶性竞争，提升行业整体形象？请带着这个问题继续学习。

8. 延伸思考

调研本地养老护理企业的定价策略，分析其在应对"价格战"时的不足，并提出改进建议。探讨如何通过行业协会或自律组织，规范养老护理服务的价格体系，避免恶性竞争。

9. 常见误区

误区：过于关注价格调整，而忽视服务质量和客户感知价值。

走出误区：强调服务质量和客户满意度在定价中的重要性。

课后思考

1. 成本要素与定价策略的关系是什么？
2. 竞争要素与定价策略的关系是什么？
3. 感知价值对价格的影响是什么？
4. 如何通过分析成本、竞争和感知价值，制订合理的定价策略？
5. 在老龄产业中，如何根据顾客需求和感知价值调整价格策略？

任务三　制订价格策略

案例导入

老年智能手环的定价

某科技公司开发了一款老年智能手环，为了制订合理的价格，公司首先选择了定价策略。他们采用了成本基准定价策略，根据手环的生产成本、运营成本等，制订了基本价格。同时，他们还考虑了竞争基准定价策略，了解市场上同类手环的价格，制订具有竞争力的价格。此外，公司还采用了顾客感知价值定价策略，根据老年人对手环的需求和感知价值，制订不同的价格档次。在价格调整与促销策略方面，公司根据市场反馈和销售情况，适时调整价格，推出一些促销活动，如打折、赠品等，吸引更多的老年人购买。通过这些价格策略，公司的老年智能手环在市场上取得了良好的销售业绩。

问题：

1. 你认为老年智能手环在定价过程中，主要采用了哪些定价方法？
2. 如果你是该科技公司的产品经理，你还会采取哪些措施来进一步优化定价策略？

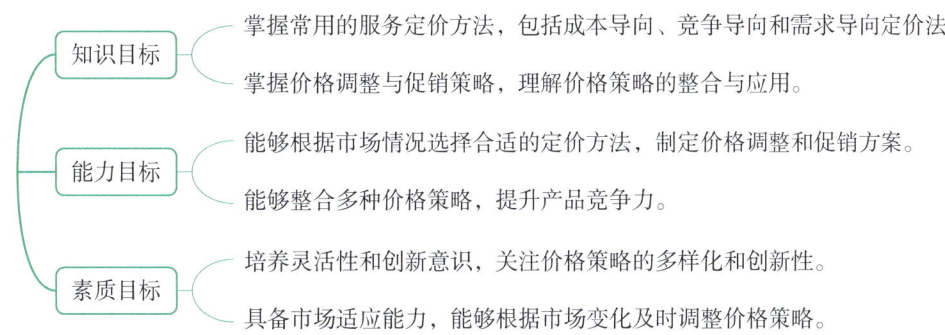

（一）成本基准定价策略

成本基准定价策略是一种以服务成本为基础的定价方法。它要求企业详细核算提供养老服务过程中所发生的各项成本，包括固定成本和变动成本，然后在成本基础上加上预期利润来确定服务价格。这种方法在养老服务产业中应用广泛，因为它是确保企业能够覆盖成本并实现盈利的基本手段。

尽管成本基准定价策略在确保企业盈利方面具有一定的优势，但也存在一些不足之处。一方面，服务的成本很难确定或计算。养老服务涉及多种服务项目和复杂的运营流程，成本核算较为困难。例如，一些隐性成本如员工培训成本、服务质量提升成本等往往难以准确量化。另一方面，服务的真实成本并不等于提供给顾客的价值。顾客的服务感知价值受到多种因素的影响，如服务质量、品牌形象、服务环境等，这些因素可能与实际成本并不完全对应。因此，单纯依据成本来定价，可能无法准确反映顾客对服务价值的认知，影响定价决策的科学性和合理性。

（二）竞争基准定价策略

竞争基准定价策略是一种以竞争对手价格为参考的定价方法。它要求企业密切关注市场上同类型养老机构的价格水平和服务特点，根据竞争态势来制订自身的价格。这种方法在老龄产业中也较为常见，因为市场竞争激烈，企业需要通过合理的价格策略来吸引顾客、提高市场占有率。

1. 同行价格定价

同行价格定价是指企业根据市场上同类型养老机构的价格水平来制订自己的价格。在竞争激烈的市场环境中，尤其是市场成熟度较高、服务同质化较为严重的阶段，企业往往会选择同行价格定价策略。对于大型连锁养老机构而言，它们具有品牌优势和规模效应，能够通过标准化的服务和成本控制，在保持价格与同行一致的同时，依靠庞大的客户基础和高效的运营管理实现盈利。而对于小型养老机构，尤其是那些刚进入市场的企业，同行价格定价则是一种降低市场进入门槛的策略。由于缺乏足够的品牌知名度和客户资源，这些机构通过参照市场价格定价，可以避免因价格过高而被市场排斥，或者因价格过低而引发财务危机，从而在竞争激烈的市场中获得一席之地。在企业的初创期，资源和市场认知度相对有限，选择同行价格定价有助于快速融入市场，积累客户和经验，为后续发展奠定基础。

2. 主动竞争型定价

主动竞争型定价是指企业根据自身的竞争实力和市场定位，主动制订价格以影响市场竞争格局。在

YouYou Xiafu

高龄专案 | 全家无忧

自理区（1#）服务定价

【标准单元】

房型	楼层	服务费(不含餐)		说明
STUDIO开间一室户（建面约45m）	高区11-14F	15800元/月	有	◎精装全配 ◎中央空调 ◎24小时热水 ◎每户可住两人（第二人不加价） ◎赠送能耗
	中区06-10F	16800元/月	有	
STUDIO开间一室户（建面约65m）	中区06-9F	20800元/月	有	

【护理入口】

	轻度	中度	重度
标准护理费	4800元/月	5400元/月	6000元/月
夜间1对1	300元/夜		
24小时1对1	450元/天		
自带家政保姆	签署生活照料免责条款，如为第3人，可加床3000元/月入住		
自带护理阿姨	签署护理服务免责条款，如为第3人，可加床3000元/月入住		
护理餐入户	1380元/人/月(含餐具回收)		

入住保证金：15.8万元/户

特殊情况面议

SUITE套间房型的客改居方案

“SUTIE套间+STUDIO开间”亲友二合一的大套方案（含露台单元）

【床位费】

房型	位置	床位费	设施配置
单人间		15800元/月	高级护理床(大部分电动三功能高配)床头柜衣柜椅子、网络电视中央空调、全南阳台独立卫浴、电冰箱、洗衣机一房一机高配
双人间	靠窗	7500元/月	
	靠门	7200元/月	

【护理费】

	初级	轻度	中度	重度
标准护理费	2400-2600元/月	3000元/月	3600元/月	4200元/月
夜间1对1	300元/夜			
24小时1对1	450元/天			

【餐饮费】

初级	轻度	中度	重度
1200、1800元/床/月		每日三餐二点，每周一AB餐自选	

入住押金：59000元/床

以上价格自2023年7月1日起执行

图6-3-1　高端机构养老服务价格示例

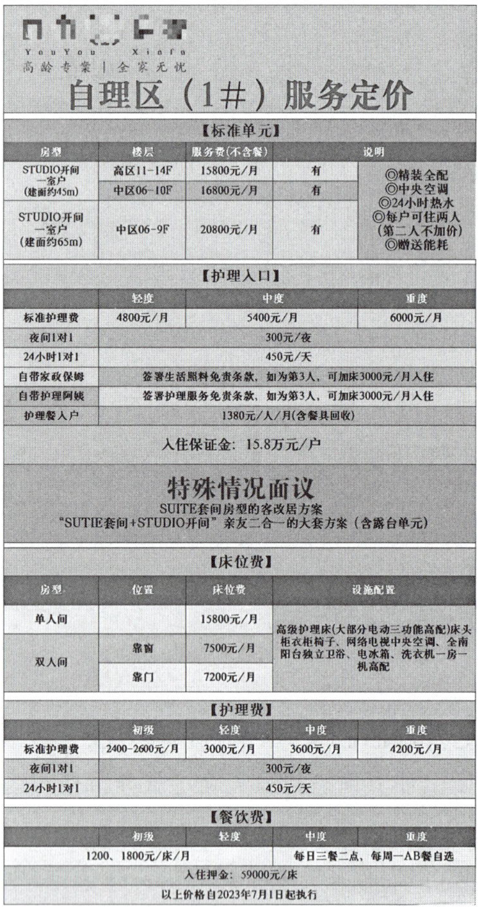

竞争环境较为宽松，或者企业自身具有独特竞争优势的情况下，主动竞争型定价策略更为适用。对于大型连锁养老机构，凭借其品牌知名度、服务质量和规模经济，可以采用主动竞争型定价，通过制订略高于市场平均水平的价格，突出自身的高端定位和优质服务，吸引对价格不太敏感但对服务品质有较高要求的客户群体，进而提升企业的品牌形象和市场竞争力（如图6-3-1）。对于一些以创新服务或特色护理为卖点的中型养老机构，也可以通过主动竞争型定价来实现差异化竞争。在企业的成长期和成熟期，已经积累了一定的市场经验和客户基础，此时采用主动竞争型定价，可以根据自身的发展战略和市场目标，灵活调整价格，以巩固市场地位或开拓新的市场领域。

3. 竞争基准定价策略的不足

竞争基准定价策略也存在一些不足之处。一方面，小公司可能因为收费太低而无法生存。在激烈的市场竞争中，一些小型养老机构为了吸引顾客，可能会采取低价策略，但其成本控制能力和盈利能力相对较弱，过低的价格可能导致其无法覆盖成本，甚至出现亏损。另一方面，服务的异质性限制了服务价格的可比性。养老服务具有多样化和个性化的特点，不同机构提供的服务内容、质量标准和设施环境等可能存在较大差异，这使得单纯比较价格难以准确评估服务的价值，进而影响顾客对价格的敏感度和选择决策。

（三）顾客感知价值定价策略

顾客感知价值定价策略是一种以顾客对服务价值的感知为基础的定价方法。它要求企业深入了解顾客对养老服务价值的认知和评价，并根据顾客愿意支付的价格来制订服务价格。这种方法的核心在于将顾客的感知价值与价格紧密联系起来，使价格能够准确反映顾客对服务价值的认可程度。

1. 定价与顾客的感知价值相一致

在养老服务中，定价与顾客的感知价值相一致是实现顾客满意和企业盈利的关键。顾客的感知价值受到多种因素的影响，如服务质量、设施环境、品牌形象、员工素质等。企业通过提供高质量的服务和良好的客户体验，可以提升顾客的感知价值，使顾客愿意为服务支付更高的价格。例如，一些高端养老机构通过提供个性化护理、豪华的居住环境、丰富的文化娱乐活动等，满足了顾客对高品质养老生活的追求，从而能够制订较高的价格。

2. 以顾客为感知到的服务支付为导向

以顾客为感知到的服务支付为导向的定价策略，要求企业在定价时充分考虑顾客对服务价值的主观评价。企业需要通过有效的沟通和营销手段，向顾客传递服务的价值信息，增强顾客对服务价值的认知和认同感。例如，通过宣传成功案例、展示服务成果、提供免费体验等方式，让顾客亲身感受服务带来的好处，认同服务的价值，从而提高顾客对价格的接受度。

3. 顾客感知价值定价策略的不足

顾客感知价值定价策略虽然能够更好地匹配顾客需求和提升顾客满意度,但在实施过程中也面临一些挑战和不足。首先,准确测量顾客感知价值的难度较大。顾客对服务价值的感知是主观的,并且受到多种因素的影响,如个人偏好、经济状况、文化背景等,这些因素使得企业难以精确地把握每个顾客的感知价值。在养老服务中,不同老年人及其家属对服务价值的评价可能存在显著差异,企业需要投入大量的时间和资源进行市场调研和数据分析,才能较为准确地了解目标顾客群体的感知价值。其次,顾客感知价值定价策略可能导致价格的不稳定。顾客的感知价值会随着市场环境、竞争态势以及自身情况的变化而波动,这就要求企业不断调整价格以适应顾客感知价值的变化,增加了定价的复杂性和不确定性。最后,如果企业过度依赖顾客感知价值定价,而忽视了成本控制和市场竞争因素,可能会导致价格过高或过低,影响企业的盈利能力和市场竞争力。

(四) 价格策略的整合与应用

在实际的养老服务定价中,单一的定价策略往往难以满足复杂多变的市场需求。因此,企业需要根据自身的经营状况、市场环境和目标顾客的特点,灵活地整合和应用成本基准定价策略、竞争基准定价策略和顾客感知价值定价策略,以实现最优的定价决策。

1. 成本基准定价策略与竞争基准定价策略的整合

成本基准定价策略确保了企业能够覆盖成本并实现基本盈利,而竞争基准定价策略则帮助企业根据市场情况灵活调整价格,保持竞争力。在实际操作中,企业可以首先通过成本基准定价策略确定一个基础价格,确保成本得到覆盖。然后,结合市场调研和竞争对手的价格情况,对基础价格进行适当调整,以适应市场变化。

2. 成本基准定价策略与顾客感知价值定价策略的整合

成本基准定价策略提供了价格的下限,而顾客感知价值定价策略则帮助企业了解顾客愿意支付的价格上限。企业可以通过提升服务质量、优化服务环境等方式增加顾客的感知价值,从而在成本基础上制订更高的价格。

3. 竞争基准定价策略与顾客感知价值定价策略的整合

竞争基准定价策略帮助企业了解市场行情,而顾客感知价值定价策略则帮助企业了解顾客需求。企业可以根据市场情况和顾客感知价值,灵活调整价格。在复杂的市场环境中,企业可能需要同时考虑成本、竞争和顾客感知价值三个因素。

4. 定价策略的动态调整

在养老服务产业中,市场环境、竞争态势和顾客需求都在不断变化。因此,企业需要定期评估和调整定价策略,以适应市场变化,保持竞争力。企业可以通过市场调研、顾客反馈、财务分析等方式,了解市场动态和顾客需求,及时调整定价策略。例如,当市场出现新的竞争对手或顾客需求发生变化时,企业可以及时调整价格,以保持竞争力。同时,企业还需要根据成本变化和盈利目标,灵活调整价格,确保企业的可持续发展。

会员制+阶梯价——老年健身卡组合定价实战

1. 案例背景

某老年健身中心近年来面临客户黏性低、复购率不足的问题。市场调研发现,老年客户对健身服务的需求较为稳定,但对价格敏感度较高,且对健身效果和服务质量有较高要求。此外,健身中心的会员制度较为单一,缺乏多样性和激励机制,导致客户续费意愿不强。

为了提升客户的复购率和忠诚度,健身中心决定重新设计价格策略,引入会员制和阶梯价模式,通过差异化定价,满足不同活跃度客户的消费需求,同时提升客户体验和服务价值。

2. 案例目标

设计"会员等级+频次折扣"的组合定价方案,覆盖不同活跃度的客户群体,提升客户的复购率和忠诚度。

3. 思政融入点

鼓励"积极老龄观",如"连续打卡赠送健康课程"。树立"健康养老"理念,反对单纯以价格为导向的营销策略。

4. 案例准备

材料:老年健身中心客户消费数据、市场调研报告、相关政策文件(如《全民健身条例》)。

工具:PPT模板、Excel数据分析软件、会员制度设计表格。

5. 实施步骤(共45分钟,最后展示时间可适度延长)

表6-3-1 实施步骤

阶段	任务	时间	要求
1. 客户分层	按消费频次将客户分为高、中、低活跃度三类	10分钟	使用Excel进行数据分析,标注各层次客户特征
2. 套餐设计	设计青铜、白银、黄金会员权益与价格梯度,包含"拉新"(介绍新客户)优惠与老客福利	15分钟	结合客户分层结果,设计差异化套餐
3. 弹性测试	预测价格变动对客户留存的影响(如涨价10%的流失风险)	15分钟	使用价格弹性公式进行测算,评估风险
4. 方案答辩	回答"为何不采用单一低价策略",突出组合定价的优势	5分钟	使用PPT展示方案,突出策略的合理性和创新性

6. 案例考评标准(满分20分)

表6-3-2 案例实施评价表

维度	评分细则	分数
分层准确性(5分)	客户分层是否准确,是否充分考虑消费频次和客户价值	
套餐吸引力(5分)	会员套餐设计是否具有吸引力,是否能满足不同客户群体需求	
弹性测算合理性(5分)	价格弹性测算是否合理,是否能有效评估风险	
战略匹配度(3分)	组合定价策略是否与企业目标和市场环境相匹配	
团队协作(2分)	组内分工是否合理,协作是否顺畅	

7. 案例总结

知识复盘:回顾组合定价策略的核心要点,强调差异化定价和客户分层的重要性。

价值观引导:如何在定价策略中体现积极老龄观,鼓励老年人参与健身?请带着这个问题继续学习。

8. 延伸思考

调研本地老年健身中心或类似机构的定价策略,分析其在增加客户黏性和复购率方面的不足,并提出改进建议。探讨如何通过会员制度和社区活动,进一步提升老年人的健身参与度和健康意识。

9. 常见误区

误区:过于关注价格优惠,而忽视会员制度的长期激励机制。

走出误区:强调会员权益设计和服务增值的重要性。

课后思考

1. 常用的服务定价策略有哪些?如何选择适合老龄产业的定价策略?
2. 价格调整与促销策略的类型有哪些?如何根据市场情况调整价格?
3. 价格策略的整合与应用方法有哪些?如何通过整合提升产品竞争力?
4. 如何通过价格策略提升养老服务产品的市场占有率?
5. 在老龄产业中,如何通过灵活的价格策略提升客户满意度?

项目七

养老服务产品促销策略

项目导读

促销是市场营销组合中最具活力的因素。

——[美]菲利普·科特勒《营销管理》

当企业开发出一系列匹配老年人需求的养老服务产品，搭建好分销渠道，也做好了价格体系设计，接下来应如何让老年人了解和选择企业的服务和产品呢？在特定市场环境中，针对目标顾客群体，综合运用多种沟通工具和方法，传递产品价值，激发购买兴趣，促进销售转化并建立长期客户关系——养老服务产品促销策略是企业有效推广其养老服务产品的系统性规划和执行方案。

在竞争日益激烈的老龄产业市场环境中，养老服务产品的无形性、异质性和消费决策的长周期、高风险特性，为企业推广养老服务产品带来挑战，企业需要通过主动沟通来显著降低信息壁垒，提升产品可见度与可信度；通过展示服务特色、塑造品牌形象来赢得客户青睐；通过触动情感共鸣来满足老年消费者的心理和社会需求。因此，系统化的促销策略是连接养老服务产品与目标市场、实现企业价值创造与传递的关键桥梁。

促销策略主要包括广告策略、公共关系策略、营业推广策略和人员推销策略四种类型。广告策略侧重通过付费媒介进行广泛的、非人员的信息传播，达成"广而告之"的目的。公共关系策略则着眼于通过非付费的沟通方式，建立和维护企业良好的声誉与公众信任，搭建信任的桥梁。营业推广策略则聚焦于运用短期激励措施直接刺激即时购买行为或加速购买决策过程。人员推销策略则强调通过销售人员与客户的直接、个性化互动，深入挖掘需求、解答疑虑、建立关系并促成交易。这四种促销策略共同构成了一个完整的促销沟通系统：广告和公关为品牌塑造声量和信任基础，营业推广提供"临门一脚"的刺激，人员推销则完成深度沟通和关系建立，协同覆盖消费者决策旅程的不同阶段，共同服务于整体营销目标。

本项目介绍了广告策略、公共关系策略、营业推广策略和人员推销策略。四种促销策略的灵活应用可以帮助企业利用精准的信息传递和互动沟通，克服市场信息不对称，降低潜在客户的感知风险，最终实现养老服务产品的市场渗透、份额提升及品牌资产增值。

项目七 养老服务产品促销策略

项目导图

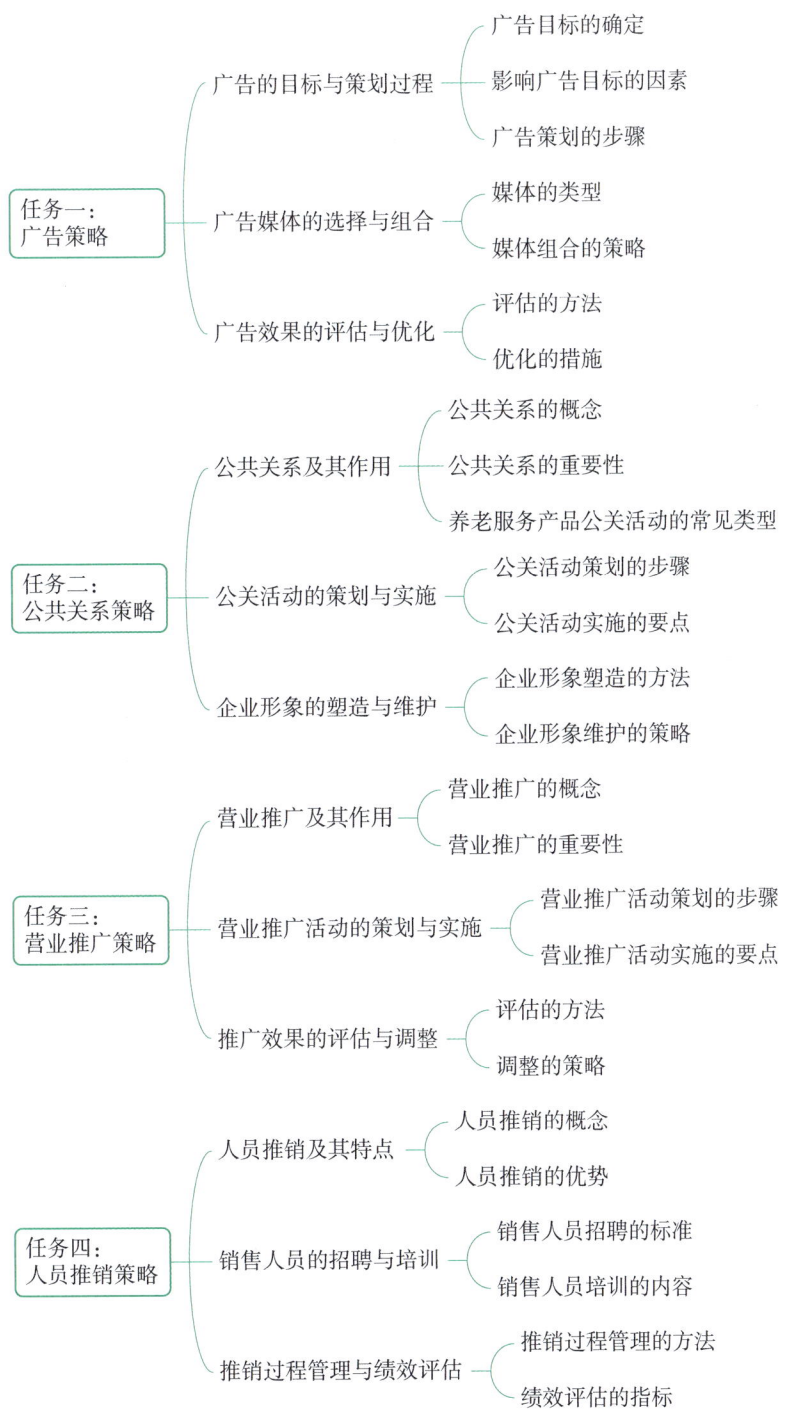

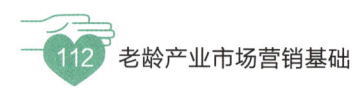 案例导入

老年公寓的广告策划

某房地产开发商开发了一家老年公寓,为了推广老年公寓,他们制订了一套广告策划方案。他们首先确定了广告目标,希望通过广告,提高老年公寓的知名度和美誉度,吸引更多的老年人入住。在广告策划的步骤上,他们进行了市场调研,了解老年人的需求和喜好;制订了广告策略,确定了广告的主题、内容、形式等;选择了广告媒体,如电视、报纸、网络等,根据老年人的媒体使用习惯,进行了广告投放。在广告媒体的选择与组合上,他们注重媒体的类型和特点,选择了适合老年人的媒体,如老年频道、老年杂志等,还进行了媒体组合,通过多种媒体的协同作用,提高广告效果。在广告效果的评估与优化上,他们建立了评估机制,定期评估广告的效果,根据评估结果,及时调整广告策略。通过这些广告策略,老年公寓的知名度和入住率不断提高。

问题:
1. 你认为该老年公寓在广告策划过程中,主要采取了哪些措施?
2. 如果你是开发商,你还会采取哪些措施来进一步提高广告效果?

任务目标

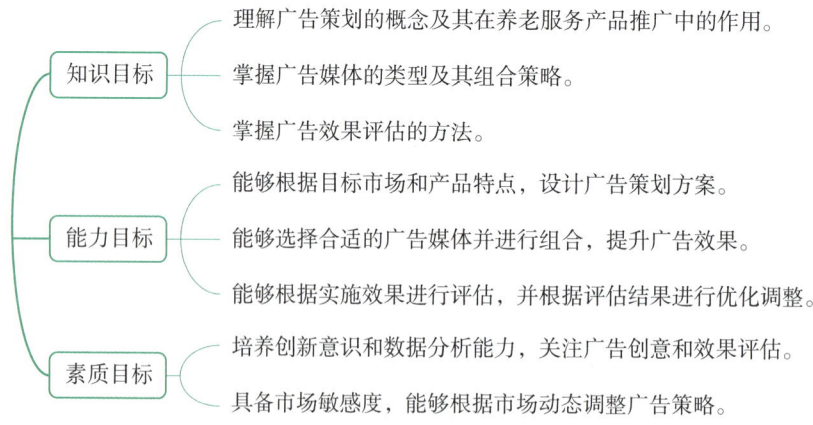

 知识梳理

(一) 广告的目标与策划过程

1. 广告目标的确定

广告目标是广告策划的起点,它明确了广告活动的方向和预期效果。在养老服务产品的推广中,广

告目标的设定需要紧密结合市场需求、产品特点和企业战略。通常,广告目标可以分为以下几类。

(1) 品牌认知

通过广告活动提高养老服务品牌的知名度,使目标受众能够识别和记忆品牌名称、标志及核心价值。对于养老服务产品而言,品牌认知是吸引潜在客户的第一步,尤其是在竞争激烈的市场环境中,品牌知名度的提升能够为后续的销售活动奠定基础。

(2) 产品推广

广告需要突出养老服务产品的特点、优势和差异化价值。针对居家养老服务,广告可以强调其便捷性、个性化服务和专业性;对于机构养老服务,可以突出其设施完善、专业护理团队和丰富的社交活动等优势。

(3) 客户引导

引导潜在客户采取行动,如预约咨询、参观体验或直接购买服务。广告可以通过提供优惠活动、限时折扣或免费体验等方式,激发客户的兴趣和购买欲望。

(4) 市场拓展

通过广告进入新的市场领域或扩大市场份额。针对不同地区、不同收入水平或不同年龄段的老年人,设计针对性的广告策略,以满足多样化的市场需求。

2. 影响广告目标的因素

第一,目标受众。明确广告的目标受众,包括年龄、性别、收入水平、消费习惯和生活方式等。养老服务产品的目标受众主要是老年人及其子女,因此广告需要同时满足老年人的需求和子女的期望。

第二,市场环境。分析市场竞争态势、政策法规和行业发展趋势。随着老龄化程度的加深,养老服务市场的需求不断增加,但同时竞争也日益激烈。广告目标的设定需要在满足市场需求的同时,突出自身产品的竞争优势。

第三,企业资源。结合企业的预算、人力和时间资源,确保广告目标的可实现性。广告策划需要在有限的资源下,最大化地实现广告效果。

3. 广告策划的步骤

(1) 市场调研

市场调研是广告策划的基础,通过收集和分析市场信息,了解目标受众的需求、偏好和行为习惯。对于养老服务产品,需要调研老年人对养老服务的认知、满意度和期望,以及竞争对手的广告策略和市场表现。调研方法可以包括问卷调查、访谈、焦点小组讨论和数据分析等。

(2) 目标设定

根据市场调研结果,明确广告的具体目标。目标需要具体、可衡量、可实现、相关性强和有时限性(SMART原则)。目标可以是"在三个月内将品牌知名度提升20%",或"在半年内将产品咨询量提高30%"。

(3) 创意构思

广告创意是吸引受众的关键。创意需要围绕广告目标展开,突出产品的特点和优势,同时符合目标受众的审美和心理需求。养老服务产品的广告创意可以强调亲情、关怀、健康和幸福等情感元素,以引发受众的情感共鸣。

(4) 媒体选择

选择合适的广告媒体是确保广告效果的重要环节。不同的媒体具有不同的传播特点和受众群体。对于养老服务产品,可以选择电视广告、报纸杂志、社交媒体、户外广告和社区宣传等多种媒体形式。媒体选择需要根据目标受众的媒体使用习惯和广告预算进行综合考虑。

(5) 广告制作

根据创意构思和媒体选择,制作广告内容。广告制作需要注重细节,确保广告的质量和效果。电视广告需要有精美的画面和动人的音乐,报纸广告需要有简洁明了的文字和吸引人的图片。

(6) 广告投放

按照预定的计划和预算,将广告投放到选定的媒体上。在投放过程中,需要监控广告的投放效果,及时调整投放策略。如果发现某个媒体的广告效果不佳,可以适当减少投放量,将资源转移到效果更好的媒体上。

(7) 效果评估

广告投放结束后,需要对广告效果进行全面评估。评估指标可以包括品牌知名度提升、产品咨询量增加、客户转化率提高等。通过评估,总结经验教训,为后续的广告策划提供参考。

(二) 广告媒体的选择与组合

1. 媒体的类型

广告媒体是广告信息传播的载体,选择合适的媒体对于广告效果至关重要。常见的广告媒体类型包括:

(1) 传统媒体

① 电视广告。电视具有覆盖面广、传播速度快、视听结合的特点,能够有效吸引观众的注意力。对于养老服务产品,电视广告可以通过生动的画面和感人的故事,传递产品的核心价值和情感诉求。通过展示老年人在养老机构中的幸福生活,引发观众的情感共鸣。

② 报纸杂志广告。报纸和杂志具有较高的可信度和针对性。报纸广告适合传递及时信息,而杂志广告则更适合展示产品的细节和优势。养老服务产品的广告可以通过报纸杂志,向目标受众传递专业的服务信息和优惠活动。

③ 广播广告。广播具有传播速度快、成本低、灵活性强的特点。它适合在特定时间段(如早晚高峰)进行广告投放,能够有效触达目标受众。养老服务产品的广播广告可以通过声音传递温暖和关怀,吸引老年人及其子女的关注。

④ OOH广告。OOH广告即Out-of-Home Advertising,指家庭外环境中的广告,包括公交广告、地铁广告、户外大屏和社区广告等。它们具有覆盖面广、持续性强的特点,能够在目标受众的日常生活中不断强化品牌印象。养老服务产品的OOH广告可以通过醒目的画面和简洁的文字,传递品牌信息和服务优势。超市中的养老机构广告见图7-1-1。

图7-1-1 超市中的养老机构广告

(2) 新媒体

① 社交媒体广告。社交媒体平台（如微信、微博、抖音等）具有用户群体庞大、互动性强的特点。养老服务产品的广告可以通过社交媒体，精准触达目标受众，并通过用户的分享和互动，扩大广告的传播范围（见图7-1-2）。例如，通过微信公众号发布养老服务产品的详细介绍和用户评价，吸引潜在客户的关注。

图7-1-2 社交媒体养老广告

② 搜索引擎广告。搜索引擎广告（如百度推广）能够根据用户的搜索关键词，精准推送广告信息。养老服务产品的广告可以通过关键词优化，确保在用户搜索相关服务时，能够第一时间展示广告内容，提高广告的点击率和转化率。

③ 视频平台广告。视频平台（如爱奇艺、腾讯视频等）具有用户黏性强、观看时间长的特点。养老服务产品的广告可以通过视频平台的贴片广告、信息流广告等形式，向用户传递生动的广告内容，还能通过制作精美的短视频，展示养老服务产品的特色和优势，吸引用户的关注。

④ 移动应用广告。随着智能手机的普及，移动应用广告成为重要的广告形式。养老服务产品的广告可以通过移动应用的开屏广告、信息流广告等形式，精准触达目标用户，还能通过老年健康管理应用的广告，向老年人及其子女推广养老服务产品。

在选择广告媒体时，需要综合考虑媒体的特点、目标受众的媒体使用习惯和广告预算等因素，以确保广告信息能够有效触达目标受众。

2. 媒体组合的策略

媒体组合是指将多种媒体形式进行有机结合，以实现广告效果的最大化。媒体组合策略需要根据广告目标、目标受众和市场环境进行设计。常见的媒体组合策略包括互补性组合、层次性组合、地域性组合、时间性组合。

互补性组合即选择具有不同特点的媒体进行组合,以弥补单一媒体的不足。将电视广告与报纸广告组合,电视广告通过画面和声音传递情感,报纸广告通过文字传递详细信息;或者将传统媒体与新媒体组合,传统媒体覆盖范围广,新媒体互动性强。

层次性组合即根据目标受众的不同层次,选择不同层次的媒体进行组合。对于高收入的老年人,可以选择高端杂志和社交媒体平台进行广告投放;对于普通收入的老年人,可以选择报纸、广播和社区广告等。

地域性组合即根据目标受众的地域分布,选择不同地域的媒体进行组合。对于城市地区的老年人,可以选择电视、报纸和地铁广告;对于农村地区的老年人,可以选择广播、社区广告和流动宣传车等。

时间性组合即根据目标受众的时间使用习惯和广告投放周期,选择不同时间段的媒体进行组合。针对老年人的早间活动习惯,可以选择早间电视节目、广播和报纸进行广告投放;针对节假日的消费高峰,可以选择节前的广告宣传和节日期间的促销活动。

媒体组合策略需要根据广告目标和市场环境进行动态调整,以确保广告信息能够有效触达目标受众,并实现广告效果的最大化。

(三) 广告效果的评估与优化

1. 评估的方法

广告效果评估是衡量广告活动成功与否的关键环节。通过评估广告效果,可以总结经验教训,为后续的广告策划提供参考。广告效果评估需要综合运用量化评估和定性评估的方法,全面评估广告投放的效果。

(1) 量化评估

① 品牌知名度。通过问卷调查、市场调研等方式,评估广告活动对品牌知名度的提升效果。对比广告投放前后的品牌知晓率、品牌提及率等指标,了解广告对品牌传播的贡献。

② 产品咨询量。统计广告投放期间的产品咨询量、预约量和参观量等数据,评估广告对潜在客户引导的效果。通过电话咨询记录、在线预约系统等渠道,收集相关数据,分析广告的转化率。

③ 客户转化率。评估广告投放对客户购买行为的影响。通过分析广告投放前后的客户转化率、销售额等指标,了解广告对销售的促进作用。通过客户管理系统,跟踪客户的购买行为,计算广告的销售贡献率。

④ 评估媒体曝光量。统计广告在不同媒体上的曝光次数、点击率和分享率等数据,评估广告的传播效果。通过搜索引擎优化工具、社交媒体分析工具等,收集相关数据,分析广告的传播范围和影响力。

(2) 定性评估

① 受众反馈。通过访谈、焦点小组讨论等方式,收集目标受众对广告的反馈意见。了解受众对广告内容、形式和情感表达的接受程度,评估广告的吸引力和感染力。

② 品牌形象。评估广告投放对品牌形象的影响。通过品牌调研、用户评价等方式,了解广告是否提升了品牌的美誉度。通过用户满意度调查,分析广告对品牌认知和品牌形象的提升效果。

③ 市场竞争。分析广告活动对市场竞争格局的影响。通过对比竞争对手的广告策略和市场表现,了解广告在市场竞争中的优势和不足。通过市场分析报告,评估广告活动对市场份额的贡献。

2. 优化的措施

广告优化是根据广告效果评估的结果,对广告活动进行调整和改进的过程。优化的目的是提高广告

效果,提升广告投资回报率。常见的广告优化措施包括:

(1) 创意优化

根据受众反馈和市场调研结果,调整广告创意。如果发现广告的创意不够吸引人,可以重新设计广告画面和文案,突出产品的情感价值和差异化优势。

(2) 媒体优化

根据媒体曝光量和广告效果数据,调整媒体投放策略。如果发现某个媒体的广告效果不佳,可以减少投放量,将资源转移到效果更好的媒体上;或者根据目标受众的媒体使用习惯,调整媒体组合策略。

(3) 投放时间优化

根据目标受众的时间使用习惯和广告投放周期,调整广告投放时间。针对老年人的早间活动习惯,可以将广告投放时间调整到早间时段;或者根据节假日的消费高峰,调整广告投放节奏。

(4) 预算优化

根据广告效果评估结果,合理分配广告预算。对于效果较好的广告渠道,可以增加预算投入,扩大广告投放规模;对于效果不佳的广告渠道,可以减少预算,优化广告资源配置。

(5) 客户反馈优化

根据客户反馈,优化广告内容和服务。如果客户对广告中的某个服务项目提出疑问,可以及时调整广告内容,增加对该服务项目的详细说明和优势展示。

广告优化是一个动态的过程,需要根据市场变化和广告效果评估结果,不断调整和改进广告策略。只有通过持续的优化,才能实现广告效果的最大化,提升养老服务产品的市场竞争力。

 **案例实操**

破解"数字鸿沟"——适老化产品广告创意设计

1. 案例背景

某智能手环企业推出了一款专为老年人设计的健康监测产品,具备实时心率、血压监测以及紧急呼叫功能。然而,由于广告内容复杂、传播渠道单一,市场认知度低,老年消费者对其接受度不高。市场调研发现,老年人对广告的接受方式更倾向简单明了、贴近生活的,并且对产品的安全性和可靠性较为关注。

为了提升市场认知度和产品销量,企业决定重新设计广告策略,重点解决老年人面临的"数字鸿沟"问题,同时体现"科技适老化"的理念。

2. 案例目标

设计一则适老化产品的广告,覆盖线上线下渠道,提升目标群体触达率,同时体现"科技适老化"理念,避免夸大功能,确保信息真实可靠。

3. 思政融入点

倡导"科技向善",避免夸大功能,如在广告中明确标注"数据仅供参考,非医疗诊断",树立"诚信宣传、用户至上"的价值观,反对虚假营销。

4. 案例准备

材料:智能手环产品功能介绍、老年人消费行为调研报告、相关政策文件(如《中华人民共和国广告法》)。

工具:PPT模板、广告脚本设计软件、Canva设计工具、抖音视频编辑软件。

5. 实施步骤(共 45 分钟,最后展示时间可适度延长)

表 7-1-1 实施步骤

阶段	任务	时间	要求
1. 痛点分析	分析现有广告问题(如术语过多、画面过快)	10 分钟	需引用老年用户调研数据,标注问题点
2. 创意设计	设计广告脚本与视觉元素,突出产品核心功能(如"子女远程查看父母健康数据"场景)	20 分钟	包含广告口号(如"安心每一刻,关爱零距离"),使用 Canva 设计视觉元素
3. 媒体选择	制订抖音＋社区宣传栏的组合投放策略	10 分钟	预算不超过 3 万元,需考虑不同渠道的特点
4. 效果预演	模拟广告投放后客户咨询场景(角色扮演)	5 分钟	突出信息清晰度和用户接受度

6. 案例考评标准(满分 20 分)

表 7-1-2 案例实施评价表

维度	评分细则	分数
适老化设计(5 分)	广告内容是否简单明了,是否贴近老年人生活	
传播渠道合理性(5 分)	渠道选择是否符合目标群体特点,预算是否合理	
信息真实性(5 分)	广告是否真实可靠,是否避免夸大功能	
情感共鸣力(3 分)	广告是否能引起老年人的情感共鸣,是否体现"科技向善"理念	
团队协作(2 分)	组内分工是否合理,协作是否顺畅	

7. 案例总结

知识复盘:回顾广告策略设计的核心要点,强调适老化设计和信息真实性的重要性。

价值观引导:如何在广告中平衡科技感和适老化需求?请带着这个问题继续学习。

8. 延伸思考

调研本地适老化产品的广告案例,分析其在信息传递和情感共鸣方面的不足,并提出改进建议。探讨如何通过社区活动和线下体验店,进一步提升适老化产品的市场认知度。

9. 常见误区

误区:过于关注广告的视觉效果,而忽视信息传递的清晰度和适老化需求。

走出误区:强调信息简洁、贴近生活的重要性。

课后思考

1. 如何制定广告目标? 广告的策划包括哪些步骤?
2. 广告媒体的选择与组合策略有哪些? 如何选择适合老龄产业的媒体?
3. 广告效果的评估与优化方法有哪些? 如何根据评估结果调整广告策略?
4. 如何通过广告策划提升养老服务产品的知名度和美誉度?
5. 在老龄产业中,如何通过广告组合策略提升广告效果?

任务二 公共关系策略

案例导入

老年旅游公司的公关活动

老王经营一家老年旅游公司,为了提升公司的品牌形象,他策划了一系列公关活动。他首先明确了公关活动的目标,即希望通过公关活动,提高公司的知名度和美誉度,增强客户的信任感。在公关活动的策划与实施上,他组织了各种活动,如新闻发布会、客户答谢会、公益活动等,通过这些活动,向公众传递公司的品牌理念和服务优势。他还注重企业形象的塑造与维护,通过设计统一的品牌标识、宣传口号等,提升公司的品牌形象。在公关活动的评估与优化上,他建立了评估机制,定期评估公关活动的效果,根据评估结果,及时调整公关策略。通过这些公关活动,老王的老年旅游公司品牌形象不断提升,客户满意度和忠诚度不断提高。

问题:
1. 你认为老年旅游公司在公关活动过程中,主要采取了哪些措施?
2. 如果你是老王,你还会采取哪些措施来进一步提升公司的品牌形象?

任务目标

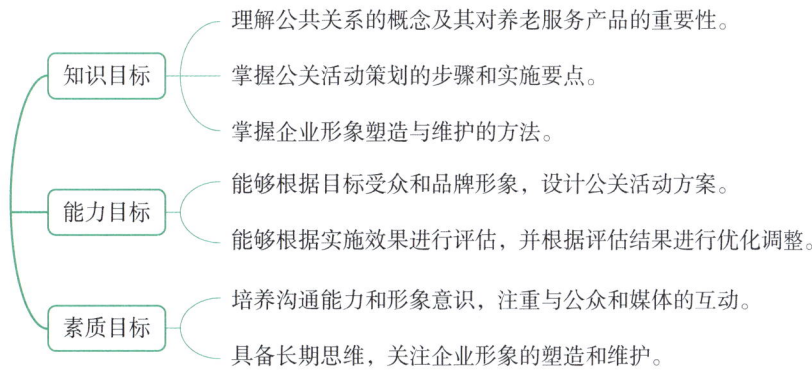

知识梳理

(一)公共关系及其作用

1. 公共关系

公共关系(Public Relations)简称"公关"(PR),是指组织通过与公众的沟通与互动,建立良好的形象和声誉,从而实现组织目标的一种管理活动。对于养老服务产品,公共关系不仅是对外传播品牌价值和产品优势的手段,更是与老年人及其家属、社区、政府等多方面建立信任关系的重要工具。

公共关系的核心在于"关系"二字,它强调组织与公众之间的双向沟通和互动。养老服务机构通过公共关系活动,能够更好地了解老年人的需求和期望,同时向公众传递机构的服务理念、专业能力和人文关怀。与广告不同,公共关系的效果更加持久和深入,它通过新闻报道、公益活动、社区活动等形式,传递真实、可信的信息,从而在公众心中树立良好的品牌形象。

公共关系的目标是建立和维护组织与公众之间的良好关系,这种关系基于信任、尊重和互利。养老服务机构通过公共关系活动,能够更好地履行社会责任,提升自身的社会价值,同时为业务发展创造良好的外部环境。

2. 公共关系的重要性

(1) 增强品牌信任度

在养老服务市场中,品牌信任是客户选择的重要依据。通过公共关系活动,养老服务机构可以向公众传递真实、透明的信息,展示机构的专业能力和人文关怀。通过新闻报道、案例分享等形式,向公众展示机构的成功经验和服务成果,能够有效增强公众对品牌的信任感。

(2) 提升品牌美誉度

公共关系活动能够通过多种渠道传播品牌价值,提升品牌的知名度和美誉度。通过举办公益活动、参与社区服务、开展老年文化活动等方式,养老服务机构可以展示自身的社会责任感和人文关怀,从而在公众心中树立良好的品牌形象。

(3) 建立良好的社会关系

养老服务机构需要与多个利益相关者建立良好的关系,包括老年人及其家属、社区组织、政府机构、媒体等。通过公共关系活动,机构可以与这些利益相关者进行有效的沟通和互动,建立信任和合作的基础。通过与社区合作举办老年活动,机构可以增强与社区的联系,获得社区的支持和推荐。

(4) 应对危机事件

在养老服务行业中,危机事件可能随时发生,如服务质量投诉、安全事故等。公共关系在危机管理中发挥着关键作用。通过及时、有效的沟通策略,机构可以快速响应危机事件,向公众传递真实信息,缓解公众的担忧和不满,从而降低危机事件对品牌形象的影响。

(5) 促进业务合作与拓展

公共关系活动可以为养老服务机构带来更多的业务合作机会。通过与政府、企业、社会组织等建立良好的关系,机构可以争取更多的政策支持、资金支持和业务合作机会。通过与政府合作开展养老服务项目,机构可以获得更多的资源支持,扩大服务范围和影响力。

(6) 满足老年人的情感需求

老年人在选择养老服务时,不仅关注服务的质量和价格,更注重情感上的满足。通过公共关系活动,养老服务机构可以展示对老年人的关爱和尊重,满足老年人的情感需求。通过举办老年生日会、节日庆祝活动等形式,让老年人感受到机构的温暖和关怀,从而增强老年人及其家属对机构的认同感和忠诚度。

3. 养老服务产品公关活动的常见类型

(1) 宣传推广活动

机构开放日。养老机构定期举办开放日活动(见图 7-2-1),邀请社区居民、潜在客户及其家属、政府部门、媒体等各界人士参观,展示机构的设施设备、生活环境、服务项目等,增进外界对机构的了解和信任,提升机构的知名度和美誉度。比如,一些高端养老社区会举办主题开放日,展示其智能化的照护设施和丰富的文娱设施。

服务体验活动。提供短期的免费或优惠服务体验,如日间照料、康复护理体验等,让老年人亲身感受服务的质量和专业性,吸引他们选择长期接受服务,同时也为机构积累口碑和客户资源。

图7-2-1 养老机构开放日活动

媒体宣传合作。与报纸、电视台、网络媒体等建立合作关系,通过专题报道、新闻发布会、专家访谈等形式,宣传养老服务的新政策、新理念、机构的优势和特色等信息,扩大影响力,引导社会关注养老服务领域。

（2）老年关怀与互动活动

文艺演出与娱乐活动。组织各类文艺表演,如戏曲、歌舞、音乐会等,丰富老年人的精神文化生活,营造欢乐祥和的氛围,同时,也可以邀请外部文艺团体或志愿者参与,增加活动的多样性和吸引力。例如,在节假日期间举办大型文艺晚会。

健康讲座与咨询。邀请医疗专家、养生顾问等举办健康知识讲座,内容涵盖疾病预防、慢性病管理、心理健康、营养膳食等方面,并提供现场咨询和义诊服务（见图7-2-2）,帮助老年人增强健康意识和自我保健能力,树立机构专业的健康服务形象。

老年兴趣小组与社团活动。根据老年人的兴趣爱好,组建书法、绘画、摄影、手工制作等兴趣小组,定期开展活动,鼓励他们发展兴趣特长,促进老年人之间的交流与互动,增强归属感和凝聚力,还可以组织参加外部的比赛和展览,展示老年人的才艺和风采。

志愿服务活动。与学校、企业、慈善组织等合作,开展为老志愿服务,如陪伴老年人聊天,提供生活照料、义务维修、文艺表演等,为老年人提供关爱和帮助,同时传递正能量,促进代际融合和社会和谐,提升机构承担社会责任的形象。

图7-2-2 社区义诊活动

（3）行业交流与合作活动

研讨会与学术交流。举办或参与养老服务相关的研讨会（见图7-2-3）、学术交流会、行业论坛等活动,分享机构的实践经验、研究成果和创新模式。学习借鉴国内外先进的养老理念和服务技术,与同行建立良好的合作关系,推动行业的共同发展,提升机构在行业内的专业地位和影响力。

图 7-2-3 健康养老专业发展论坛

合作签约仪式与项目发布会。当养老机构与其他企业、机构达成合作关系或启动新的养老服务项目时，举行签约仪式和项目发布会，邀请相关方及媒体参加，宣传合作的背景、目标和意义，展示机构的发展战略和创新能力，吸引更多的合作伙伴和资源支持。

参与行业协会活动。积极加入养老服务行业协会，参与协会组织的各类活动，如会员大会、培训课程、"评优""评先"等，与同行建立密切的联系和交流，共同制订行业标准和规范，推动行业的自律和健康发展，同时借助协会的平台，扩大自身的知名度和影响力。

（4）公益慈善活动

扶贫助困活动。关注贫困、空巢、失能等弱势老年群体，开展"送温暖""送关爱"活动，如捐赠生活物资、发放慰问金、提供免费服务等，帮助他们解决实际困难，体现机构的社会责任和担当精神，赢得社会的广泛赞誉和认可。

慈善募捐活动。为养老服务项目或特定的老年群体发起慈善募捐活动，通过线上线下相结合的方式，动员社会各界力量参与捐赠，筹集资金用于改善养老设施、开展公益活动或提供特殊服务等，提高公众对养老服务公益事业的关注度和参与度（见图 7-2-4）。

图 7-2-4 爱心捐赠仪式

（5）特殊节日与主题活动

传统节日庆祝。在春节、端午节、中秋节、重阳节等传统节日期间，举办丰富多彩的庆祝活动，如包饺子、做月饼、登高赏菊等，融入传统文化元素，让老年人感受浓厚的节日氛围和家的温暖，同时也可以邀请家属共同参与，增进家庭和睦与亲情关系(见图7-2-5)。

图7-2-5　养老机构"庆中秋"活动

主题纪念活动。围绕特定的主题，如老年节、敬老月、世界阿尔茨海默病日等，开展系列活动，如主题演讲、征文比赛、图片展览、公益宣传等，唤起社会对老年人权益、健康等问题的关注和重视，树立机构关爱老人、服务社会的良好形象。

(6) 客户关系维护活动

客户满意度调查与回访。定期对接受服务的老年人及其家属进行满意度调查和回访，了解他们的需求和意见，及时解决问题和改进服务，提高客户的满意度和忠诚度，同时将调查结果进行公开和反馈，展示机构对客户意见的重视和积极回应的态度。

客户答谢活动。举办客户答谢宴会、茶话会(见图7-2-6)、旅游活动等，感谢客户对机构的支持和信任，为客户提供一个交流和分享的平台，增强与客户之间的情感联系，促进长期稳定的合作关系。

图7-2-6　养老机构茶话会

(二) 公关活动的策划与实施

1. 公关活动策划的步骤

公关活动策划是公共关系活动成功的关键环节，它需要明确活动目标、分析目标受众、设计活动主题、选择活动形式、制订活动计划，并进行详细的资源分配和预算安排等。

(1) 明确活动目标

活动目标是公关活动的核心,它决定了活动的方向和重点。在养老服务领域,公关活动的目标通常包括提升品牌知名度、增强品牌信任度、促进业务合作、应对危机事件等。某养老机构希望通过举办"老年健康知识讲座"活动,提升品牌在社区的知名度和美誉度,同时吸引更多的潜在客户。

（2）分析目标受众

了解目标受众的需求、兴趣和行为习惯是公关活动策划的基础。养老服务机构的目标受众主要包括老年人及其家属、社区居民、政府机构、媒体等。通过市场调研、数据分析等方式,深入了解目标受众的特点和需求,能够为活动策划提供有力支持。通过问卷调查了解老年人对健康知识的关注点,从而设计更具针对性的活动内容。

（3）设计活动主题

活动主题是吸引目标受众的关键。一个鲜明、独特、富有吸引力的活动主题能够激发目标受众的兴趣和参与热情。在养老服务领域,活动主题可以围绕老年人的健康、生活、文化、情感等方面展开。"关爱老人健康,共享幸福生活""老年文化盛宴,传承美好时光"等主题,能够很好地体现养老服务机构的人文关怀和社会责任。

（4）选择活动形式

根据活动目标和目标受众的特点,选择合适的活动形式。常见的公关活动形式包括新闻发布会、公益活动、社区活动、文化活动、研讨会等。通过举办"老年健康知识讲座"公益活动,可以向社区老年人传递健康知识,同时展示机构的专业能力;通过举办"老年文化节"活动,可以丰富老年人的精神生活,增强机构的品牌美誉度。

（5）制订活动计划

活动计划是公关活动实施的蓝图,它需要明确活动的时间、地点、流程、人员分工、资源需求等具体内容。活动时间应根据目标受众的作息习惯和活动安排进行选择;活动地点应选择在交通便利、设施完善的场所;活动流程应详细规划每个环节的时间和内容,确保活动顺利进行。

（6）预算与资源分配

活动预算和资源分配是活动策划的重要环节。根据活动目标和活动计划,合理制订、分配活动预算,确保活动的顺利实施。活动资源包括场地、设备、人员、物资等,需要提前进行预订和准备。活动场地的租赁费用、活动设备的采购费用、宣传物料的制作费用等,都需要在预算中进行详细规划。

（7）风险评估与应对

在活动策划阶段,需要对可能出现的风险进行评估,并制订相应的应对措施。活动当天可能出现的天气变化、人员不足、设备故障等风险,需要提前制订应急预案,确保活动能够顺利进行。

2. 公关活动实施的要点

公关活动的实施是将策划方案付诸实践的过程,它需要精心组织、严格管理和有效执行。以下是公关活动实施的主要要点。

（1）活动前的准备

活动前的准备是确保活动顺利进行的基础。需要提前完成场地布置、设备调试、人员培训、宣传推广等工作。活动场地的布置应符合活动主题,营造出温馨、舒适的氛围;活动设备应提前进行调试,确保活动过程中不会出现故障;活动人员应进行专业培训,明确各自职责,确保活动的顺利进行。宣传推广是吸引目标受众参与活动的重要手段。通过多种渠道进行宣传推广,能够扩大活动的影响力,提高活动的参与度。常见的宣传渠道包括社交媒体、社区宣传、线下广告、媒体合作等。通过微信公众号、微博等社交媒体平台发布活动信息,吸引目标受众的关注;通过社区宣传栏、海报等形式,向社区居民传递活动信息;通过与媒体合作,发布活动招募信息(活动后发布新闻稿),扩大活动的传播范围。

(2) 现场管理

活动现场的管理是活动实施的关键环节。需要确保活动现场的秩序井然，活动流程顺利进行。现场管理包括人员管理、设备管理、物资管理、安全管理和应急处理等多个方面。活动人员应提前到达现场，做好准备工作；活动现场应安排专人负责设备调试和物资管理，确保活动所需物品的充足供应；活动现场应制定严格的安全管理制度，确保参与者的安全；一旦出现突发情况，应立即启动应急预案，及时处理问题。

(3) 互动与反馈

互动是增强活动参与感和满意度的重要手段。通过设计互动环节，能够吸引目标受众的积极参与，增强活动的趣味性和吸引力。通过设置问答环节、互动游戏等形式，增强与参与者的互动；通过现场调查、问卷等形式，收集参与者的反馈意见，了解活动的优点和不足，为后续活动的改进提供参考。

(4) 活动总结与评估

活动结束后，需要对活动进行全面总结和评估。通过评估活动的效果，总结经验教训，为后续活动的策划和实施提供参考。活动评估可以从活动参与度、活动效果、目标达成度等多个方面进行。通过统计活动参与人数、活动曝光量、活动转化率等数据，评估活动的传播效果和业务促进效果；通过收集参与者的反馈意见，了解活动的优点和不足，为后续活动的改进提供依据。

（三）企业形象的塑造与维护

1. 企业形象塑造的方法

企业形象是公众对企业的整体认知和评价，它直接影响企业的市场竞争力和品牌价值。在养老服务领域，良好的企业形象能够增强老年人及其家属对机构的信任感和认同感，从而促进业务发展。以下是企业形象塑造的主要方法。

(1) 明确品牌定位

品牌定位是企业形象塑造的基础，它决定了企业在市场中的位置和形象特征。养老服务机构需要根据自身的服务特点、目标客户和市场环境，明确品牌定位。比如：某养老机构定位为"高端养老社区"，其品牌形象应突出设施完善、服务专业、环境优美等特点；另一家机构定位为"普惠型养老机构"，其品牌形象应强调价格实惠、服务贴心等特点。

(2) 设计品牌形象

品牌形象包括品牌名称、品牌标识、口号、视觉识别系统（VI）等。这些元素是企业形象的外在表现形式，能够快速传递品牌信息，增强品牌识别度。养老服务机构需要设计简洁、易记、富有情感的品牌形象，以吸引目标受众的关注。品牌标识可以采用温馨、亲切的设计风格，传递对老年人的关爱和尊重；品牌口号可以简洁明了地表达机构的服务理念，如"关爱老人，服务至上"。

(3) 提升服务质量

服务质量是企业形象的核心，它直接影响客户的满意度和忠诚度。养老服务机构需要不断提升服务质量，通过专业的护理团队、完善的服务设施、个性化的服务方案等，为老年人提供高品质的服务体验。通过定期培训护理人员，提升其专业技能和服务态度；通过引入先进的养老服务设施，改善服务环境；通过制订个性化的服务方案，满足老年人的多样化需求。

(4) 履行社会责任

履行社会责任是企业形象塑造的重要途径。养老服务机构可以通过举办公益活动、参与社区服务、支持老年事业发展等形式，展示自身的人文关怀和社会责任感。比如：通过举办"老年健康知识讲座""老年文化节"等公益活动，为社区老年人提供有价值的服务；通过支持老年教育、老年医疗等事业，提升企业在社会中的影响力和美誉度。

（5）加强媒体合作

媒体是企业形象传播的重要渠道。养老服务机构可以通过与媒体合作，发布新闻报道、专题报道、案例分享等形式，向公众传递品牌信息，增强品牌知名度和美誉度。比如：通过与当地电视台合作，制作养老服务专题节目，展示机构的服务特色和成功经验；通过与报纸、杂志合作，发布新闻稿和专题报道，提升品牌曝光度。

2. 企业形象维护的策略

企业形象的维护是企业形象塑造的延续，它需要企业在日常运营中持续关注品牌声誉，及时应对可能出现的问题，确保品牌形象的稳定性和一致性。以下是企业形象维护的主要策略。

（1）建立品牌形象监测机制

品牌形象监测是企业形象维护的基础，它能够及时发现品牌形象的变化和问题。养老服务机构可以通过建立品牌形象监测机制，定期收集和分析公众对品牌的评价和反馈。比如：通过社交媒体监测工具，实时了解公众对品牌的讨论和评价；通过客户满意度调查，收集客户对服务的反馈意见；通过市场调研，了解品牌在市场中的认知度和美誉度。

（2）及时处理客户投诉

客户投诉是品牌形象受损的重要因素之一。养老服务机构需要建立完善的客户投诉处理机制，及时响应客户的投诉，解决问题，挽回客户的信任。设立专门的客户投诉热线，确保客户能够及时反馈问题；建立快速响应机制，确保在最短时间内处理客户投诉；通过回访客户，了解客户对投诉处理的满意度，持续改进服务质量。

（3）应对负面舆情

负面舆情可能对品牌形象造成严重影响。养老服务机构需要建立舆情预警机制，及时发现和应对负面舆情。通过舆情监测工具，实时了解网络上的负面信息；通过专业的公关团队，及时发布官方声明，澄清事实，化解危机；通过积极的沟通和互动，增强公众对品牌的信任感。

（4）持续优化服务质量

服务质量是企业形象的核心，只有持续优化服务质量，才能确保品牌形象的稳定性和一致性。养老服务机构需要通过定期培训员工、引入先进的服务理念、完善服务设施等方式，不断提升服务质量。

（5）加强品牌传播

品牌传播是企业形象维护的重要手段。养老服务机构需要通过多种渠道持续传播品牌信息，增强品牌知名度和美誉度。比如：通过社交媒体、线下活动、媒体合作等形式，定期发布品牌信息和服务案例；通过举办公益活动、社区活动等形式，加强与公众的互动和沟通；通过与政府、社会组织等合作，提升品牌的社会认可度。

养老院"开放日"公关活动——社区信任重建计划

1. 案例背景

某养老院因护工虐待谣言导致入住率下降，尽管经过调查证实谣言不实，但社区居民对养老院的信任度仍然较低。为了重建社区信任，养老院决定启动"开放日"公关活动，通过展示真实的养老院生活和服务流程，消除居民的误解，提升品牌形象。养老院希望通过此次活动，体现透明化管理的理念，加强家属和社会的监督，推动养老院服务质量的持续提升。

2. 案例目标

策划一场"开放日"活动,通过透明化展示和互动交流,增强社区居民对养老院的信任感,同时体现养老院的社会责任和服务质量。

3. 思政融入点

强调透明化管理,如公开厨房监控、家属参与监督。树立"诚信经营、透明服务"的理念,反对隐瞒问题和虚假宣传。

4. 案例准备

材料:养老院服务流程手册、谣言调查报告、社区居民反馈意见、相关政策文件(如《养老机构服务安全基本规范》)。

工具:PPT模板、活动策划表格、宣传海报设计软件(如Canva)。

5. 实施步骤(共45分钟,最后展示时间可适度延长)

表7-2-1 实施步骤

阶段	任务	时间	要求
1. 活动策划	设计活动流程(如老年人才艺展示、设施参观、座谈会)	15分钟	需包含风险预案(如舆情应对),突出透明化管理
2. 传播设计	制作邀请函与宣传海报(突出"真实、温暖"关键词)	15分钟	使用Canva模板快速设计,需包含活动亮点和透明化措施
3. 模拟执行	分组扮演院长、家属、媒体记者模拟问答环节	10分钟	回答需引用《养老机构服务安全基本规范》,突出透明化管理
4. 效果评估	设计满意度调查表并模拟分析结果	5分钟	包含"信任度提升"指标,评估活动效果

6. 案例考评标准(满分20分)

表7-2-2 案例实施评价表

维度	评分细则	分数
活动创新性(5分)	活动设计是否新颖,是否能有效吸引社区居民参与	
风险控制能力(5分)	是否有效识别并应对潜在风险(如舆情危机)	
传播内容合规性(5分)	宣传海报和邀请函是否符合政策要求,是否突出透明化管理	
反馈分析深度(3分)	满意度调查表设计是否合理,是否能有效评估活动效果	
团队协作(2分)	组内分工是否合理,协作是否顺畅	

7. 案例总结

知识复盘:回顾公共关系策略的核心要点,强调透明化管理和服务质量提升的重要性。

价值观引导:如何在公关活动中体现透明化管理,增强社会信任?请带着这个问题继续学习。

8. 延伸思考

调研本地养老机构的公关活动现状,分析其在信任提升方面的不足,并提出改进建议。探讨如何通过数字化手段(如直播、社交媒体)进一步提升养老机构的透明度和公信力。

9. 常见误区

误区:过于关注活动的形式,而忽视透明化管理和风险控制的重要性。

走出误区:强调透明化管理和服务质量提升在公关活动中的关键作用。

课后思考

1. 公共关系的定义与作用是什么?如何通过公关活动提升品牌形象?
2. 公关活动的策划与实施步骤有哪些?如何设计有效的公关活动方案?
3. 企业形象的塑造与维护方法有哪些?如何通过形象塑造提升品牌竞争力?
4. 如何通过公关活动增强客户的信任感和忠诚度?
5. 在老龄产业中,如何通过公关策略提升企业的社会认可度?

任务三 营业推广策略

案例导入

老年用品商店的推广活动

老李开了一家老年用品商店,为了拓展市场,他策划了一系列营业推广活动。他首先明确了推广活动的目标,希望通过推广活动,提高商店的销售额和知名度。在推广活动的策划与实施上,他推出了各种促销活动,如打折、赠品、抽奖等,吸引老年人购买商品。他还注重推广活动的宣传,通过在社区张贴海报、发放传单等方式,提高活动的知晓度。在推广效果的评估与调整上,他建立了评估机制,定期评估推广活动的效果,根据评估结果,及时调整推广策略。通过这些推广活动,老李的老年用品商店销售额不断提高,市场知名度也不断提升。

问题:
1. 你认为老年用品商店在推广活动过程中,主要采取了哪些措施?
2. 如果你是老李,你还会采取哪些措施来进一步提高推广活动的效果?

任务目标

- **知识目标**
  - 理解营业推广的概念及其在养老服务产品中的作用。
  - 掌握营业推广活动策划的要点和实施步骤。
  - 掌握推广效果评估的方法。
- **能力目标**
  - 能够根据市场需求和产品特点,设计营业推广活动方案。
  - 能够根据实施效果进行评估,并根据评估结果进行优化调整。
- **素质目标**
  - 培养市场敏感度和应变能力,关注市场动态和消费者需求。
  - 具备客户导向思维,注重推广活动对客户的影响。

（一）营业推广及其作用

1. 营业推广

营业推广（Sales Promotion）是一种旨在短期内刺激消费者购买行为和经销商积极性的促销活动。它通过提供各种优惠和激励措施，吸引潜在客户尝试或购买产品，从而快速提升产品的市场占有率和销售额。在养老服务领域，营业推广是重要的促销手段之一，尤其适用于新产品的推广、市场占有率的提升以及应对竞争压力。养老机构集中营业推广示例见表7-3-1。

表7-3-1 养老机构集中营业推广示例

机构名称	地址	机构性质	优惠情况	联系人	联系方式
上海长宁区××敬老院	安西路××号	民建民营	入住床位费7.5折	—	—
上海长宁××养老院	长宁路××号	公建民营	150元/人/天 入住体验7天	—	—
上海天山社区××长者照护之家	中山西路××号	民建民营	150元/人/天 入住体验7天	—	—
上海长宁××养老院	安龙路××号	民建民营	160元/人/天 入住体验7天	—	—
上海××养老院	长顺路××号	民建民营	入住每月优惠500元	—	—
上海长宁××第二养老院	虹桥路××号	民建民营	入住多人间床位费7.5折	—	—
上海长宁××第二长者照护之家	虹桥路××弄××号	民建民营	入住多人间床位费7.5折	—	—
上海长宁区虹桥社区××长者照护之家	安顺路××号	公建民营	入住一次性减免500元/人	—	—
上海虹桥社区××长者照护之家	中山西路××号	民建民营	入住三费全包4500元/人/月	—	—
上海××颐养院	协和路××号	民建民营	200元/人 入住体验3天	—	—
上海××长者照护之家	仙霞路××号	民建民营	100元/人/天 入住体验7天	—	—
上海××养老院	长宁支路××号	民建民营	自理老人100元/人/天、半自理老人120元/人/天、全护理老人150元/人/天 入住体验3天，正式入住床位费8折优惠	—	—

与广告和公共关系不同，营业推广更注重短期效果和直接的客户反馈。它通过提供具体的优惠、折扣或增值服务，吸引消费者的注意，激发其购买欲望。养老服务机构可以通过限时折扣、免费试住、赠送养老服务套餐等形式，吸引老年人及其家属的关注和尝试。

营业推广的形式多样，包括打折优惠、礼品赠送、会员制度、限时促销、联合促销等。这些手段可以根据目标客户的需求和市场环境灵活运用。比如：针对老年人对价格敏感的特点，机构可以推出"限时折扣"活动；针对老年人对健康和生活品质的追求，机构可以推出"赠送健康体检套餐"的活动。

在养老服务领域，营业推广不仅能够提升产品的市场占有率，还能够通过客户的口碑传播，增强品牌的知名度和美誉度。通过免费试住活动,老年人及其家属可以亲身体验服务的质量和环境,从而增加对机构的信任感,进而转化为长期客户。

2. 营业推广的重要性

(1) 刺激短期销售

营业推广通过提供具体的优惠和激励措施,能够快速吸引消费者的注意力,激发其购买欲望,从而在短期内提升产品的销售额。通过限时折扣活动,养老服务机构可以在特定时间内吸引更多的客户尝试服务,增加收入。

(2) 吸引新客户尝试

对于养老服务机构来说,吸引新客户是提升市场份额的关键。营业推广通过提供免费试用、体验套餐等手段,能够降低客户的尝试成本,增强新客户的尝试意愿。通过"免费试住一周"的活动,老年人及其家属可以亲身体验服务的质量和环境,从而增加对机构的信任感,进而转化为长期客户。

(3) 增强客户忠诚度

营业推广不仅能够吸引新客户,还能够通过会员制度、积分奖励等形式,增强现有客户的忠诚度。通过设立会员制度,为会员提供专属优惠和服务,能够增加客户的黏性和复购率。

(4) 提升品牌知名度

营业推广活动通过多种渠道进行宣传推广,能够扩大品牌的传播范围,提升品牌的知名度和美誉度。通过与社区合作举办促销活动,机构可以向社区居民传递品牌信息,增强品牌在社区的影响力。

(5) 应对市场竞争

在养老服务市场竞争日益激烈的情况下,营业推广是一种有效的竞争手段。通过提供优惠和增值服务,机构可以吸引更多的客户,提升市场份额。通过"赠送健康体检套餐"的活动,机构可以与其他竞争对手形成差异化竞争,吸引更多的潜在客户。

(6) 促进产品组合销售

营业推广可以通过套餐销售、捆绑销售等形式,促进产品的组合销售,提升产品的附加值。通过推出"养老套餐+康复服务"的组合产品,机构可以满足客户的多样化需求,增加销售额。

(二) 营业推广活动的策划与实施

1. 营业推广活动的策划步骤

(1) 市场调研与需求分析

在策划营业推广活动前,深入了解目标市场和客户需求至关重要。针对养老服务产品,需调研老年人及其家属对服务的认知、需求、价格敏感度、购买习惯等。例如,通过问卷调查发现老年人对健康养生类服务需求大但价格敏感,这为后续设计针对性的推广活动提供依据。同时,分析竞争对手的推广策略和市场表现,找出差异化竞争优势。

(2) 明确活动目标与预算

活动目标应具体、可衡量、可实现、相关性强和有时限性。例如,某养老机构在3个月内通过推广活动增加新客户数量30%。根据目标,结合企业资源,制订合理的预算。预算分配需涵盖宣传费用、优惠成本、人员费用等,确保活动在资源可控范围内开展。

(3) 创意构思与活动形式选择

创意是吸引客户的关键。养老服务产品的推广创意可围绕亲情、关怀、健康等元素展开,引发客户共鸣。例如,设计"孝心回馈月"活动,以"给父母一个温暖的家"为主题,突出亲情关怀。根据创意,选择合适的活动形式,如限时折扣、赠品、套餐优惠、免费体验等。针对对价格敏感的老年人,限时折扣活动能快速吸引关注;对于追求生活品质的老年人,赠送健康体检套餐更具吸引力。

(4) 制订详细活动计划

明确活动的时间、地点、流程、人员分工、资源需求等。活动时间应根据目标客户的生活习惯和市场机会确定,如节假日等是较好的推广时机。活动地点可选择在社区、老年活动中心等老年人聚集的地方,便于客户参与。活动流程要详细规划,确保每个环节顺畅衔接,避免出现混乱。人员分工明确,确定包括活动策划、宣传推广、现场执行、客户服务等各环节的负责人,确保活动顺利开展。

(5) 宣传推广与渠道选择

宣传推广是扩大活动影响力、提高参与度的重要手段。选择合适的宣传渠道至关重要。对于养老服务产品,可利用线上线下相结合的方式。线上通过社交媒体平台(如微信公众号、微博)发布活动信息,利用短视频平台(如抖音)制作活动宣传视频,吸引年轻人关注并带动老年人参与;线下在社区张贴海报、发放传单,与社区合作举办宣传活动,直接触达老年群体。同时,可与老年杂志、报纸合作,发布活动广告,提升活动的可信度和影响力。

2. 营业推广活动实施的要点

(1) 活动前的准备与预热

提前做好充分准备是营业推广活动成功的基础。除了场地布置、设备调试、人员培训等常规工作外,还需进行活动预热。通过提前发布活动预告信息,如在社交媒体上倒计时、在社区公告栏张贴预告海报等,引起目标客户的关注和期待,营造活动氛围,提高活动的参与率。

(2) 现场体验与互动设计

营业推广活动的现场体验至关重要。对于养老服务产品,可设置体验区,让老年人亲身体验服务项目,如康复护理、健康检测等,增强客户对服务的直观感受。同时,设计互动环节,如健康知识问答、老年才艺展示等,增加活动的趣味性和参与感,让客户在轻松愉快的氛围中了解产品和服务,提升客户对活动的满意度和对品牌的认同感。

(3) 客户服务与关系建立

在营业推广活动过程中,提供优质客户服务是增强客户满意度和忠诚度的关键。销售人员需热情接待客户,耐心解答疑问,根据客户需求提供个性化服务建议。活动结束后,及时跟进客户反馈,对有意向的客户进行回访,进一步沟通合作事宜;对未成交的客户,保持联系,定期推送产品信息和服务优惠,培养潜在客户,将活动的短期效果转化为长期客户关系。

(4) 数据收集与效果监测

活动实施过程中,要注重数据收集和效果监测。通过现场登记、线上报名等方式收集客户信息,为后续的客户关系管理提供数据支持。同时,实时监测活动的宣传效果、参与人数、销售数据等指标,及时发现问题并调整策略。例如:若发现某宣传渠道的参与人数较少,可及时调整宣传内容或增加宣传力度;若活动现场销售情况未达预期,可灵活调整促销政策或优化服务展示方式,确保活动目标的实现。

(三) 推广效果的评估与调整

1. 评估的方法

推广效果的评估是衡量营业推广活动成功与否的关键环节。通过评估活动的效果,可以总结经验教训,为后续的活动策划提供参考。常见的推广效果评估方法包括:

(1) 销售数据评估

销售数据是评估营业推广活动效果的直接指标。通过对比活动前后的销售额、销售量、客户转化率等数据,可以直观地了解活动对销售的促进作用。通过统计活动期间的销售额和客户数量,计算活动的销售增长率和客户转化率,评估活动的直接经济效益。

(2) 客户反馈评估

客户反馈是评估活动效果的重要依据。通过收集客户的反馈意见,可以了解客户对活动的满意度和改进建议。通过现场调查、问卷调查、在线评论等形式,收集客户对活动内容、形式、优惠力度等方面的反馈,分析客户的满意度和忠诚度。

(3) 媒体曝光评估

媒体曝光是评估活动传播效果的重要指标。通过统计活动在不同媒体上的曝光量、点击率、分享率等数据,可以了解活动的传播范围和影响力。比如:通过社交媒体分析工具,统计活动在微信、微博等平台上的曝光量和互动量;通过搜索引擎优化工具,统计活动新闻稿的点击率和传播范围。

(4) 市场份额评估

市场份额是评估活动长期效果的重要指标。通过对比活动前后的市场份额变化,可以了解活动对市场竞争力的提升作用。通过市场调研机构的数据,分析活动期间机构在市场中的占有率变化,评估活动对市场份额的贡献。

(5) 成本效益评估

成本效益是评估活动经济效益的重要指标。通过对比活动成本和活动收益,可以计算活动的投资回报率(ROI),评估活动的经济效益。通过统计活动的总成本(包括场地租赁、设备采购、人员费用等)和总收益(包括销售额、新增客户价值等),计算活动的投资回报率,评估活动的经济效益。

2. 调整的策略

根据推广效果评估的结果,对营业推广活动进行调整是确保活动持续优化的关键环节。以下是推广活动调整的主要策略:

(1) 优化活动形式

根据客户反馈和市场反应,优化活动形式。如果发现某次活动的优惠力度不够吸引人,可以调整优惠形式,增加折扣力度或赠送更多增值服务;如果发现活动形式过于单一,可以增加互动环节或创新活动主题,提升活动的趣味性和吸引力。

(2) 调整活动时间与地点

根据活动效果评估结果,调整活动的时间和地点。如果发现活动时间选择不当,导致参与人数较少,可以调整活动时间,选择目标客户更活跃的时间段;如果发现活动地点选择不合理,导致活动曝光度较低,可以调整活动地点,选择交通便利、人流量大的场所。

(3) 优化宣传渠道

根据媒体曝光评估结果,优化宣传渠道。如果发现某渠道的宣传效果不佳,可以减少该渠道的投入,增加其他效果更好的渠道;如果发现社交媒体的传播效果较好,可以进一步优化社交媒体的宣传内容和形式,提升活动的传播范围和影响力。

(4) 提升客户体验

根据客户反馈,优化活动的客户体验。如果客户反馈活动现场秩序混乱,可以加强现场管理,增加工作人员数量,优化活动流程;如果客户反馈活动内容不够丰富,可以增加互动环节或提供更多的增值服务,提升客户的满意度和忠诚度。

(5) 调整预算分配

根据成本效益评估结果,调整活动预算分配。如果发现某部分的预算投入产出比过低,可以减少该部分的预算,将资源分配到更具效益的环节;如果发现活动的整体成本过高,可以通过优化活动流程、减少不必要的开支等方式,降低活动成本,提升活动的投资回报率。

"以旧换新"促销战——老年辅具产品推广方案

1. 案例背景

某老年辅具企业面临库存积压问题,尤其是旧款轮椅等产品。市场调研发现,老年消费者对辅具产品的更新换代需求较高,但对价格较为敏感。同时,企业在推广新品时,缺乏有效的促销手段,导致新品市场占有率低。

为了清理旧款库存并推广新品,企业决定推出"以旧换新"活动,同时结合公益捐赠,提升品牌形象和社会责任感。此外,企业希望通过社区活动和专业服务,增强老年消费者对产品的信任度和满意度。

2. 案例目标

设计"以旧换新+公益捐赠"组合活动,提升老年辅具产品的销量与品牌形象,同时体现企业的社会责任。

3. 思政融入点

倡导环保与公益,如将旧轮椅捐赠给贫困地区。树立"绿色消费"和"公益先行"的理念,反对单纯以盈利为目标的营销策略。

4. 案例准备

材料:老年辅具产品库存数据、市场调研报告、相关政策文件。

工具:PPT模板、活动策划表格、H5页面设计工具。

5. 实施步骤(共45分钟,最后展示时间可适度延长)

表 7-3-1 实施步骤

阶段	任务	时间	要求
1. 方案设计	制订补贴规则(旧品折价+新品折扣)与捐赠流程	15分钟	需包含成本测算表,明确补贴标准和捐赠对象
2. 宣传策划	设计社区地推话术与线上H5互动页面	15分钟	突出"环保+公益"双主题,设计吸引人的宣传内容
3. 风险讨论	分析可能漏洞(如黄牛囤货)及防范措施	10分钟	提出至少2条解决方案,确保活动公平性
4. 路演提案	向模拟"企业高层"汇报方案	5分钟	强调社会价值与商业收益平衡,展示活动亮点

6. 案例考评标准(满分20分)

表 7-3-2 案例实施评价表

维度	评分细则	分数
促销吸引力(5分)	活动设计是否具有吸引力,能否有效提升销量	
成本可控性(5分)	活动成本是否合理,预算是否可行	
风险预见性(5分)	是否有效识别并防范潜在风险(如黄牛囤货)	
价值观传达效果(3分)	是否有效融入环保与公益理念,体现社会责任	
团队协作(2分)	组内分工是否合理,协作是否顺畅	

7. 案例总结

知识复盘：回顾营业推广策略的核心要点，强调促销活动的吸引力和风险控制的重要性。

价值观引导：如何在促销活动中平衡商业利益与社会责任？请带着这个问题继续学习。

8. 延伸思考

调研本地老年辅具企业的促销活动现状，分析其在吸引老年消费者和提升品牌形象方面的不足，并提出改进建议。探讨如何通过线上线下结合的方式，进一步提升老年辅具产品的市场覆盖率。

9. 常见误区

误区：过于关注促销活动的短期效果，而忽视长期品牌形象和社会责任的体现。

走出误区：强调公益活动和品牌形象在促销中的重要作用。

课后思考

1. 营业推广的定义与作用是什么？如何通过推广活动提升销售额？
2. 营业推广活动的策划与实施步骤有哪些？如何设计有效的推广方案？
3. 推广效果的评估与调整方法有哪些？如何根据评估结果优化推广策略？
4. 如何通过营业推广活动吸引新客户并增强客户忠诚度？
5. 在老龄产业中，如何通过创新的营业推广活动提升市场竞争力？

任务四 人员推销策略

案例导入

老年康复中心的销售人员招聘与培训

老李是一家老年康复中心的负责人，为了提升销售团队的能力，他制订了销售人员招聘与培训方案。他首先明确了招聘的标准，要求销售人员具备良好的沟通能力、服务意识和专业知识。在招聘过程中，他通过多种渠道，如招聘网站、人才市场等，吸引了大量的求职者。经过严格的筛选，他招聘了一批优秀的销售人员。在培训方面，他制订了详细的培训计划，包括产品知识、销售技巧、客户服务等内容。他还注重培训的效果评估，通过考试、实际操作等方式，检验销售人员的学习成果。通过这些招聘与培训措施，老李的老年康复中心销售团队能力不断提升，销售业绩也不断提高。

问题：
1. 你认为老李的老年康复中心在销售人员招聘与培训过程中，主要采取了哪些措施？
2. 如果你是老李，你还会采取哪些措施来进一步提升销售团队的能力？

任务目标

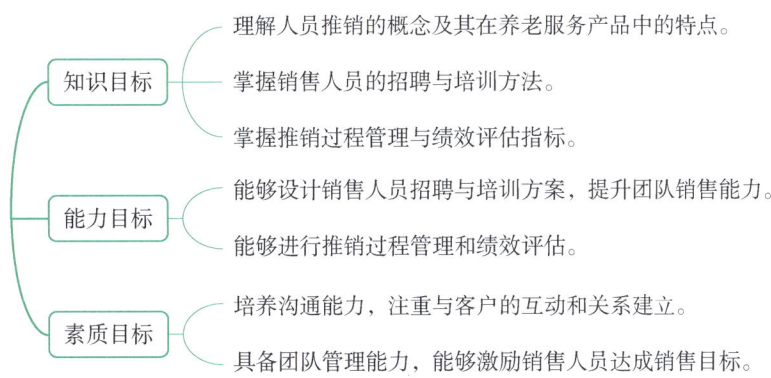

- 知识目标
  - 理解人员推销的概念及其在养老服务产品中的特点。
  - 掌握销售人员的招聘与培训方法。
  - 掌握推销过程管理与绩效评估指标。
- 能力目标
  - 能够设计销售人员招聘与培训方案，提升团队销售能力。
  - 能够进行推销过程管理和绩效评估。
- 素质目标
  - 培养沟通能力，注重与客户的互动和关系建立。
  - 具备团队管理能力，能够激励销售人员达成销售目标。

知识梳理

（一）人员推销及其特点

1. 人员推销

人员推销（Personal Selling）是指通过销售人员与客户之间的直接沟通和互动，传递产品信息，解答客户疑问，促进客户购买的一种促销方式（见图 7-4-1）。在养老服务领域，人员推销是重要的销售手段之一，尤其适用于高价值、复杂的服务产品，如机构养老服务、个性化护理服务等。

图 7-4-1 人员销售

人员推销的核心在于"人对人"的沟通，销售人员通过面对面的交流，能够深入了解客户的需求和期望，建立信任关系，从而更有效地促成销售。与广告、营业推广等其他促销手段相比，人员推销具有更强的针对性和灵活性，能够根据客户的反馈及时调整销售策略。

在养老服务领域，人员推销不仅是一种销售行为，更是一种服务体验。销售人员需要具备专业知识、良好的沟通能力和亲和力,能够向客户传递养老服务的价值和温暖。销售人员可以通过详细介绍机构的设施、服务内容和护理团队等,帮助客户更好地了解产品;通过分享其他客户的成功案例,增强客户的信任感;通过提供个性化的服务建议,满足客户的多样化需求。

2. 人员推销的优势

(1) 针对性强

人员推销能够针对客户的个性化需求提供定制化的服务建议。销售人员通过与客户的直接沟通,深入了解客户的年龄、健康状况、生活方式、预算等因素,从而提供最适合的服务方案。比如:对于身体状况较好的老年人,可以推荐社区养老服务或居家养老服务;对于需要专业护理的老年人,可以推荐机构养老服务,并详细介绍护理服务的内容和优势。

(2) 互动性强

人员推销是一种双向沟通的过程,销售人员可以通过与客户的互动,及时解答客户的疑问,消除客户的顾虑。客户可能对养老服务的价格、服务质量和设施环境等方面存在疑问,销售人员可以通过现场参观、案例分享和专业讲解等方式,帮助客户更好地了解产品,增强客户的信任感。

(3) 建立信任关系

在养老服务领域,信任是客户选择机构的重要因素之一。销售人员通过面对面的交流,能够展示机构的专业能力和服务态度,建立与客户的信任关系。销售人员可以通过分享机构的成功经验和客户反馈,展示机构的良好口碑;通过介绍护理团队的专业背景和服务理念,增强客户对机构的信任感。

(4) 灵活性高

人员推销可以根据客户的反馈及时调整销售策略。销售人员可以根据客户的兴趣点和需求,灵活调整讲解内容和推荐方案。如果客户对价格较为敏感,销售人员可以重点介绍机构的性价比优势;如果客户对服务内容更感兴趣,销售人员可以详细介绍服务的细节和个性化特点。

(5) 促进长期合作

人员推销不仅能够促成短期销售,还能够通过优质的服务和良好的沟通,促进客户的长期合作。销售人员可以通过定期回访客户,了解客户的服务体验,及时解决客户的问题,增强客户的满意度和忠诚度。销售人员可以通过电话回访、上门拜访等形式,与客户保持良好的沟通,及时发现客户的新需求,提供增值服务,促进客户的长期合作。

(二) 销售人员的招聘与培训

1. 销售人员招聘的标准

销售人员是人员推销的核心力量,其素质和能力直接影响销售效果。在养老服务领域,招聘合适的销售人员需要明确以下标准:

(1) 专业知识

销售人员需要具备养老服务领域的专业知识,包括养老服务的类型、服务内容、收费标准、政策法规等。销售人员应熟悉居家养老服务、社区养老服务和机构养老服务的区别和优势;了解养老服务的收费标准和优惠政策;掌握养老服务行业的相关政策法规,能够为客户提供准确的信息。

(2) 沟通能力

销售人员需要具备良好的沟通能力,能够与不同年龄、背景的客户进行有效的沟通。销售人员需要能够用通俗易懂的语言向老年人及其家属介绍服务内容;能够耐心倾听客户的诉求,及时解答客户的疑问;能够通过有效的沟通技巧,建立与客户的信任关系。

(3) 亲和力与同理心

养老服务领域的客户主要是老年人及其家属,他们对销售人员的亲和力和同理心有较高的要求。销售人员需要具备亲和力,能够与客户建立良好的第一印象;需要具备同理心,能够理解客户的感受和需求,给予客户温暖和关怀。销售人员可以通过微笑、礼貌用语等,展示亲和力;销售人员需要具备同理心,通过倾听客户的诉求,给予客户情感上的支持。

（4）销售经验与技能

具备销售经验的人员能够更快地适应工作环境,掌握销售技巧。养老服务机构在招聘销售人员时,可以优先考虑具有相关销售经验的人员,尤其是具有养老服务、健康管理、保险等行业销售经验的人员。同时,销售人员需要具备一定的销售技能,如客户开发、需求分析、产品推荐和异议处理等。

（5）学习能力与适应能力

养老服务行业是一个不断发展和变化的领域,销售人员需要具备较强的学习能力和适应能力,能够快速掌握新的知识和技能,适应市场变化。销售人员需要能够及时了解养老服务行业的最新政策法规、新技术应用、市场需求变化等,不断更新自己的知识体系;需要能够适应不同的工作环境和客户群体,灵活调整销售策略。

（6）职业道德与责任心

销售人员需要具备良好的职业道德和责任心,能够诚信地向客户传递产品信息,不夸大其词,不误导客户。养老服务机构的服务对象是老年人及其家属,销售人员需要具备高度的责任心,确保客户享受到优质的服务。销售人员需要严格按照机构的服务标准向客户介绍服务内容,需要及时跟进客户的反馈,解决客户的问题,确保客户的权益不受侵害。

2. 销售人员培训的内容

招聘到合适的销售人员后,系统的培训是提升销售人员能力的关键环节。养老服务机构需要根据销售人员的岗位需求和行业特点,制订全面的培训计划,培训内容通常包括产品知识、销售技巧、沟通技巧、客户关系管理、行业知识、职业道德与服务意识等。

（1）产品知识培训

销售人员需要深入了解养老服务机构的产品和服务内容,包括服务类型（居家养老、社区养老、机构养老等）、服务项目（生活照料、康复护理、健康管理等）、收费标准、设施环境等。通过产品知识培训,销售人员能够准确地向客户介绍服务的优势和特点,解答客户的疑问。培训内容可以包括机构的设施设备介绍、服务项目的具体内容、收费标准的详细说明等。

（2）销售技巧培训

销售技巧是销售人员必备的能力之一。培训内容可以包括客户开发、需求分析、产品推荐、异议处理、成交技巧等。通过角色扮演和案例分析的方式,销售人员可以学习如何开发潜在客户、如何分析客户的需求、如何推荐合适的服务方案、如何处理客户的异议以及如何促成交易。

（3）沟通技巧培训

沟通技巧是销售人员与客户建立良好关系的基础。培训内容可以包括语言表达技巧、倾听技巧、提问技巧、情绪管理技巧等。销售人员需要学习:如何用通俗易懂的语言向老年人及其家属介绍服务内容;如何通过有效的倾听技巧,了解客户的真正需求;如何通过提问技巧,引导客户表达自己的想法;如何通过情绪管理技巧,缓解客户的紧张情绪,建立良好的沟通氛围。

（4）客户关系管理培训

客户关系管理是销售人员的重要工作内容之一。培训内容可以包括客户信息管理、客户分类管理、客户维护技巧、客户投诉处理等。销售人员需要学习:如何使用客户关系管理系统（CRM系统）,记录客户的基本信息、购买历史、服务体验等;如何根据客户的价值和需求,对客户进行分类管理;如何通过定期

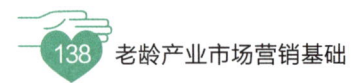

回访、节日问候、增值服务等方式,维护客户关系;如何处理客户的投诉,提升客户满意度。

(5) 行业知识培训

养老服务行业是一个政策性强、技术更新快的领域。销售人员需要了解养老服务行业的政策法规、市场动态、行业趋势等。销售人员需要了解国家和地方关于养老服务的政策法规,如养老服务补贴政策、长期护理保险政策等;需要了解养老服务市场的动态变化,如市场需求的变化、竞争对手的情况等;需要了解养老服务行业的最新技术应用,如智慧养老、康复设备等。

(6) 职业道德与服务意识培训

销售人员需要具备良好的职业道德和服务意识。培训内容可以包括职业道德规范、服务理念、服务标准等。销售人员需要学习如何诚信地向客户传递产品信息,不夸大其词,不误导客户;需要学习如何以客户为中心,提供优质的服务,满足客户的多样化需求;需要学习如何遵守机构的服务标准和职业道德规范,维护机构的形象和声誉。

(三) 推销过程管理与绩效评估

1. 推销过程管理的方法

推销过程管理是确保销售人员高效工作的关键环节。通过科学的过程管理,可以优化销售人员的工作流程,提升销售效率和客户满意度。以下是推销过程管理的主要方法:

(1) 制订销售计划

销售人员需要根据市场目标和客户需求,制订详细的销售计划。销售计划应包括目标客户群体、销售目标、销售策略、时间安排等内容。销售人员可以根据机构的市场定位,选择目标客户群体,如高收入老年人、失能半失能老年人等;根据市场调研结果,制订销售目标,如每月新增客户数量、销售额等;根据客户特点和市场环境,制订销售策略,如上门拜访、电话营销、社区活动等;根据销售任务的时间要求,制订详细的时间安排,确保销售计划的顺利实施。

(2) 客户开发与管理

客户开发是销售人员的重要工作内容之一。销售人员需要通过多种渠道开发潜在客户,如社区宣传、电话营销、线上推广等。同时,销售人员需要对客户进行分类管理,根据客户的购买意愿、购买能力、服务需求等因素,将客户分为重点客户、潜在客户、意向客户等不同类型,制订针对性的销售策略。对于重点客户,销售人员可以安排上门拜访,提供个性化的服务方案;对于潜在客户,销售人员可以通过电话回访、邮件推送等方式,保持与客户的联系,引导客户了解产品;对于意向客户,销售人员可以通过邀请客户参观机构、体验服务等方式,促进客户购买。

(3) 销售流程标准化

为了提升销售效率和客户满意度,养老服务机构需要制订标准化的销售流程。销售流程应包括客户接待、需求分析、产品推荐、异议处理、成交签约、售后服务等环节。销售人员在接待客户时,需要按照标准化的流程,热情接待客户,详细介绍机构的服务内容和优势;在需求分析阶段,销售人员需要通过有效的沟通技巧,了解客户的年龄、健康状况、服务需求等信息,为客户制订个性化的服务方案;在产品推荐阶段,销售人员需要根据客户需求,推荐合适的服务项目,解答客户的疑问;在异议处理阶段,销售人员需要通过专业的技巧,化解客户的顾虑,增强客户的购买意愿;在成交签约阶段,销售人员需要协助客户办理相关手续,确保交易的顺利进行;在售后服务阶段,销售人员需要及时跟进客户的反馈,解决客户的问题,提升客户的满意度。

(4) 定期培训与指导

为了提升销售人员的专业能力和服务水平,养老服务机构需要定期组织培训和指导活动。培训内容可以包括产品知识、销售技巧、沟通技巧、客户关系管理等方面。机构可以定期组织内部培训课程,邀请行业专家或内部优秀销售人员进行授课,分享销售经验和技巧;可以定期开展销售案例分析活动,通过分析成功的销售案例和失败的教训,提升销售人员的实战能力;可以安排销售经理对销售人员进行一对一的指导,帮助销售人员解决工作中遇到的问题,提升销售业绩。

(5) 监督与反馈机制

为了确保销售人员的工作质量和效率,养老服务机构需要建立监督与反馈机制。监督机制方面,可以通过销售管理系统、客户反馈系统、现场检查等方式,对销售人员的工作进行实时监督。通过销售管理系统,机构可以实时了解销售人员的工作进度、客户开发情况、销售业绩等信息;通过客户反馈系统,机构可以及时了解客户对销售人员的评价和服务体验,发现销售人员存在的问题;通过现场检查,机构可以了解销售人员的工作状态和服务态度,及时纠正销售人员的不当行为。反馈机制方面,可以通过定期的销售会议、客户满意度调查、销售人员自评等方式进行。通过定期召开销售会议,可以总结销售工作中的经验和教训,调整销售计划和策略;通过客户满意度调查,可以了解客户对销售人员的评价和服务体验,提升客户满意度;通过销售人员自评,可以了解销售人员的工作感受和需求,提升销售人员的工作积极性。

2. 绩效评估的指标

绩效评估是衡量销售人员工作效果的重要手段。通过科学的绩效评估,可以激励销售人员提升工作积极性和效率,同时为销售人员的晋升和培训提供依据。销售业绩、客户满意度、客户关系管理、个人能力提升、团队协作等是销售人员绩效评估的主要指标。

(1) 销售业绩指标

销售业绩是衡量销售人员工作效果的直接指标。常见的销售业绩指标包括销售额、销售量、新客户开发数量、客户转化率等。销售额是指销售人员在一定时间内实现的销售金额,反映了销售人员的销售能力;销售量是指销售人员在一定时间内销售的产品数量,反映了销售人员的市场拓展能力;新客户开发数量是指销售人员在一定时间内开发的新客户数量,反映了销售人员的市场开拓能力;客户转化率是指销售人员将潜在客户转化为实际客户的比例,反映了销售人员的销售技巧和客户沟通能力。养老服务机构可以根据市场目标和销售计划,为销售人员设定合理的销售业绩指标,并定期对销售人员的销售业绩进行评估。

(2) 客户满意度指标

客户满意度是衡量销售人员服务质量的重要指标。通过客户满意度调查,可以了解客户对销售人员的服务态度、专业知识、沟通能力等方面的评价。客户满意度调查可以通过问卷调查、电话回访、现场评价等方式进行,调查内容可以包括销售人员的服务态度、专业知识、沟通能力、解决问题的能力等方面。养老服务机构可以根据客户满意度调查结果,对销售人员的服务质量进行评估,并将客户满意度指标纳入销售人员的绩效考核体系,激励销售人员提升服务质量。

(3) 客户关系管理指标

客户关系管理是销售人员的重要工作内容之一。客户关系管理指标可以包括客户信息完整率、客户回访率、客户投诉处理及时率、客户忠诚度等。客户信息完整率是指销售人员录入客户关系管理系统(CRM 系统)的客户信息的完整性,反映了销售人员对客户信息的管理能力;客户回访率是指销售人员在一定时间内对客户的回访比例,反映了销售人员对客户的关注度;客户投诉处理及时率是指销售人员在客户投诉后及时处理的比例,反映了销售人员对客户问题的解决能力;客户忠诚度是指客户对销售人员和机构的忠诚度,可以通过客户的重复购买率、推荐率等指标进行衡量。养老服务机构可以通过客户关系管理指标,评估销售人员的客户关系管理能力,并将其纳入绩效考核体系,激励销售人员提升客户关系管理水平。

(4) 个人能力提升指标

个人能力提升是销售人员职业发展的基础。个人能力提升指标可以包括专业知识学习情况、销售技巧提升情况、沟通能力提升情况等。专业知识学习情况可以通过销售人员参加培训的次数、培训考核成绩等指标进行衡量；销售技巧提升情况可以通过销售人员在销售过程中的表现、销售案例分析结果等指标进行衡量；沟通能力提升情况可以通过销售人员在与客户沟通中的表现、客户反馈等指标进行衡量。养老服务机构可以通过个人能力提升指标，评估销售人员的职业发展情况，并为其提供培训和晋升机会，激励销售人员不断提升个人能力。

（5）团队协作指标

销售人员的工作不仅需要个人能力，还需要团队协作。团队协作指标可以包括团队合作项目完成情况、团队成员互评结果等。团队合作项目完成情况可以通过销售人员参与团队项目的次数、项目完成质量等指标进行衡量；团队成员互评结果可以通过团队成员对销售人员的评价、团队合作满意度等指标进行衡量。养老服务机构可以通过团队协作指标，评估销售人员的团队协作能力，并将其纳入绩效考核体系，激励销售人员提升团队协作能力。

总之，绩效评估是衡量销售人员工作效果的重要手段。通过科学的绩效评估指标体系，可以激励销售人员提升工作积极性和效率，同时为销售人员的晋升和培训提供依据。养老服务机构应根据自身的特点和市场目标，制订合理的绩效评估指标体系，确保绩效评估的公平性和有效性。

从"销售"到"顾问"——养老地产销售话术升级

1. 案例背景

某养老地产项目因销售人员过度推销引发客户反感，导致销售情况不佳。市场调研发现，客户对养老地产的需求不仅在于房产本身，更在于项目的配套设施、服务质量以及未来的养老生活体验。然而，销售人员在推销过程中过于强调产品优势，忽略了客户的实际需求和感受，导致客户信任度低。

为了提升销售业绩，项目负责人决定对销售人员进行培训，升级销售话术，从传统的"销售"模式转变为"顾问式销售"，真正了解客户需求，提供专业建议，建立长期信任关系。

2. 案例目标

培训销售人员从需求挖掘切入，建立长期信任关系，提升客户满意度和销售业绩，同时体现"以人为本"的服务理念。

3. 思政融入点

反对功利性销售，如禁止承诺虚假医疗资源。树立"诚信经营、客户至上"的价值观，反对虚假宣传和过度推销。

4. 案例准备

材料：养老地产项目资料、客户投诉记录、相关政策文件（如《房地产广告发布规定》）。

工具：PPT模板、销售话术设计表格、SPIN销售法资料。

5. 实施步骤（共45分钟，最后展示时间可适度延长）

表7-4-1 实施步骤

阶段	任务	时间	要求
1. 话术分析	对比新旧话术差异，标注伦理问题点（如"必须今天订"等高压销售话术）	10分钟	使用实际案例，分析问题话术
2. 场景演练	模拟客户拜访，包括子女代父母咨询、独居老人需求等场景	20分钟	使用SPIN销售法（现状、难点、暗示、需求），挖掘客户需求

(续表)

阶段	任务	时间	要求
3. 考核设计	制订包含"客户满意度"的绩效考核表	10分钟	区分量化指标(如成交率)和非量化指标(如客户反馈)
4. 总结反思	提炼"顾问式销售"三大原则	5分钟	结合案例说明,展示原则的实用性

6. 案例考评标准(满分20分)

表 7-4-2 案例实施评价表

维度	评分细则	分数
话术专业性(5分)	销售话术是否专业,是否符合顾问式销售理念	
需求挖掘深度(5分)	是否能有效挖掘客户需求,提供针对性建议	
考核科学性(5分)	绩效考核表是否科学合理,是否能有效评估销售人员表现	
伦理合规性(3分)	是否有效避免功利性销售,符合相关法律法规	
团队协作(2分)	组内分工是否合理,协作是否顺畅	

7. 案例总结

知识复盘:回顾人员推销策略的核心要点,强调顾问式销售和需求挖掘的重要性。

价值观引导:如何在销售中平衡客户需求与销售业绩?请带着这个问题继续学习。

8. 延伸思考

调研本地养老地产项目的销售策略,分析其在客户需求挖掘和信任建立方面的不足,并提出改进建议。探讨如何通过培训和考核机制,提升销售人员的专业素养和服务意识。

9. 常见误区

误区:过于关注销售业绩,而忽视客户需求和信任建立。

走出误区:强调客户需求挖掘和长期信任关系的重要性。

课后思考

1. 人员推销的定义与特点是什么?如何通过人员推销提升销售业绩?
2. 销售人员的招聘与培训方法有哪些?如何提升销售人员的专业能力?
3. 推销过程管理方法与绩效评估指标有哪些?如何通过管理提升销售效率?
4. 如何通过人员推销策略增强客户与企业的互动?
5. 在老龄产业中,如何通过人员推销提升客户的满意度和忠诚度?

项目八

养老服务产品环境设计

项目导读

> 环境不是消费的背景,而是消费本身。
>
> ——[美]伯德·施密特《体验式营销》

养老服务产品有形环境设计是企业针对老年消费群体,通过系统规划服务空间的物理属性、感官体验及文化氛围,将无形服务转化为可感知、可体验、可信任的实体要素,从而降低服务选择风险、提升情感认同并塑造差异化竞争优势的整体解决方案。其核心在于运用环境心理学、适老化设计原理及场景化思维,构建安全、舒适、有尊严的养老服务空间,使环境本身成为传递服务价值、建立情感连接的"沉默推销员"。

养老服务产品的无形性特性使老年消费者高度依赖环境线索判断质量,科学的环境设计能显著降低决策风险。老年群体的感官机能衰退与心理需求特殊性要求环境设计必须超越基础功能,承担情感支持功能。在现代市场营销策略中,有形环境已不仅是服务产品的功能载体,更是营销活动的体验载体。

养老服务产品有形环境设计包括服务产品有形展示和服务产品场景管理,二者存在递进互补的逻辑关联。服务产品有形展示聚焦静态环境要素的视觉化呈现,通过样板间实景、适老设施展示、员工形象规范等可量化标准,建立对服务品质的初步认知与理性信任,属于环境设计的"硬件基础"。服务产品场景管理则侧重动态体验的流程化营造,通过空间叙事、社交动线设计、文化氛围植入等策略,创造沉浸式体验与情感共鸣,属于环境设计的"软件升华"。从感知到体验再到认同,服务产品有形展示构建可信赖的物理框架,服务产品场景管理注入有温度的人文内核;前者奠定环境的功能可信度,后者提升情感忠诚度。当展示元素被科学嵌入场景流程,才能实现"安全可见"与"安全可感"的统一。

本项目系统阐释养老服务环境设计的理论体系与实践路径,旨在帮助企业在满足功能需求基础上,创造有温度的老龄生活空间,实现服务竞争力从"功能达标"到"体验卓越"的跃升。

项目导图

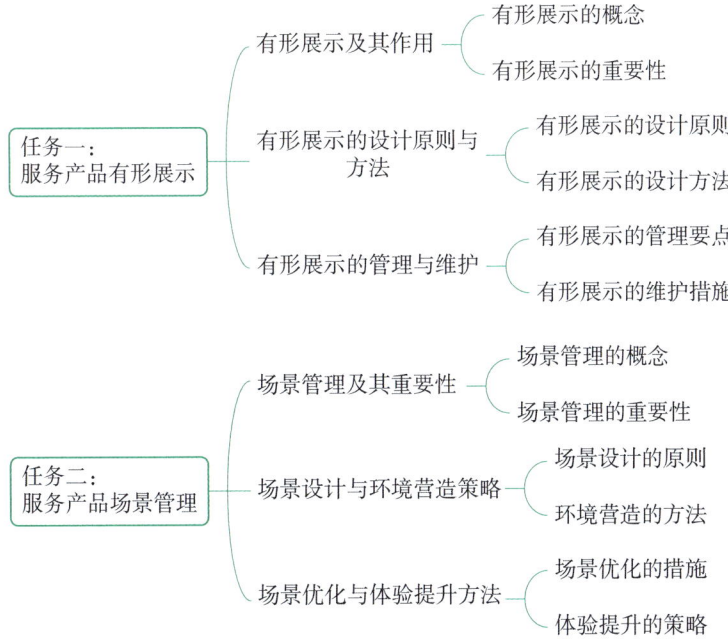

任务一 服务产品有形展示

案例导入

老年公寓的有形展示设计

某房地产开发商开发了一家老年公寓,他们尝试通过有形展示,提升老年公寓的吸引力。他们首先明确了有形展示的概念和作用,通过有形展示,让老年人和家属直观地了解老年公寓的环境、设施、服务等。在有形展示的设计原则与方法上,他们注重实用性、舒适性和美观性,从老年人的需求出发,设计了各种展示区域,如样板房、活动室、餐厅等。他们还注重有形展示的管理与维护,定期检查和维护展示区域的设施和环境,确保展示效果。通过这些有形展示设计,老年公寓的吸引力不断提升,入住率也不断提高。

问题:
1. 你认为该老年公寓在有形展示设计过程中,主要采取了哪些措施?
2. 如果你是开发商,你还会采取哪些措施来进一步提升有形展示的效果?

任务目标

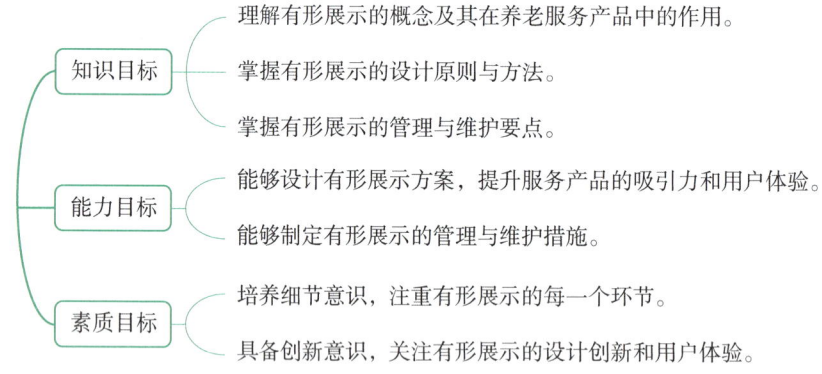

- 知识目标
  - 理解有形展示的概念及其在养老服务产品中的作用。
  - 掌握有形展示的设计原则与方法。
  - 掌握有形展示的管理与维护要点。
- 能力目标
  - 能够设计有形展示方案,提升服务产品的吸引力和用户体验。
  - 能够制定有形展示的管理与维护措施。
- 素质目标
  - 培养细节意识,注重有形展示的每一个环节。
  - 具备创新意识,关注有形展示的设计创新和用户体验。

知识梳理

(一)有形展示及其作用

1. 有形展示

有形展示是指通过视觉、听觉、触觉等感官体验,向客户传递服务产品的信息,增强客户对服务的认知和感知。在养老服务领域,有形展示是服务产品的重要组成部分,它不仅能够帮助客户更好地了解服务内容,还能提升客户的信任感和满意度。

与实体产品不同,服务产品往往具有无形性,客户在购买前难以直观地感知服务的质量和价值。因此,有形展示成为养老服务机构向客户传递服务信息的重要手段。通过有形展示,机构可以将无形的服务转化为具体的、可感知的元素,帮助客户更好地理解服务的优势和特点。

有形展示的形式多样,包括服务设施、服务环境、员工形象、宣传资料、服务流程展示等。养老服务机构可以通过展示舒适的居住环境、先进的医疗设备、专业的护理团队、丰富的文化活动等,向客户传递高品质服务的信息(见图8-1-1)。通过有形展示,机构不仅能够吸引客户的注意力,还能增强客户的信任感和购买意愿。

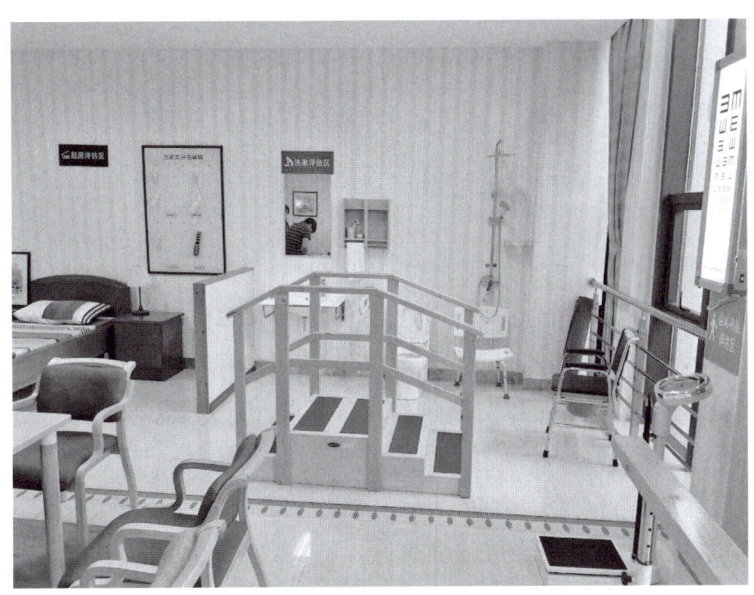

图8-1-1 养老机构专业评估设备设施展示

2. 有形展示的重要性

(1) 增强服务的感知性

由于服务产品的无形性,客户在购买前往往难以直观地感知服务的质量和价值。有形展示通过将服务转化为具体的、可感知的元素,帮助客户更好地理解服务内容。通过展示舒适的居住环境、先进的医疗设备、专业的护理团队等,机构可以向客户传递高品质服务的信息,增强客户对服务的感知性。

(2) 提升客户信任感

在养老服务领域,客户对机构的信任是选择服务的重要因素之一。有形展示通过展示机构的服务能力和专业水平,增强客户的信任感。通过展示机构的资质证书、员工的专业背景、服务的成功案例等,机构可以向客户展示其专业性和可靠性,从而提升客户的信任感。

(3) 增强市场竞争力

在竞争激烈的养老服务市场中,有形展示是机构提升市场竞争力的重要手段。通过优化有形展示,机构可以突出自身的优势和特色,与竞争对手形成差异化竞争。通过打造独特的服务环境、提供个性化的服务体验、展示先进的服务设施等,机构可以吸引更多的客户,提升市场份额。

(4) 提升客户满意度和忠诚度

有形展示不仅在吸引新客户方面发挥重要作用,还能提升现有客户的满意度和忠诚度。通过持续优化有形展示,机构可以为客户提供更好的体验,增强客户对机构的认同感和归属感。通过定期更新宣传资料、改善服务环境、提升员工形象等方式,机构可以向客户展示其不断进步和创新的形象,从而提升客户的满意度和忠诚度。

(5) 促进口碑传播

有形展示通过为客户创造良好的体验,促进客户的口碑传播。满意的客户更愿意向他人推荐机构的服务,从而扩大机构的市场影响力。通过展示丰富的文化活动、舒适的居住环境等,机构可以为客户创造愉悦的体验,促进客户的口碑传播。

(6) 提升品牌形象

有形展示是品牌形象的重要组成部分,通过优化有形展示,机构可以提升品牌形象,增强品牌美誉度。通过打造高端的服务环境、展示专业的服务团队、提供优质的宣传资料等,机构可以向客户传递高品质的品牌形象,提升品牌在市场中的知名度和美誉度。

(二) 有形展示的设计原则与方法

1. 有形展示的设计原则

有形展示的设计是养老服务产品的重要环节,它需要遵循一定的原则,以确保设计效果能够满足客户需求,提升客户体验。

(1) 客户导向原则

有形展示的设计应以客户需求为核心,充分考虑客户的感知和体验。养老服务机构需要通过市场调研和客户反馈,了解客户对服务环境、设施、员工形象等方面的需求和期望,从而设计出符合客户需求的有形展示。老年人对居住环境的舒适性和安全性有较高要求,机构可以通过优化房间布局、改善设施设备等方式,提升客户的居住体验。

(2) 一致性原则

有形展示的设计应与机构的品牌形象和服务理念保持一致。机构需要通过统一的设计风格、色彩搭配、标识系统等,向客户传递一致的品牌信息。机构的品牌定位为"高端养老社区",其有形展示应通过高端的设施设备、优雅的环境设计、专业的员工形象等方式,传递高品质服务的信息。

(3) 功能性与美观性相结合原则

有形展示的设计不仅要满足功能需求,还要注重美观性。养老服务机构需要在满足服务功能的基础上,通过优化设计,提升服务环境的美观性。机构可以通过合理的空间布局、精美的装饰设计、舒适的家具配置等方式,提升服务环境的美观性和舒适性。

(4) 创新性原则

有形展示的设计应注重创新性,通过引入新的设计理念和技术手段,提升服务的独特性和竞争力。机构可以通过引入智能化服务设施、打造特色文化活动空间、设计个性化的服务体验等方式,突出自身的优势和特色。

(5) 可持续性原则

有形展示的设计应注重可持续性,通过使用环保材料、节能设备、绿色设计等方式,提升服务的可持续性。养老服务机构可以通过优化建筑设计、采用环保材料、引入节能设备等方式,降低服务运营成本,提升服务的可持续性。

(6) 安全性原则

在养老服务领域,安全性是设计有形展示的重要原则。机构需要通过合理的空间布局、安全设施配置、无障碍设计等,如设置无障碍通道、安装安全扶手、配备紧急呼叫系统,确保老年人安全,提升老年人的安全感。

2. 有形展示的设计方法

在遵循设计原则的基础上,养老服务机构需要采用科学的设计方法,以确保有形展示的效果能够满足客户需求,提升客户体验。

(1) 服务环境设计

服务环境是客户感知服务的重要载体,养老服务机构需要通过优化服务环境,提升客户的体验。服务环境设计可以包括建筑外观设计、室内空间布局、装饰风格选择、绿化景观设计等(见图8-1-2、图8-1-3)。机构可以通过打造温馨、舒适的居住环境,提升客户的居住体验;可以通过优化空间布局,提升服务的便利性和安全性;可以通过精美的装饰设计,提升服务环境的美观性。

图8-1-2　室外环境

图8-1-3　餐厅环境

(2) 服务设施设计

服务设施是养老服务的重要组成部分,机构需要通过优化服务设施,提升服务的质量和效率。服务设施设计可以包括医疗设施、康复设施(见图8-1-4)、生活设施、休闲设施(见图8-1-5)等方面。机构

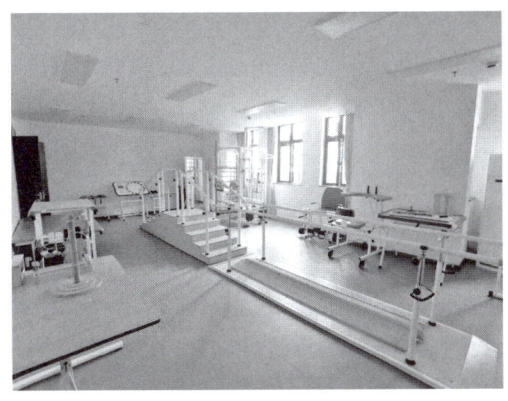

图8-1-4　康复设施

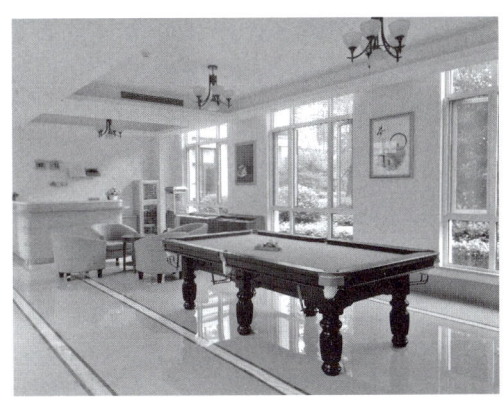

图8-1-5　休闲设施

可以通过引入先进的医疗设备,提升医疗服务水平;可以通过配备专业的康复设备,满足老年人的康复需求;可以通过优化生活设施,提升老年人的生活质量。

(3) 员工形象设计

员工是服务的直接提供者,员工形象直接影响客户的感知和服务体验。养老服务机构需要通过优化员工形象,提升服务的专业性和亲和力。员工形象设计可以包括员工服装、仪容仪表、行为规范等方面。机构可以通过统一的员工服装,展示机构的专业形象;可以通过规范员工的仪容仪表和行为举止,提升服务的亲和力(见图8-1-6)。

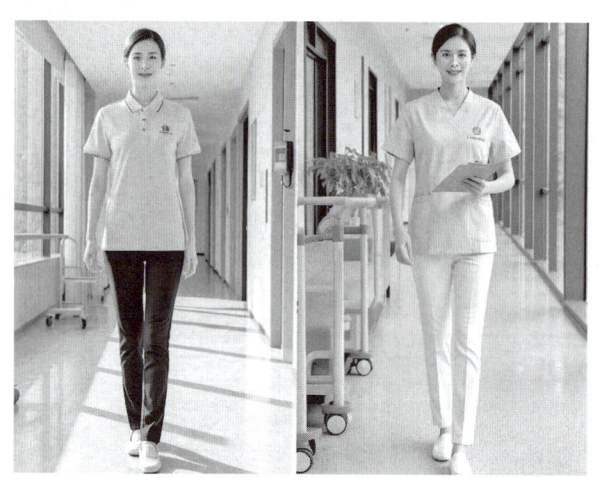

图8-1-6　员工形象设计

(4) 宣传资料设计

宣传资料是客户了解服务的重要途径,养老服务机构需要通过优化宣传资料,提升客户对服务的认知和感知。宣传资料设计可以包括宣传册、海报(见图8-1-7)、视频、网站等方面。机构可以通过制作精美的宣传册,详细介绍服务内容和优势;可以通过制作宣传视频,展示服务的真实场景和客户体验(见图8-1-8);可以通过优化网站设计,提升客户获取信息的便利性。

图8-1-7　企业宣传海报

图8-1-8　企业宣传片

(5) 服务流程展示设计

服务流程展示是帮助客户了解服务的重要手段,养老服务机构需要通过优化服务流程展示,提升客户的信任感和满意度。服务流程展示设计可以包括服务流程图(见图 8-1-9)、服务标准展示(见图 8-1-10)、服务案例分享等。机构可以通过制作服务流程图,向客户展示服务的各个环节;可以通过展示服务标准,提升服务的透明度;可以通过分享服务案例,增强客户的信任感。

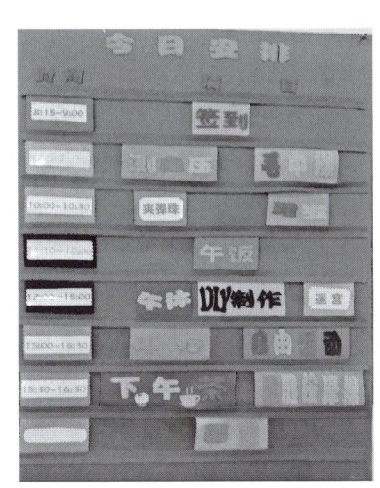
图 8-1-9　今日活动流程

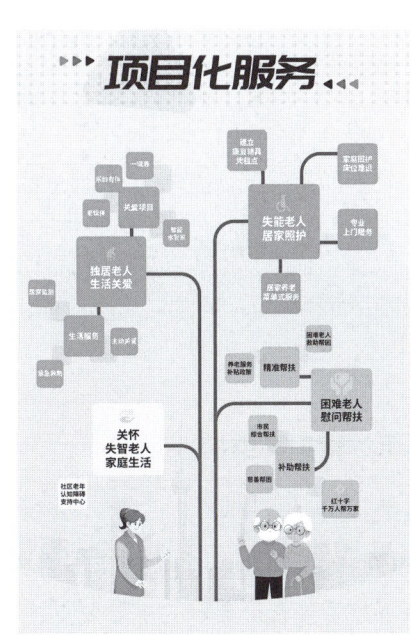
图 8-1-10　服务项目清单

(6) 互动体验设计

互动体验是提升客户参与感和满意度的重要手段,养老服务机构需要通过设计互动体验,增强客户的体验感。互动体验设计可以包括体验活动(见图 8-1-11)、互动设施、客户反馈机制等。机构可以通过举办体验活动,让客户亲身体验服务的质量(见图 8-1-12);可以通过设置互动设施,增强客户的参与感;可以通过建立客户反馈机制,及时了解客户的需求和意见。

图 8-1-11　助老服务体验

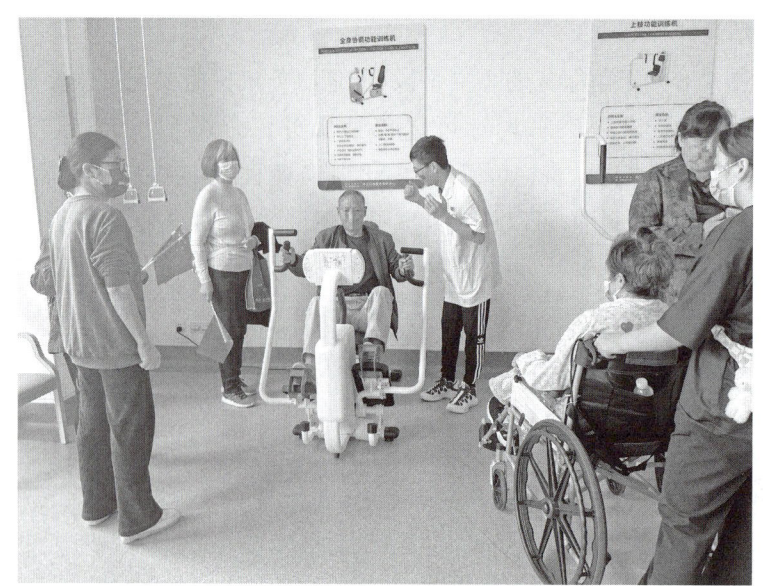

图 8-1-12 康复体验开放日

(三) 有形展示的管理与维护

1. 有形展示的管理要点

有形展示的管理是确保其效果的重要环节,养老服务机构需要通过科学的管理,确保有形展示能够持续发挥作用。以下是管理有形展示的主要要点:

(1) 制订管理标准

养老服务机构需要制定统一的管理标准,确保有形展示的效果能够达到预期目标。管理标准可以包括服务环境的清洁标准、服务设施的维护标准、员工形象的行为规范、宣传资料的更新标准等方面。机构可以通过制定清洁标准,确保服务环境的整洁和卫生;可以通过制定维护标准,确保服务设施的正常运行;可以通过制定行为规范,确保员工形象的专业性和亲和力。

(2) 建立监督机制

机构需要建立监督机制,确保有形展示的管理能够落实到位。监督机制可以通过定期检查、客户反馈、员工自评等方式,对有形展示的管理情况进行监督。机构可以通过定期检查,发现管理中存在的问题;可以通过客户反馈,了解客户对有形展示的评价;可以通过员工自评,了解员工对管理标准的执行情况。

(3) 加强培训与指导

机构需要通过培训与指导,提升员工对有形展示管理的意识和能力。培训内容可以包括管理标准的解读、监督机制的执行、问题解决的方法等。机构可以通过组织内部培训课程,向员工解读管理标准;可以通过现场指导,帮助员工解决管理中遇到的问题;可以通过案例分析,提升员工对问题的解决能力。

(4) 持续优化管理

有形展示的管理需要持续优化,机构需要根据市场变化和客户需求,不断调整管理标准和方法。机构可以通过市场调研,了解客户对有形展示的新需求;可以通过客户反馈,发现管理中存在的问题;可以通过引入新的管理理念和技术手段,提升管理效率和效果。

2. 有形展示的维护措施

有形展示的维护是确保其效果的重要环节,养老服务机构需要通过科学的维护措施,确保有形展示能够持续发挥作用。以下是维护有形展示的主要措施:

（1）定期清洁与消毒

服务环境的清洁和消毒是维护有形展示的重要措施。养老服务机构需要定期对服务环境进行清洁和消毒，确保环境的整洁和卫生。机构可以通过制订清洁计划，安排专人负责服务环境的清洁工作；可以通过定期消毒，消除环境中的细菌和病毒，提升客户的健康安全感。

（2）设施设备维护

服务设施的维护是确保有形展示正常运行的重要措施。养老服务机构需要定期对服务设施进行维护和保养，确保设施设备的正常运行。机构可以通过制订维护计划，安排专人负责设施设备的维护工作；可以通过定期检查，发现设施设备的潜在问题，及时进行修复和更换。

（3）员工形象管理

员工形象的维护是提升服务专业性和亲和力的重要措施。养老服务机构需要通过定期培训和检查，提升员工的形象管理水平。机构可以通过组织仪容仪表培训，提升员工的形象意识；可以通过定期检查，确保员工的服装、仪容仪表符合标准。

（4）宣传资料更新

宣传资料的更新是确保有形展示有效性的重要措施。养老服务机构需要根据市场变化和服务更新，定期更新宣传资料，确保资料的准确性和时效性。机构可以通过定期更新宣传册、海报、视频等内容，向客户传递最新的服务信息；可以通过优化网站内容，提升客户获取信息的便利性。

（5）客户反馈处理

客户反馈的处理是提升有形展示效果的重要措施。养老服务机构需要建立客户反馈机制，及时处理客户的反馈意见，提升客户的满意度。机构可以通过设立客户反馈渠道，收集客户的反馈意见；可以通过及时处理客户的投诉和建议，提升客户的信任感。

看得见的"温度"——养老院环境可视化改造

1. 案例背景

某养老院因环境压抑、标识不清、缺乏人文关怀，导致老年人情绪低落，家属满意度也不高。市场调研发现，尽管养老院的硬件设施基本齐全，但整体环境缺乏温馨感和归属感，且存在安全隐患（如走廊昏暗、地面防滑不足）。此外，养老院在信息展示方面也存在不足，如紧急呼叫按钮的位置不明显，老年人在需要时可能难以找到。

为了提升老年人的生活体验和家属的满意度，养老院决定进行环境可视化改造，通过有形展示传递关怀理念，营造一个安全、舒适、温馨的居住环境。

2. 案例目标

设计一套包含标识系统、空间布局优化和安全提示的环境改造方案，通过有形展示传递关怀理念，提升老年人的生活体验和家属的满意度。

3. 思政融入点

尊重老年人尊严，如设置"隐私保护提示牌"和"个性化床位布置"，树立"以人为本"的服务理念，反对形式主义，确保改造方案真正满足老年人需求。

4. 案例准备

材料：养老院现有环境照片、老年人需求调研报告、相关政策文件（如《养老机构服务安全基本规范》）。

工具：PPT 模板、平面图设计软件、标识设计工具（如 Adobe Illustrator）。

5. 实施步骤(共 45 分钟,最后展示时间可适度延长)

表 8-1-1 实施步骤

阶段	任务	时间	要求
1. 痛点诊断	通过照片分析现有环境问题(如走廊昏暗、标识不清)	10 分钟	标注安全隐患点和老年人反馈的问题
2. 视觉设计	设计适老化标识(如紧急呼叫按钮图标、防滑地贴)	15 分钟	使用对比色增强辨识度,确保标识清晰易懂
3. 空间模拟	用纸板模型展示公共活动区改造方案(如怀旧角、智能互动区)	10 分钟	确保空间布局合理,满足老年人多样化需求
4. 成本评估	估算改造费用并申请虚拟政府补贴	5 分钟	引用《养老机构适老化改造指南》,确保预算合理

6. 案例考评标准(满分 20 分)

表 8-1-2 案例实施评价表

维度	评分细则	分数
安全性(5分)	改造方案是否有效解决安全隐患,如防滑、增加照明等	
适老化细节(5分)	标识设计和空间布局是否充分考虑老年人需求,如对比色使用、无障碍设计	
成本合理性(5分)	改造预算是否合理,是否有效利用政府补贴	
情感温度体现(3分)	改造方案是否体现人文关怀,如个性化布置、隐私保护	
团队协作(2分)	组内分工是否合理,协作是否顺畅	

7. 案例总结

知识复盘:回顾服务产品有形展示的核心要点,强调适老化设计和人文关怀的重要性。

价值观引导:如何在环境改造中体现对老年人的尊重和关怀?请带着这个问题继续学习。

8. 延伸思考

调研本地养老院的环境设计现状,分析其在适老化和人文关怀方面的不足,并提出改进建议。探讨如何通过数字化手段(如智能标识系统),进一步提升养老院的环境安全性和舒适性。

9. 常见误区

误区:过于关注视觉效果,而忽视适老化设计和老年人的实际需求。

走出误区:强调功能性和情感关怀的重要性。

课后思考

1. 有形展示的定义与作用是什么?如何通过有形展示提升客户认知?
2. 有形展示的设计原则与方法有哪些?如何通过设计原则提升客户体验?
3. 有形展示的管理与维护要点有哪些?如何通过管理提升展示效果?
4. 如何通过有形展示设计提升养老服务产品的吸引力?
5. 在老龄产业中,如何通过有形展示增强客户的信任感?

任务二 服务产品场景管理

案例导入

老年康复中心的场景设计

老李是一家老年康复中心的负责人,为了提升康复中心的环境和服务质量,他尝试进行场景管理。他首先明确了场景管理的概念和重要性,想要通过场景设计,为老年人营造一个舒适、温馨的康复环境。在场景设计与环境营造策略上,他注重细节,从房间布置、设施配备、绿化景观等方面,都进行了精心设计。他还注重场景优化与体验提升方法,根据老年人的反馈和需求,不断优化场景设计,提升老年人的康复体验。通过这些场景管理措施,老李的老年康复中心环境和服务质量不断提升,老年人的满意度也不断提高。

问题:
1. 你认为该老年康复中心在场景管理过程中,主要采取了哪些措施?
2. 如果你是老李,你还会采取哪些措施来进一步提升场景管理的效果?

任务目标

- 知识目标
  - 理解场景管理的概念及其在养老服务产品中的重要性。
  - 掌握场景设计与环境营造策略。
  - 掌握场景优化与体验提升方法。
- 能力目标
  - 能够设计场景管理方案,营造舒适的用户体验环境。
  - 能够根据实施效果进行优化和提升。
- 素质目标
  - 培养用户体验意识,关注场景设计对用户感受的影响。
  - 具备创新意识,能够不断优化场景设计和用户体验。

知识梳理

(一)场景管理及其重要性

1. 场景管理

场景管理是指通过对服务环境中的物理空间、氛围、文化背景等元素的系统设计和优化,为客户创造特定的体验和情感共鸣。在养老服务领域,场景管理不仅关注硬件设施的布局和设计,更注重通过环境营造、文化活动、社交互动等手段,提升老年人的生活质量和幸福感。

2. 场景管理的重要性

(1)提升老年人的生活质量

场景管理通过优化服务环境,为老年人创造舒适、便利的生活条件,从而提升其生活质量。通过无障碍设计、适老化家具、安全设施等,减少老年人在日常生活中的不便和风险;通过合理的空间布局和环境美化,提升老年人的居住舒适度。

(2)增强老年人的心理幸福感

场景管理不仅关注物理环境的优化,更注重通过文化活动、社交互动等,满足老年人的心理需求。通过举办文化活动、节日庆典、社交聚会等,丰富老年人的精神生活,增强其归属感和幸福感;通过营造温馨、亲切的氛围,让老年人感受到"家"的温暖。

(3)促进老年人的社会参与

场景管理通过营造开放、包容的社区环境,促进老年人之间的互动和交流,增强其社会参与感。通过设置公共活动区域、组织志愿者活动、开展兴趣小组等,鼓励老年人积极参与社区生活,提升其社会价值感。

(4)提升服务的整体品质

场景管理通过优化服务环境和文化氛围,提升服务的整体品质,增强机构的市场竞争力。通过打造高端的居住环境、丰富的文化活动、专业的服务团队等,提升机构的品牌形象和服务质量。

(5)增强客户满意度和忠诚度

场景管理通过为客户创造愉悦的体验,增强客户的满意度和忠诚度。通过优化服务环境、提升服务质量、丰富文化活动等,让客户感受到机构的用心和关怀,从而提升客户的满意度和忠诚度。

(6)促进员工与客户之间的互动

场景管理通过营造良好的工作环境和文化氛围,促进员工与客户之间的互动,提升服务质量。通过设置员工与客户互动的区域、组织员工与客户共同参与的活动等,增强员工与客户之间的信任和合作。

(二)场景设计与环境营造策略

1. 场景设计的原则

(1)人性化原则

场景设计应以老年人的需求为核心,充分考虑其生理和心理特点。通过无障碍设计、适老化家具、安全设施等,满足老年人的生理需求;通过营造温馨、亲切的氛围,满足老年人的心理需求。

(2)功能性与美观性相结合原则

场景设计不仅要满足功能需求,还要注重美观性。养老服务机构需要在满足服务功能的基础上,通过优化设计,提升服务环境的美观性。通过合理的空间布局、精美的装饰设计、舒适的家具配置等,提升服务环境的美观性和舒适性。

(3)安全性原则

在养老服务领域,安全性是场景设计的重要原则。机构需要通过合理的空间布局、安全设施配置、无障碍设计等方式,确保老年人的安全。通过设置无障碍通道、安装安全扶手、配备紧急呼叫系统等,提升老年人的安全感。

(4)文化性原则

场景设计应融入文化元素,营造富有文化氛围的环境。养老服务机构可以通过设置文化展示区、举办文化活动、设计文化主题区域等方式,丰富老年人的精神生活,增强其文化认同感。通过设置书法绘画区、戏曲表演区等,满足老年人的文化爱好。

(5)社交性原则

场景设计应注重社交互动,促进老年人之间的交流和联系。养老服务机构可以通过设置公共活动区域、组织社交活动、开展兴趣小组等方式,增强老年人之间的互动和联系。通过设置棋牌室、健身区、花园等公共区域,促进老年人之间的交流和互动。

(6) 可持续性原则

场景设计应注重可持续性,可以通过优化建筑设计、采用环保材料、引入节能设备等方式,降低服务运营成本,提升服务的可持续性。

2. 环境营造的方法

(1) 空间布局优化

合理的空间布局是环境营造的基础。养老服务机构需要根据老年人的需求和生活习惯,优化空间布局。通过设置无障碍通道、宽敞的走廊、舒适的休息区等,提升老年人的活动便利性;通过合理划分功能区域,如生活区、活动区、医疗区等,提升服务的效率和质量。

(2) 环境美化与装饰

环境美化与装饰是提升服务环境美观性的重要手段。养老服务机构可以通过精美的装饰设计、绿化景观设计、艺术作品展示等方式,营造温馨、舒适的环境。设置绿植、花卉等绿化景观,可以提升环境的自然感;悬挂艺术作品、设置文化展示区等,可以丰富环境的文化氛围。

(3) 设施设备配置

设施设备的配置是环境营造的重要环节。养老服务机构需要根据老年人的需求,配置适老化设施设备。通过配备适老化家具、无障碍卫生间、智能健康监测设备等,提升老年人的生活便利性和安全性。

(4) 文化活动组织

文化活动是丰富老年人精神生活的重要手段。养老服务机构可以通过组织文化活动、节日庆典、兴趣小组等方式,营造富有文化氛围的环境。通过举办书法绘画活动、戏曲表演、节日庆典等,满足老年人的文化爱好,增强其文化认同感。

(5) 社交互动促进

社交互动是提升老年人幸福感的重要手段。养老服务机构可以通过设置公共活动区域、组织社交活动、开展兴趣小组等方式,促进老年人之间的交流和联系。通过设置棋牌室、健身区、花园等公共区域,促进老年人之间的互动和交流。

(6) 氛围营造

氛围营造是环境营造的重要环节。养老服务机构可以通过灯光设计、音乐播放、布置香薰等方式,营造温馨、舒适的氛围。柔和的灯光设计、舒缓的背景音乐、清新的香薰等,能够给老年人带来轻松、舒适的感受,增强幸福感。

(三) 场景优化与体验提升方法

1. 场景优化的措施

场景优化是确保场景管理持续发挥作用的重要环节。养老服务机构需要通过科学的优化措施,不断提升场景设计的效果,满足老年人的需求。

(1) 定期评估与反馈

养老服务机构需要定期对场景设计进行评估,收集老年人和员工的反馈意见。通过问卷调查、座谈会、现场观察等方式,了解老年人对服务环境的满意度;通过员工反馈,了解场景设计在实际运营中的问题。

(2) 持续改进

根据评估和反馈结果,养老服务机构需要持续改进场景设计。通过优化空间布局、更新设施设备、调整装饰风格等方式,提升服务环境的质量和舒适性。

(3) 引入新技术和新理念

养老服务机构需要引入新技术和新理念,提升场景设计的科学性和前瞻性。通过引入智能化设备、绿色设计理念、适老化新技术等,提升服务环境的品质和可持续性。

(4) 加强员工培训

养老服务机构需要通过培训,提升员工对场景管理的意识和能力。通过组织场景设计培训、服务意识培训、客户体验培训等,帮助员工更好地理解和执行场景管理的要求。

(5) 客户参与

养老服务机构需要鼓励老年人参与场景优化过程,提升其满意度和归属感。通过组织老年人参与环境美化、文化活动策划等,增强其参与感和幸福感。

2. 体验提升的策略

体验提升是场景管理的核心目标。养老服务机构需要通过科学的策略,提升老年人的服务体验,增强其满意度和幸福感。

(1) 个性化服务

养老服务机构需要根据老年人的需求和偏好,提供个性化的服务体验。通过定制化的服务套餐、个性化的活动安排、提供专属的服务区域等方式,满足老年人的多样化需求。

(2) 情感关怀

养老服务机构需要通过情感关怀,提升老年人的心理幸福感。通过营造"家"的氛围、提供亲情化服务、组织情感互动活动等方式,让老年人感受到温暖和关怀。

(3) 社交互动

养老服务机构需要通过社交互动,提升老年人的社会参与感。通过组织社交活动、兴趣小组、志愿者活动等方式,促进老年人之间的交流和互动,增强其社会价值感。

(4) 文化体验

养老服务机构需要通过文化体验,丰富老年人的精神生活。通过举办文化活动、节日庆典、文化讲座等方式,满足老年人的文化需求,增强其文化认同感。

(5) 健康管理

养老服务机构需要通过健康管理,提升老年人的生活质量。通过配备专业的医疗团队、提供健康监测服务、组织健身活动等方式,保障老年人的健康。

沉浸式体验设计——老年文娱活动场景优化

1. 案例背景

某社区老年活动中心参与率低,主要原因是活动场景单调、缺乏吸引力。市场调研发现,老年人对文娱活动的需求多样化,包括棋牌、书画、舞蹈、戏曲等,但活动中心的场景设计未能充分满足这些需求。此外,活动中心的设施布置较为陈旧,缺乏互动性和沉浸感,导致老年人参与活动的积极性不高。

为了提升活动中心的参与率,社区决定对活动场景进行优化,通过沉浸式体验设计增强老年人的参与感和归属感,同时促进代际融合,吸引更多年轻人参与社区活动。

2. 案例目标

重构活动空间布局与流程,增强沉浸感与安全感,设计包含功能分区、互动环节和代际融合元素的场景优化方案,提升老年人的参与率和活动体验。

3. 思政融入点

促进代际融合,如设置"亲子手工角""青年志愿者互动日",树立"代际和谐"的理念,反对年龄隔离,体现社会包容性。

4. 案例准备

材料:社区老年活动中心现有布局图、老年人活动需求调研报告、相关政策文件(如《社区居家养老服务规范》)。

工具:PPT 模板、平面图设计软件(如 SketchUp)、情景剧脚本模板。

5. 实施步骤(共 45 分钟,最后展示时间可适度延长)

表 8-2-1 实施步骤

阶段	任务	时间	要求
1. 需求调研	通过访谈模拟提炼老人偏好(如棋牌、园艺、舞蹈)	10 分钟	区分活跃老年人与沉默老年人需求,记录关键需求点
2. 场景设计	划分功能区域(静态区、动态区、社交区)并设计动线	15 分钟	标注无障碍设施位置,确保安全性和便利性
3. 风险预判	分析场景隐患(如舞蹈区地面防滑不足)	10 分钟	提出 3 项改进措施,确保场景安全
4. 方案展示	用平面图+情景剧,演示场景使用流程	10 分钟	突出"参与感提升"和"代际融合"元素

6. 案例考评标准(满分 20 分)

表 8-2-2 案例实施评价表

维度	评分细则	分数
功能分区合理性(5 分)	功能区域划分是否合理,是否满足老年人多样化需求	
风险控制能力(5 分)	是否有效识别并解决场景安全隐患	
代际融合设计(5 分)	是否有效融入代际融合元素,如亲子互动区	
展示清晰度(3 分)	平面图和情景剧是否清晰展示场景优化效果	
团队协作(2 分)	组内分工是否合理,协作是否顺畅	

7. 案例总结

知识复盘:回顾服务产品场景管理的核心要点,强调功能分区、安全性和代际融合的重要性。

价值观引导:如何在场景设计中促进代际融合,提升老年人的参与感?请带着这个问题继续学习。

8. 延伸思考

调研本地社区老年活动中心的场景设计现状,分析其在功能分区和代际融合方面的不足,并提出改进建议。探讨如何通过数字化手段(如智能互动设备),进一步提升老年活动中心的吸引力和参与度。

9. 常见误区

误区:过于关注场景的视觉效果,而忽视功能性和安全性。

走出误区:强调功能分区和安全设计的重要性。

课后思考

1. 场景管理的定义与重要性是什么?如何通过场景管理提升客户体验?

2. 场景设计与环境营造策略有哪些？如何通过设计原则提升场景效果？
3. 场景优化与体验提升方法有哪些？如何通过优化提升客户满意度？
4. 如何通过场景管理增强客户的参与感和幸福感？
5. 在老龄产业中，如何通过场景设计提升企业的市场竞争力？

项目九

养老服务产品流程设计

项目导读

> 流程不是约束,而是解放——它让卓越的服务从偶然变为必然。
> ——[美]詹姆斯·赫斯克特《服务利润链和服务平衡点:改变游戏规则》

你是否曾在景区门口排过一眼望不到尽头的长长队伍？你是否有过在餐厅等了足足三十分钟都没有上菜的体验？你是否曾在混乱嘈杂的市场活动现场不知所措？这一切糟糕的感受是服务没有按照既定流程进行或者服务流程设计错误的结果。养老服务产品流程设计是企业针对老年群体需求特性,对服务接触点、交互逻辑、资源协同机制进行科学规划与动态优化的方法论体系,是老龄产业市场营销的重要手段之一。

养老服务产品的强人身依附性与高风险性要求企业的服务标准化和精细化,养老服务产品的无形性也要求企业掌握流程优化的有效工具,而更深远的意义在于,优秀流程本身构成竞争壁垒,能够形成显著的差异化,这在老龄产业市场营销中无疑是十分重要的。

服务过程设计与再造是实施流程优化的重要手段,其立足全局,提供了顶层架构。通过分析现有流程痛点,对服务逻辑进行重组与创新,提出"做什么"的战略问题。服务蓝图则是可视化落地工具,其核心功能在于提供可量化的分析框架,确保再造方案精准落地,解决"怎么做"的战术问题。二者构成闭环:过程再造定义服务蓝图,服务蓝图将过程再造拆解为可执行步骤并验证效果;过程再造为服务蓝图提供方向,服务蓝图为过程再造提供反馈,共同推动流程持续进化。

本项目旨在系统介绍养老服务流程的规划与执行的理论知识,帮助企业构建标准化服务链条的能力,提升通过可视化工具实现流程控效的技能,让顾客在享受服务的过程中感受到企业的专业性和以客户为中心的理念,推动企业在市场中取得更大的成功。

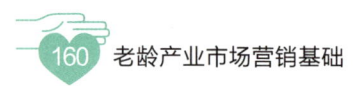

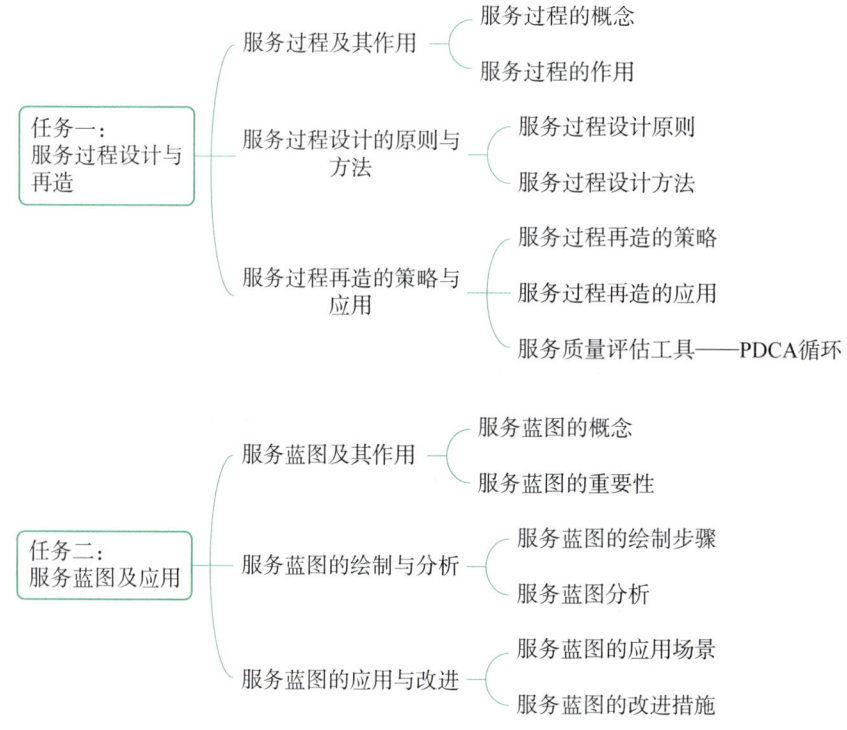

任务一 服务过程设计与再造

案例导入

老年康复中心的服务过程设计

老李是一家老年康复中心的负责人,为了提升康复服务的质量,他尝试进行服务过程的设计与再造。他首先明确了服务过程的概念和特点,想要通过服务过程设计,为老年人提供更加高效、优质的康复服务。在服务过程设计的原则与方法上,他注重流程的标准化和优化,从老年人的需求出发,设计了各种康复服务流程,如康复评估、康复计划制订、康复训练等。他还注重服务过程再造的策略与应用,根据市场反馈和客户需求,不断优化服务过程,提升服务效率和质量。通过这些服务过程设计与再造措施,老李的老年康复中心服务质量不断提升,老年人的满意度也不断提高。

问题:
1. 你认为老李的老年康复中心在服务过程设计过程中,主要采取了哪些措施?
2. 如果你是老李,你还会采取哪些措施来进一步提升服务过程的效果?

任务目标

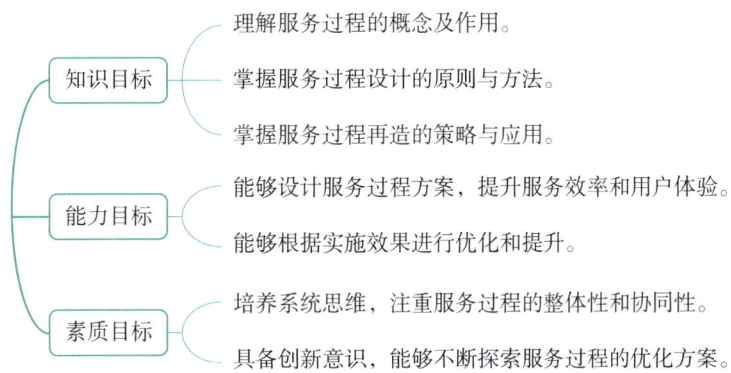

知识梳理

(一)服务过程及其作用

1. 服务过程

服务过程是指服务提供者为满足客户需求而进行的一系列有序活动的集合。在养老服务领域,服务过程涵盖了从客户咨询、评估、签约到服务实施、反馈收集等各个环节。服务过程的设计和管理直接影响服务的质量、效率和客户满意度。

服务过程的核心在于"有序性"和"客户导向性"。有序性确保服务的连贯性和高效性,客户导向性则强调以客户需求为中心,提供个性化和高质量的服务。养老服务机构的服务过程可能包括:咨询阶段——客户通过电话或现场咨询,了解服务内容和费用;评估阶段——专业人员对老年人的身体状况、心理需求等进行评估;签约阶段——客户与机构签订服务合同,明确双方的权利和义务;服务实施阶段,提供护理、康复、餐饮、文化活动等服务;反馈与改进阶段——收集客户反馈,优化服务流程。服务过程的设计需要综合考虑客户需求、服务资源、政策法规等多方面因素,以确保服务的高效性和满意度。养老服务机构应将服务过程视为一个整体,通过系统化的设计和管理,提升服务品质。

2. 服务过程的作用

在服务营销领域,服务过程是服务产品的重要组成部分,尤其在养老服务业中,其作用更为关键。养老服务业的服务过程具有长期性、复杂性和高情感投入的特点,直接影响客户的满意度、忠诚度以及机构的市场竞争力。

(1) 服务过程是客户体验的核心

老年人在享受养老服务时,从入住咨询、健康评估、日常护理到文化娱乐活动等各个环节,都构成了他们的服务体验。一个精心设计、执行良好的服务过程,能够让老年人感受到关怀、尊重和安全,从而提升他们对服务的满意度。一家养老机构在接待老年人咨询时,工作人员耐心倾听、细致解答,并根据老年人的身体状况和需求,为其量身定制个性化的服务方案。这种贴心的服务过程会让老年人及其家属感受到机构的专业性和人文关怀,进而增加对机构的信任和好感。

(2) 服务过程是差异化竞争的关键

在养老服务业竞争日益激烈的当下,服务过程的优化能够使机构脱颖而出。通过提供独特、高效、温馨的服务过程,机构可以树立良好的品牌形象,吸引更多的客户。比如,某些高端养老社区推出"管家式服务",从老年人入住的那一刻起,就有专属管家负责协调各项事务,包括生活照料、医疗安排、社交活动等,让老年人享受全方位的便捷服务。这种差异化的服务过程,不仅满足了老年人多样化的需求,还能有效提升机构的市场竞争力。

(3) 服务过程对员工与客户的关系构建有着深远影响

在服务过程中,员工与老年人之间建立的互动关系,直接影响老年人对服务的感知。良好的服务过程设计能够促进员工与老年人之间的沟通与信任,使老年人感受到被关注和重视。护理人员在日常护理中,不仅关注老年人的身体健康,还通过定期的谈心、组织兴趣小组活动等方式,与老年人建立起深厚的情感联系。这种情感纽带不仅能提升老年人的生活质量,还能降低员工的流失率,形成稳定的客户服务关系。

(4) 服务过程的优化有助于提升服务效率和质量

通过合理规划服务流程、明确各岗位职责,养老机构可以减少服务过程中的冗余环节,提高服务的响应速度和准确性。引入信息化管理系统,实现老年人健康数据的实时监测和共享,医护人员能够根据数据及时调整护理方案,从而提升服务的专业性和有效性。

(5) 客户参与性

服务过程是机构收集客户反馈、进行持续改进的重要内容。在服务过程中,养老机构可以通过多种方式收集老年人及其家属的意见和建议,如定期的满意度调查、家属座谈会等。这些反馈信息能够帮助机构及时发现服务中的问题和不足,进而优化服务内容和流程,实现服务品质的不断提升。

(二) 服务过程设计的原则与方法

1. 服务过程设计原则

(1) 客户导向原则

服务过程设计应以客户需求为核心,充分考虑客户的感知和体验。养老服务机构需要通过市场调研和客户反馈,了解客户对服务内容、服务方式、服务环境等方面的需求和期望,从而设计出符合客户需求的服务过程。老年人对服务的便捷性和舒适性有较高要求,机构可以通过优化服务流程、改善服务环境等方式,提升客户的体验。

(2) 标准化原则

服务过程设计应遵循标准化原则,确保服务的一致性和高质量。养老服务机构需要制订统一的服务标准和操作流程,通过标准化的培训和管理,确保每个环节的服务质量符合标准。机构可以通过制订护理服务标准、餐饮服务标准等,提升服务的标准化水平。

(3) 灵活性原则

服务过程设计应具备一定的灵活性,以应对客户需求和市场变化。养老服务机构需要在标准化的基础上,预留一定的灵活性,以满足客户的个性化需求。机构可以通过提供个性化的服务套餐、定制化的活动安排等方式,提升客户的满意度。

(4) 效率原则

服务过程设计应注重效率,减少客户等待时间和资源浪费。养老服务机构需要通过优化流程、合理配置资源等方式,提升服务效率。机构可以通过引入智能化设备、优化服务流程等方式,减少客户的等待时间,提升服务效率。

(5) 协作性原则

服务过程设计应强调团队协作,确保服务的连贯性和高效性。养老服务机构需要通过明确岗位职责、加强员工培训等方式,提升团队协作能力。机构可以通过组织跨部门培训、建立协作机制等方式,增强员工之间的协作和沟通。

(6) 持续改进原则

服务过程设计应注重持续改进,通过定期评估和优化,提升服务质量。养老服务机构需要通过收集客户反馈、分析服务数据等方式,发现服务过程中的问题和不足,并进行优化改进。机构可以通过定期开展客户满意度调查、服务流程评估等方式,持续改进服务过程。

2. 服务过程设计方法

(1) 标准化操作流程(SOP)制订

标准化操作流程(Standard Operating Procedure,SOP)是确保服务质量和效率的重要手段。标准化操作流程(SOP)是一种详细描述特定操作的文档,旨在实现服务交付的一致性、效率和质量。在服务营销领域,标准化操作流程(SOP)涵盖了从客户咨询、服务请求处理、问题解决到服务交付的全过程。通过实施标准化操作流程(SOP),企业能够确保每位员工都能按照既定的最佳实践执行任务,从而提高客户满意度和业务效率。养老服务机构需要根据服务流程图,制订详细的标准化操作流程(SOP),明确每个环节的操作步骤、责任人、时间节点和质量标准。机构可以通过制订护理服务标准化操作流程(SOP)、餐饮服务标准化操作流程(SOP)等,提升服务的标准化水平,减少因人为因素导致的服务质量波动。

标准化操作流程(SOP)的制订过程包括:

① 需求分析与目标设定。明确服务管理的目标和预期成果,了解客户的需求、服务团队的能力以及现有流程中的痛点。目标设定应当具体、可衡量,并且与企业的整体战略相一致。

② 流程梳理与优化。对现有的服务流程进行梳理,识别出哪些环节可以优化,哪些步骤是必要的。通过流程优化,可以消除不必要的步骤,简化复杂流程,从而提高服务效率。

③ 制订标准化操作流程(SOP)文档。详细描述每个步骤的操作流程、所需资源、责任人以及预期结果。文档应当清晰、准确,易于理解,以便所有团队成员都能遵循。

××养老机构咨询接待管理制度(完整版)

④ 培训与实施。对服务团队进行培训,确保每个人都理解并能够执行这些标准作业。实施阶段需要监督和指导,以确保标准化操作流程(SOP)得到正确执行,并在实践中不断调整和完善。

⑤ 监控与评估。定期监控和评估标准化操作流程(SOP)的效果,通过收集反馈、分析数据,发现标准化操作流程(SOP)在实际执行中的问题,并进行必要的调整。

××养老机构接待管理制度(部分示例)

一、接待职责及人员分工

1. 老年人和相关第三方接待

负责人:客户关系经理

岗位职责:负责接待前来咨询的老人和相关第三方,全面了解他们的需求和期望,详细介绍养老机构的服务内容、设施设备、收费标准等信息,解答咨询者的各类疑问;收集并整理咨询者的意见和建议,及时反馈给相关部门,协助跟进潜在客户的入住事宜,定期回访咨询者,提供后续服务支持,确保咨询接待工作流程的连贯性和服务的高质量。

2. 探视人员接待

负责人:前台

岗位职责:在探视接待区域热情迎接探视人员,办理登记、检查等手续,告知探视的相关流程和注意事项。引领探视人员前往老人所在区域,确保探视过程的顺利进行,维护探视秩序,保障老人和探视人员的安全与舒适。在探视结束后,将探视人员安全送出,并记录探视情况,及时反馈给相关部门。

3. 团体来访者接待

负责人:办公室

岗位职责:负责与团体来访者提前沟通联系,确定来访目的、人员数量、时间安排等事宜,制订详细的接待方案并协调内部资源,安排专人负责接待和讲解,展示养老机构的特色服务和优势。组织团体来访者参观机构设施,安排交流互动环节,收集团体来访者的反馈意见,整理并记录相关接待资料,为后续的活动策划和合作拓展提供参考依据,确保团体接待工作的专业性和高效性。

二、接待服务流程

(一)接待前准备

1. 环境布置:由行政后勤人员每日提前对所有接待区域进行全面清洁,确保环境整洁舒适,营造愉悦的接待氛围。

2. 信息更新:咨询接待人员每日上班后及时更新养老机构的最新政策、服务内容等信息,确保提供的信息准确无误。

（二）接待流程

接待流程见图9-1-1。

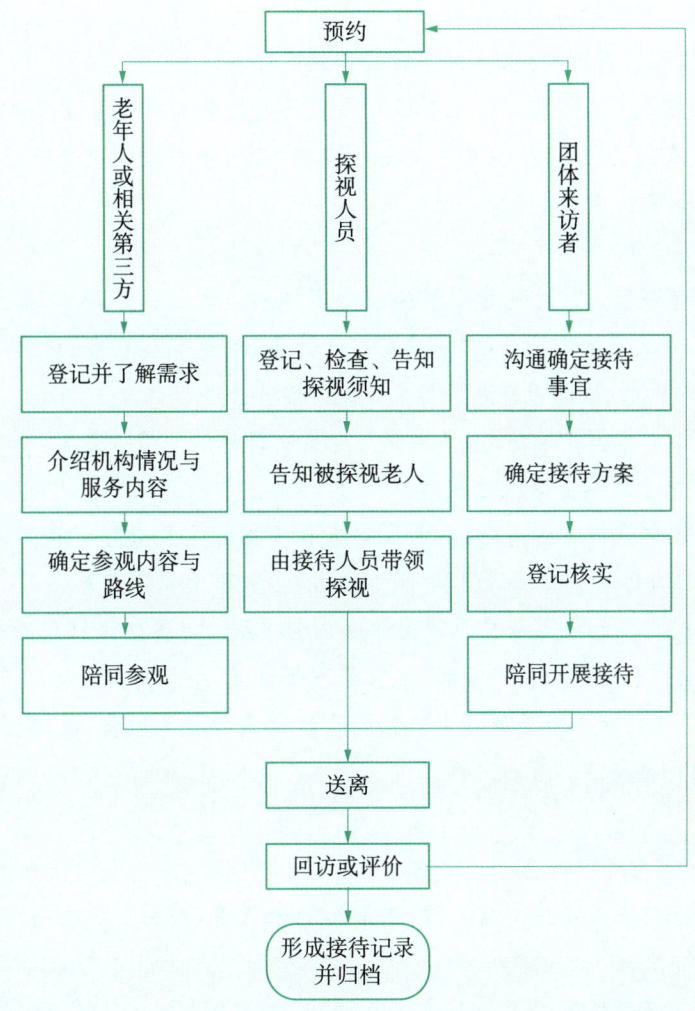

图9-1-1 ××养老机构接待流程图

1. 老年人和相关第三方接待流程

登记与需求了解。客户关系经理热情接待来访者，详细登记其身份信息、联系方式等基本资料，耐心倾听并记录来访者的需求和担忧，包括对养老服务项目、居住环境、护理标准等方面的期望。

介绍机构情况与服务内容。根据来访者的需求，客户关系经理详细介绍养老机构的整体概况、设施设备、服务团队、各类服务项目的具体内容、收费标准以及优惠活动等信息，结合宣传资料、实地参观等方式，让来访者更直观地了解机构优势。

确定参观内容与路线。根据来访者的兴趣点和关注的重点服务项目，客户关系经理为其规划个性化的参观路线，涵盖居住区、餐饮区、娱乐活动区、医疗保健区等主要功能区域，确保参观过程全面且有重点。

陪同参观。在参观过程中，客户关系经理全程陪同，详细介绍各区域的功能和特色，解答来访者的疑问，展示机构的专业服务和温馨的居住环境，同时注意观察来访者的反应，及时调整讲解重点。

2. 探视人员接待流程

做好接待工作。探视接待专员在探视入口处迎接探视人员，认真核对探视人员的身份信息，做好登记工作，对探视人员携带的物品进行安全检查，确保无违禁品进入。向探视人员详细告知探视须知，包括探视时间、注意事项、行为规范等，引导探视人员遵守养老机构的规定。

告知被探视老人。探视接待专员在确认探视人员信息无误后，及时通知被探视老人及其所在楼层的护理人员，告知探视人员即将到达，以便做好相应的准备。

由接待人员带领探视。探视接待专员带领探视人员前往老人所在区域，途中可简单介绍养老机构的基本情况和环境布局，到达后将探视人员交给护理人员，由护理人员负责后续探视过程的协助和管理，确保探视过程安全、有序、温馨。

3. 团体来访者接待流程

（1）沟通确定接待事宜。活动统筹专员提前与团体来访者负责人联系，详细了解团体的性质、来访目的、人员构成、时间安排等信息，沟通确定接待方案，包括参观内容、讲解重点、互动环节等安排，并根据团体规模和需求，协调相关部门和人员做好接待准备。

（2）确定接待方案。根据沟通结果，活动统筹专员制订详细的接待方案，明确接待流程、人员分工、物资准备等事项，报上级领导审批后执行。

（3）登记核实。团体来访者到达时，活动统筹专员安排专人负责登记核实人员信息，确保与预约信息一致，同时再次向团体负责人强调参观过程中的注意事项和纪律要求。

（4）陪同开展接待。活动统筹专员带领团体来访者按照预定的路线参观养老机构，安排专业讲解人员详细介绍机构的服务理念、特色项目、运营管理等情况，组织安排互动环节，如与老人交流、观摩护理操作等，让团体来访者充分了解养老机构的运作模式和服务质量，收集团体来访者的反馈意见，及时解答问题，确保接待活动顺利进行。

（三）接待后工作

（1）送别。所有接待人员在接待结束后，热情送别来访者，感谢他们的到访，并留下联系方式，方便后续跟进和反馈。

（2）回访或评价。在接待后的3个工作日内，咨询接待人员通过电话、邮件或问卷等方式对来访者进行回访，收集满意度评价，了解来访者对接待工作的意见和建议，对反馈的问题及时进行记录和整理，并协调相关部门进行改进。

（3）形成接待记录并归档。咨询接待人员在接待结束后1个工作日内，将接待过程中的各类信息进行整理，形成详细的接待记录，包括接待时间、来访者信息、接待内容、反馈意见等，按照档案管理要求进行归档，以便日后查询和分析。

（2）服务蓝图应用

服务蓝图是通过可视化的方式展示服务前台和后台活动的工具，帮助机构优化服务流程，提升服务质量。养老服务机构可以通过服务蓝图，识别服务过程中的关键接触点和瓶颈环节，优化服务流程，提升客户体验。比如，机构通过服务蓝图，发现接待咨询环节的客户信息录入效率低下，从而优化后台支持流程，提升服务效率。

（3）服务场景模拟

服务场景模拟是通过模拟实际服务场景，测试服务流程的可行性和效率。养老服务机构可以通过服务场景模拟，如模拟老年人入住场景，测试服务流程的连贯性和效率，发现潜在问题并优化服务流程。

（4）数据分析与优化

数据分析是优化服务过程的重要手段。养老服务机构可以通过收集和分析服务数据，如客户满意度数据、服务效率数据、资源分配数据等，发现服务过程中的问题和瓶颈环节，优化服务流程。比如，机构通过分析客户满意度调查结果，发现客户对餐饮服务的满意度较低，从而优化餐饮服务流程，提升服务质量。

（三）服务过程再造的策略与应用

1. 服务过程再造的策略

服务过程再造是指对服务过程进行根本性的重新设计，以实现显著的绩效改进。在养老服务领域，服务过程再造是提升服务质量、优化服务效率的重要策略。

（1）以客户为中心的再造

服务过程再造应以客户需求为核心，通过优化服务流程，提升客户体验。养老服务机构需要通过市场调研和客户反馈，了解客户对服务内容、服务方式、服务环境等方面的需求和期望，从而进行服务过程再造。机构可以通过优化服务流程，减少客户的等待时间，提升客户的满意度。

（2）流程简化与优化

服务过程再造应注重流程的简化与优化，减少冗余环节和资源浪费。养老服务机构需要通过分析服务流程，识别冗余环节和瓶颈环节，进行流程简化与优化。机构可以通过引入智能化设备，优化服务流程，提升服务效率。

（3）跨部门协作的强化

服务过程再造应强调跨部门协作，通过优化团队协作，提升服务的连贯性和高效性。养老服务机构需要通过明确岗位职责、加强员工培训、建立协作机制等方式，提升团队协作能力。机构可以通过组织跨部门培训，增强员工之间的协作和沟通。

（4）技术创新与应用

服务过程再造应注重技术创新与应用，通过引入新技术，提升服务的效率和质量。养老服务机构需要通过引入智能化设备、信息化管理系统等，优化服务流程，提升服务质量。机构可以通过引入智能健康监测设备，提升护理服务的效率和质量。

（5）持续改进与优化

服务过程再造应注重持续改进与优化，通过定期评估和优化，提升服务过程的质量和效率。养老服务机构需要通过收集客户反馈、分析服务数据等方式，发现服务过程中的问题和不足，并进行优化改进。机构可以通过定期开展客户满意度调查，持续改进服务过程。

2. 服务过程再造的应用

服务过程再造的应用是确保服务流程优化的重要环节，在养老服务领域，服务过程再造是提升服务质量、满足老年人日益多样化需求的关键举措。养老服务机构需运用科学方法推动服务过程再造落地生根。

（1）成立再造团队

养老服务机构应组建专门的服务过程再造团队，负责规划、实施和评估再造工作。团队成员应涵盖管理层、一线护理人员、后勤保障人员以及老年人或家属代表，确保再造过程充分考虑各方需求和意见。例如，护理人员能够指出实际操作中的痛点，老年人及其家属能从使用者角度提出期望。养老服务机构可以通过跨部门选拔，组建专业且多元的再造团队，为服务过程再造提供有力支持。

（2）进行现状分析

在实施服务过程再造之前，养老服务机构需对现有服务流程进行全面的现状分析，识别问题和瓶颈环节。可以运用服务蓝图等工具，分析现有服务流程的效率和质量问题。例如，通过绘制服务蓝图，梳理老年人从入住到离院的全流程，发现诸如入院手续烦琐、护理服务响应不及时等关键问题，为后续再造提供依据。

（3）设计再造方案

依据现状分析结果，机构需设计服务过程再造方案，明确再造目标、实施步骤和预期效果。目标表述应具体、清晰、可达成，并有达成时间要求，如目标可以是"缩短老年人入住手续办理时间至2小时内"或"提高护理服务响应速度，确保10分钟内到达"。制订详细的再造计划，明确每个阶段的任务和时间节点，确保再造过程的顺利实施。比如，将再造计划分为筹备期、试点期和全面推行期，每个阶段都有具体的任务清单和完成时间。

（4）实施再造方案

机构需按照再造方案逐步实施服务过程再造。在实施过程中，加强沟通和协调，确保各方积极配合。通过组织培训，让护理人员熟悉新的服务流程；开展宣传，向老年人及其家属介绍服务改进的内容和意义，提升他们的理解和参与度。

（5）评估与优化

实施完成后，机构需对服务过程再造的效果进行全面评估，收集老年人及其家属和员工的反馈意见，优化再造方案。可以通过客户满意度调查、服务效率评估等方式，评估再造效果。例如：开展老年人及其家属满意度调查，了解他们对新服务流程的评价；统计护理服务响应时间等指标，对比再造前后的数据，发现存在的问题并进行优化。

3. 服务质量评估工具——PDCA 循环

PDCA 循环是美国质量管理专家爱德华兹·戴明提出的一种质量管理方法，也被称为"戴明环"。它由四个相互关联的阶段组成，即计划（Plan）、执行（Do）、检查（Check）和处理（Act），这四个阶段循环往复，推动服务质量的不断提升。（见图9-1-2）

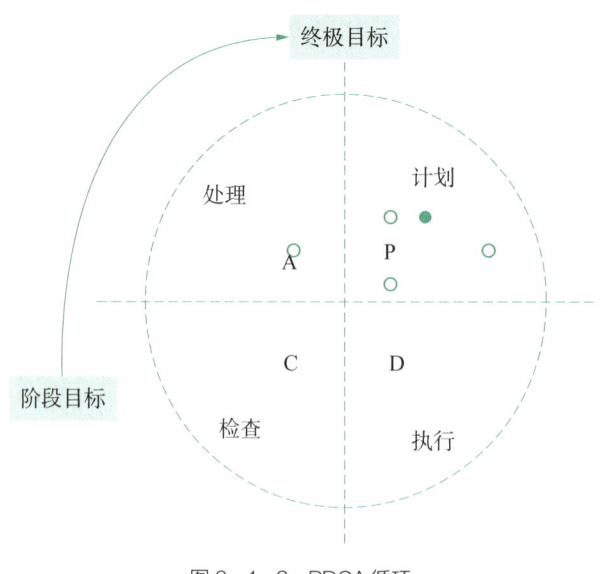

图 9-1-2 PDCA 循环

PDCA 循环在服务质量控制中的使用方法：

（1）计划阶段

① 明确目标。确定服务改进的具体目标，锚定如"提升老年人月满意度至96%""将投诉率降至1%以下"等具体目标。

② 分析现状。收集和分析与服务质量相关的数据，包括客户反馈、员工表现、服务流程等，以了解当前服务的优势和不足。例如：分析老年人对餐饮服务的满意度调查结果，发现菜品单一、口味偏淡等问题；统计护理服务的投诉记录，发现夜间护理服务不到位等情况。

③ 制订计划。根据目标和现状分析，制订详细的服务改进计划，包括具体的措施、责任分配和时间表。比如，针对餐饮服务问题，计划引入营养师制订个性化菜单，责任分配给餐饮部门负责人，设定一个月内完成初步改进的时间表。

（2）执行阶段

① 实施计划。按照制订的服务改进计划，组织员工进行具体的服务改进活动，如培训员工、优化服务流程等。比如：组织护理人员进行夜间护理服务培训，提升他们的专业技能和服务意识；优化餐饮服务流程，增加菜品种类和口味选择。

② 记录过程。在执行过程中，详细记录各项措施的实施情况和相关数据，以便后续分析和评估。例如：记录护理人员参加培训的出勤率、培训内容的掌握情况；记录餐饮服务改进后的菜品满意度调查结果等。

（3）检查阶段

① 收集数据。收集与服务质量相关的新数据，包括客户满意度调查、投诉记录、服务效率等指标。

② 分析结果。将收集到的数据与计划阶段设定的目标进行对比分析，评估服务改进措施的效果，找出存在的问题和差距。例如：对比改进前后的餐饮满意度调查结果，发现虽然菜品满意度有所提升，但就餐环境仍需优化；分析护理服务响应时间数据，发现夜间响应时间仍不达标。

（4）处理阶段

① 总结经验。对检查阶段发现的问题进行总结和分析，找出问题的根源和原因。例如，分析夜间护理服务响应时间不达标的原因，是夜间值班人员不足和设备老化。

② 采取措施。根据分析结果，制订相应的纠正措施和预防措施，以解决存在的问题，并防止类似问题再次发生。

③ 固化成果。将经过验证的有效措施和方法标准化，纳入日常服务管理和操作流程中，确保服务质量的稳定提升。例如，将优化后的餐饮服务流程和护理服务标准纳入机构的管理制度，通过培训和监督，确保员工严格执行。

通过计划、执行、检查和处理四个阶段的循环往复，养老机构能够不断发现服务过程中的问题，并采取相应的改进措施，从而实现服务质量的持续提升。

案例标题：十分钟快速响应——老年紧急呼叫流程优化

1. 案例背景

某养老机构的紧急呼叫系统平均响应时间超过15分钟，这在紧急情况下可能导致严重后果。经过初步调研，发现响应时间长的主要原因是信息传递不及时、人员调度不合理以及缺乏有效的应急机制。市场调研还发现，老年人及其家属对紧急呼叫系统的响应速度和可靠性极为关注，而现有的呼叫系统无法满足他们的需求。

为了提升紧急呼叫系统的响应效率,确保老年人在紧急情况下能够得到及时救助,养老机构决定优化紧急呼叫流程,将响应时间缩短至10分钟以内。

2. 案例目标

设计"接警→派单→处置→反馈"的闭环流程,提升紧急呼叫系统的响应效率,确保在10分钟内完成响应,同时体现"生命至上"的原则。

3. 思政融入点

坚守生命至上原则,如实施夜间双人值班制,树立"生命至上、安全第一"的服务理念,反对因成本或管理问题,忽视老年人的生命安全。

4. 案例准备

材料:养老机构紧急呼叫系统现有流程文档、响应时间数据、相关政策文件。

工具:PPT模板、流程图设计软件、时间日志模板。

5. 实施步骤(共45分钟,最后展示时间可适度延长)

表9-1-1 实施步骤

阶段	任务	时间	要求
1. 现状分析	通过时间日志,分析响应延迟环节(如派单混乱、人员不足)	10分钟	使用甘特图工具,标注关键延迟点
2. 流程再造	设计数字化派单系统(如北斗卫星定位最近护工)	20分钟	需包含系统界面草图,优化信息传递和人员调度
3. 压力测试	模拟同时段多起呼叫场景,检验承载能力	10分钟	提出扩容方案(如兼职护工储备),确保系统稳定
4. 标准制订	编写《紧急呼叫响应操作手册》摘要	5分钟	突出"分秒必争"原则,明确各环节操作规范

6. 案例考评标准(满分20分)

表9-1-2 案例实施评价表

维度	评分细则	分数
流程科学性(5分)	流程设计是否科学合理,是否能有效缩短响应时间	
技术可行性(5分)	派单系统设计是否可行,技术实现是否明确	
压力应对能力(5分)	是否有效应对多起呼叫场景,扩容方案是否合理	
手册实用性(3分)	操作手册是否清晰实用,是否能指导实际操作	
团队协作(2分)	组内分工是否合理,协作是否顺畅	

7. 案例总结

知识复盘:回顾服务过程设计与再造的核心要点,强调流程优化和响应效率的重要性。

价值观引导:如何在紧急呼叫系统中体现生命至上原则?请带着这个问题继续学习。

8. 延伸思考

调研本地养老机构的紧急呼叫系统现状,分析其在响应速度和可靠性方面的不足,并提出改进建议。探讨如何通过智能化技术(如物联网、AI辅助调度),进一步提升紧急呼叫系统的响应效率。

9. 常见误区

误区:过于关注技术设计,而忽视实际操作中的人员管理和应急机制。

走出误区:强调技术与管理相结合的重要性。

课后思考

1. 服务过程的定义与作用是什么？如何理解其无形性和不可分离性？
2. 服务过程设计的原则与方法有哪些？如何确保设计效果满足客户需求？
3. 服务过程再造的策略与应用方法有哪些？如何通过再造提升服务效率？
4. 如何通过服务过程设计与再造提升客户的满意度和忠诚度？
5. 在老龄产业中,如何通过服务过程优化提升企业的运营效率？

任务二　服务蓝图及应用

案例导入

老年旅游公司的服务蓝图

老王经营一家老年旅游公司,为了提升旅游服务的质量,他制订了服务蓝图。他首先明确了服务蓝图的概念和作用,想要通过服务蓝图,将旅游服务的各个环节进行可视化展示,方便管理和优化。在服务蓝图的绘制与分析上,他详细绘制了旅游服务的流程,包括行程安排、交通、住宿、餐饮、导游服务等各个环节,并对每个环节进行了分析,找出关键环节和潜在问题。在服务蓝图的应用与改进上,他根据服务蓝图,制订了相应的管理措施,确保每个环节都能顺利进行。他还定期对服务蓝图进行评估和优化,根据市场反馈和客户需求,不断改进服务流程。通过这些服务蓝图的应用,老王的老年旅游公司服务质量不断提升,客户满意度也不断提高。

问题:

1. 你认为老王的老年旅游公司在服务蓝图制订过程中,主要采取了哪些措施？
2. 如果你是老王,你还会采取哪些措施来进一步提升服务蓝图的效果？

任务目标

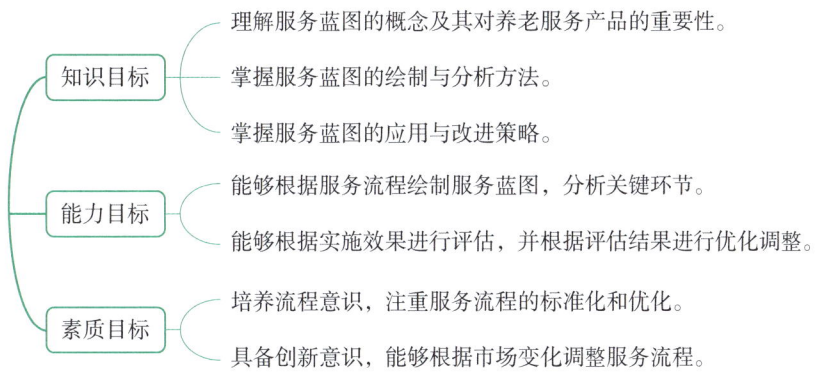

（一）服务蓝图及其作用

1. 服务蓝图

服务蓝图是一种用于描述和分析服务过程中客户与服务提供者之间互动的工具。它通过可视化的方式展示服务的前台和后台活动，帮助服务提供者理解客户需求，优化服务流程，提升客户体验。在养老服务领域，服务蓝图是提升服务质量、优化服务流程的重要工具。

以养老机构日常社工活动为例，其服务蓝图见图9-2-1。

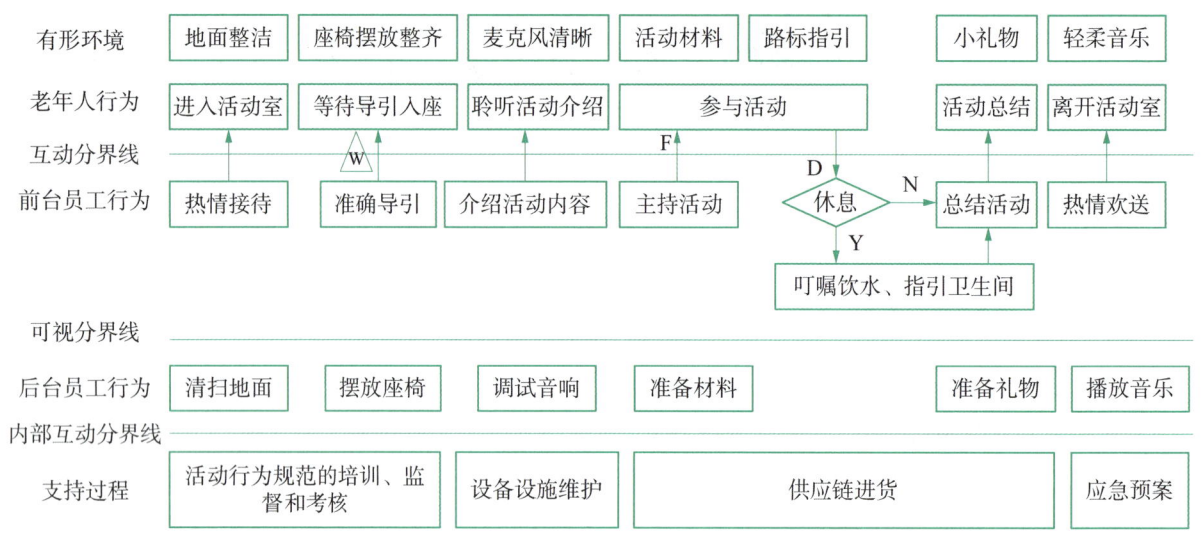

图9-2-1 养老机构日常社工活动服务蓝图

服务蓝图的互动分界线、可视分界线、内部互动分界线非常重要。互动分界线是指顾客与前台员工之间相互作用的线条，它表示顾客和所有与之接触的员工间的沟通、协作和支持关系。可视分界线是分隔前台和后台活动的界线，它表示顾客能够直接观察到的服务部分和不能直接观察到的服务部分之间的分界。内部互动分界线是指后台人员之间、后台人员与支持系统之间相互作用的线条，它表示内部团队之间的协作和支持关系。服务蓝图中还有一些关键标注符号，包括：失误点（F），表示需要注意顾客抱怨与提升服务质量的要点；顾客等候点（W），表示需要重视等候线管理；员工决策点（D），表示需要加快服务流程与排除无附加价值步骤的管理重点；是（Y），表示执行该决策；否（N），表示不执行该决策。

服务蓝图的核心在于将服务过程分解为客户可见的前台活动和服务提供者内部的后台活动。前台活动是指客户直接接触的服务环节，如接待、咨询、活动组织等；后台活动是指客户不可见的服务支持环节，如员工培训、设施维护、物资采购等。通过服务蓝图，养老服务机构可以清晰地展示服务的各个环节，识别服务过程中的关键接触点和潜在问题，从而优化服务流程，提升客户满意度。养老服务机构可以通过服务蓝图展示老年人入住流程，从咨询、评估、签约到入住后的护理、康复、餐饮等各个环节，明确每个环节的责任人和时间节点，确保服务的连贯性和高效性。

2. 服务蓝图的重要性

（1）提升客户体验

服务蓝图通过优化服务流程，确保服务的连贯性和高效性，从而提升客户的整体体验。通过识别并优化服务过程中的关键接触点,可以减少客户的等待时间和不便,提升客户的满意度。

(2) 优化服务流程

服务蓝图通过可视化的方式展示服务的前台和后台活动,帮助机构识别服务流程中的冗余环节和潜在问题。通过分析服务蓝图,机构可以发现某些环节的效率低下或资源浪费,从而进行优化和改进。

(3) 提升服务质量

服务蓝图通过明确每个服务环节的责任人和时间节点,确保服务的标准化和一致性。通过服务蓝图,机构可以确保每个环节的服务质量符合标准,减少人为因素导致的服务质量波动。

(4) 增强员工协作

服务蓝图通过展示服务的前台和后台活动,帮助员工理解各自的工作职责和协作关系。通过服务蓝图,前台接待人员可以了解后台支持环节的重要性,后台支持人员也可以理解前台工作对客户体验的影响,从而增强团队协作。

(5) 支持决策制订

服务蓝图通过提供服务流程的详细视图,帮助管理层做出更科学的决策。通过分析服务蓝图,管理层可以识别服务流程中的瓶颈环节,决定是否需要增加资源投入或调整服务流程。

(6) 提升机构竞争力

机构借助服务蓝图优化服务流程,可以提供更高效、更优质的服务,从而吸引更多客户,提升市场份额,增强机构的市场竞争力。

(二) 服务蓝图的绘制与分析

1. 服务蓝图的绘制步骤

服务蓝图的绘制是服务流程设计的重要环节,它需要通过科学的步骤,确保服务蓝图能够准确反映服务过程中的各个环节和关键接触点。以下以养老机构首次探院流程服务蓝图为例(图 9-2-2),具体介绍服务蓝图的绘制。

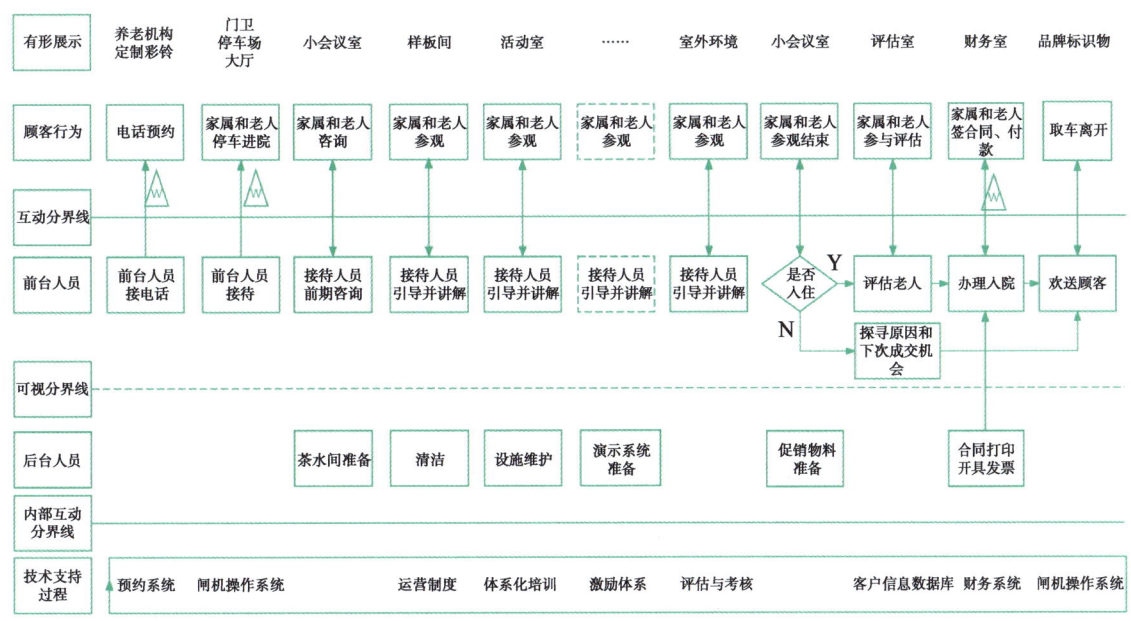

图 9-2-2 养老机构首次探院流程服务蓝图

(1) 明确服务流程目标，绘制基础框架

在绘制服务蓝图之前，需要明确服务流程的目标。养老服务机构需要根据服务类型（如居家养老、社区养老、机构养老）和客户需求，确定服务流程的目标。对于机构养老服务，服务流程的目标可能是提升老年人的入住体验和生活质量。

接下来绘制基础框架。首先，绘制互动分界线、可视分界线和内部互动分界线三条线。其次，识别客户来访的意图和需求，进行客户行为分解，绘制出顾客行为模块。最后，再根据实际服务内容依次绘制前台、后台、支持系统以及有形展示等相应模块。

(2) 确定关键接触点

关键接触点是指客户与服务提供者直接接触的环节，这些环节对客户体验影响最大。养老服务机构需要通过市场调研和客户反馈，确定服务过程中的关键接触点。对于养老服务，关键接触点可能包括接待咨询、入住评估、护理服务、餐饮服务、文化活动等。对于养老机构首次探院，老年人和家属踏入养老机构大门的那一刻，门卫的接待态度就是关键接触点；在接待室里，接待人员讲解机构服务内容、收费标准等环节同样是关键接触点。这些接触点是服务过程中的重要节点，直接关联着家属和老年人对机构的第一印象与信任程度。

(3) 绘制前台活动

前台活动是指客户直接接触的服务环节。养老服务机构需要根据服务流程目标和关键接触点，绘制服务的前台活动。在养老机构探院情境里，接待环节的前台活动就包括：客户来电咨询时，接待人员接听电话解答，详细记录客户需求，并约定探院时间；客户到达后，前台人员引导家属和老年人在指定区域等待，递上饮品，并简单介绍机构概况等；在参观样板间时，接待人员详细介绍房间布局、适老化设施配备等情况，确保家属和老年人能清楚了解居住环境。入住评估环节可以包括健康评估、心理评估、服务方案制订等步骤。

(4) 绘制后台活动

后台活动是指客户不可见的服务支持环节。养老服务机构需要根据前台活动的需求，绘制服务的后台活动。前台接待咨询，相应的后台活动包括将客户信息录入系统，以便后续跟进服务，同时提前准备好宣传资料、价格清单等材料。在入住评估的环节，后台要提前准备专业的评估工具，安排好有经验的评估人员，对评估场地的设备进行调试等，以保障评估过程的科学性与高效性。

(5) 明确责任分工

在绘制服务蓝图时，明确责任分工能避免服务环节出现真空地带，养老服务机构需要根据服务流程和岗位职责，明确每个环节的责任人和时间节点。在电话预约环节，责任人为前台接待人员，应当在客户来电后3分钟内接听电话，并在5分钟内将预约信息录入系统；在家属和老年人咨询环节，责任人为当日值班接待员，须在客户到达后1分钟内起身迎接，咨询过程要在15—20分钟内完成，确保信息传递的连贯性和完整性。

(6) 添加支持过程

支持过程是指为前台和后台活动提供支持的环节，其犹如服务流程背后的"润滑剂"和"保障网"。养老服务机构需要根据服务流程的需求，添加支持过程。在接待咨询方面，支持过程包括定期对前台接待人员进行服务礼仪培训，每季度更新一次咨询资料，以保证信息的准确性和时效性；在入住评估环节，支持过程包括每年对评估工具进行维护升级，每月对评估人员开展专业培训课程，提升评估的专业水准。

(7) 审核与优化

绘制完服务蓝图后，要启动严谨的审核流程。养老机构要组织管理层、一线员工以及部分资深客户代表进行集中研讨。内部讨论审核流程是否符合机构运营实际，各环节衔接是否顺畅；通过客户反馈渠道,如问卷调查、现场访谈等,收集客户对探院流程的真实感受,针对流程中存在的漏洞、不合理之处,如客户等待时间过长、信息沟通不畅等问题,及时进行优化调整。

2. 服务蓝图的分析

分析服务蓝图是优化服务流程的重要环节,它通过识别服务过程中的问题和瓶颈,为服务流程的优化提供依据。通常可以从识别关键接触点、分析前台活动的效率、分析后台活动的支持能力、识别瓶颈环节、评估资源分配的合理性等角度,分析服务蓝图。以下以养老机构首次探院流程服务蓝图为例,进行分析。

（1）识别关键接触点

通过研读服务蓝图,精准找出探院服务过程中的关键接触点。比如,接待咨询时接待人员的首次微笑、引导参观过程中的讲解语气和专业度、评估室里评估人员与老人互动的氛围等都是关键接触点。机构要将人力、物力资源重点倾斜向这些环节。例如：在接待区域摆放温馨的绿植,提升环境氛围；定期为接待人员开展沟通技巧培训,强化他们的服务意识,让家属和老人在接触的瞬间就能感受到机构的专业与关怀。

（2）分析前台活动的效率

利用服务蓝图,养老机构可以对前台活动的效率进行深度剖析。对于接待咨询环节,可以通过统计客户从来电到得到完整答复的平均等待时间、客户对咨询满意度的评价星级等指标来衡量效率；在参观样板间环节,以客户参观完一个房间后的反馈速度、对房间设施的提问,以及后续是否主动询问入住事宜等数据来评估。若发现客户等待时间超出预期,机构可增加前台接待人员数量或优化咨询流程,提升效率。

（3）分析后台活动的支持能力

服务蓝图能清晰呈现后台活动对前台活动的支撑效能。查看客户信息录入环节,若前台接待过程中出现信息不全、错误频发等情况,就要追溯后台信息录入系统是否操作烦琐,录入人员培训是否到位；在入住评估工具准备方面,若前台评估人员反映工具缺失、损坏影响评估进度,机构就要审视后台评估工具采购、保管流程是否合理,及时补充资源、优化流程,确保后台能有力保障前台服务的顺畅开展。

（4）识别瓶颈环节

在服务蓝图的助力下,机构可以精准定位探院服务流程中的瓶颈环节。若客户在财务室缴费环节经常出现长时间排队、对缴费项目存疑等情况,这可能就是瓶颈环节。通过分析是缴费流程过于复杂,还是财务人员业务不熟悉等原因,机构可以针对性地简化缴费流程、开展财务人员培训,打通瓶颈,提升整体服务流程的顺畅度。

（5）评估资源分配的合理性

借助服务蓝图,养老服务机构可以评估资源分配的合理性。前台活动是否得到了足够的资源支持,后台活动是否能够满足前台活动的需求。机构需要通过数据分析,发现资源分配中的问题,并进行优化。如经过观察,发现前台接待区域出现人力过剩,接待人员频繁闲置,后台的清洁维护人员却忙不过来,清洁工作总是滞后,影响客户参观体验,这就表明资源分配存在问题。机构需要重新调配人力资源,或是将部分前台人员临时调配到后台协助清洁,或是调整排班制度,实现资源的优化配置。

通过服务蓝图的分析,养老服务机构可以优化服务流程。机构需要根据分析结果,制订优化方案,并进行实施。如在客户离院后的回访流程中,发现部分重复的问候内容,可直接精简；在资源配置上,根据前台各区域的使用频率,合理分配清洁设备、宣传资料等物资；通过团队建设活动,提升员工协作能力,让前台接待与后台支持能无缝对接,全方位提升服务流程的质量与效率。

(三)服务蓝图的应用与改进

1. 服务蓝图的应用场景

（1）新服务设计

在设计新的服务产品时,服务蓝图可以帮助养老服务机构明确服务流程和关键接触点。比如,机构在设计新的居家养老服务时,可以通过服务蓝图展示服务的各个环节,从上门评估、服务方案制订到服务实施和回访,确保服务流程的连贯性和高效性。

（2）服务流程优化

在优化现有服务流程时,服务蓝图可以帮助养老服务机构识别问题和瓶颈环节。机构可以通过服务蓝图分析入住流程,发现接待咨询环节的客户等待时间过长,从而优化接待流程,减少客户的等待时间。

（3）员工培训

服务蓝图可以作为员工培训的重要工具,帮助员工理解服务流程和岗位职责。机构可以通过服务蓝图向新员工展示服务的各个环节,明确每个环节的责任人和时间节点,提升员工的服务意识和协作能力。

（4）客户体验管理

服务蓝图可以帮助养老服务机构提升客户体验。机构可以通过服务蓝图识别关键接触点,优化这些环节的服务质量,提升客户的满意度和忠诚度。

（5）资源配置优化

服务蓝图可以帮助养老服务机构优化资源配置。机构可以通过服务蓝图分析后台活动的支持能力,发现资源分配中的问题,优化资源配置,提升服务效率。

2. 服务蓝图的改进措施

服务蓝图的改进是确保服务流程持续优化的重要环节,养老服务机构需要通过科学的改进措施,不断提升服务蓝图的效果。

（1）定期评估与更新

养老服务机构需要定期对服务蓝图进行评估和更新。机构可以通过定期收集客户反馈和员工意见,发现服务蓝图中的问题和不足,并进行更新。同时,机构需要根据市场变化和服务更新,及时调整服务蓝图,确保其符合客户需求。

（2）引入新技术和新理念

养老服务机构需要引入新技术和新理念,提升服务蓝图的科学性和前瞻性。机构可以通过引入智能化设备、绿色设计理念、适老化新技术等,优化服务流程,提升服务质量。

（3）加强数据分析

养老服务机构需要通过数据分析,提升服务蓝图的优化效果。机构可以通过分析客户满意度数据、服务效率数据、资源分配数据等,发现服务蓝图中的问题和瓶颈环节,并进行优化。

（4）客户参与

养老服务机构需要鼓励客户参与服务蓝图的改进过程。机构可以通过组织客户座谈会、客户反馈调查等方式,收集客户的意见和建议,将客户的需求纳入服务蓝图的改进方案中。

（5）持续优化

服务蓝图的改进需要持续进行,养老服务机构需要通过持续优化,不断提升服务流程的质量和效率。机构可以通过定期培训、内部讨论、外部咨询等方式,持续提升服务蓝图的设计和管理水平。

**案例实操**

零投诉服务蓝图——居家照护服务流程再造

1. 案例背景

某居家照护服务企业因服务流程混乱导致客户投诉率高达30%,主要问题包括护工上门时间不固定、服务内容不清晰、客户反馈处理不及时等。市场调研发现,客户对居家照护服务的需求不仅在于护理质量,更在于服务的及时性、透明性和个性化。然而,企业现有的服务流程缺乏标准化和透明化机制,导致客户满意度低。

为了提升服务质量,减少客户投诉,企业决定重构服务蓝图,优化服务流程,确保从客户预约到服务完成的每一个环节都能达到高质量标准。

2. 案例目标

绘制包含"前台后台支持"全流程的服务蓝图,减少沟通盲区,提升服务效率和客户满意度,同时体现"细节关怀"的服务理念。

3. 思政融入点

强调细节关怀,如将每日服务日志同步给家属。树立"客户至上"的服务理念,反对形式主义,确保服务流程的每一个环节都能体现人文关怀。

4. 案例准备

材料:居家照护服务现有流程文档、客户投诉记录、相关政策文件。

工具:PPT模板、流程图设计软件、服务蓝图模板。

5. 实施步骤(共45分钟,最后展示时间可适度延长)

表9-2-1 实施步骤

阶段	任务	时间	要求
1. 流程拆解	通过角色扮演还原现有服务流程(如预约→上门→反馈)	15分钟	标注5个痛点环节,记录客户和护工的反馈
2. 蓝图绘制	区分护工、客服、管理端职责,绘制服务蓝图	20分钟	需包含"异常处理"分支流程,确保流程完整性
3. 模拟测试	模拟突发情况(如护工迟到),检验流程有效性	8分钟	提出应急方案,确保服务不受影响
4. 优化提案	提炼3种优化原则(如"标准化+弹性化")	2分钟	结合案例说明,展示优化后的流程优势

6. 案例考评标准(满分20分)

表9-2-2 案例实施评价表

维度	评分细则	分数
流程完整性(5分)	服务蓝图是否完整,是否涵盖所有关键环节	
痛点解决有效性(5分)	是否有效识别并解决现有流程中的痛点	
应急方案可行性(5分)	应急方案是否合理,是否能有效应对突发情况	
原则提炼准确性(3分)	是否准确提炼优化原则,是否具有指导意义	
团队协作(2分)	组内分工是否合理,协作是否顺畅	

7. 案例总结

知识复盘：回顾服务蓝图的核心要点，强调流程标准化和透明化的重要性。

价值观引导：如何在服务流程中体现细节关怀，提升客户满意度？请带着这个问题继续学习。

8. 延伸思考

调研本地居家照护服务企业的服务流程，分析其在标准化和透明化方面的不足，并提出改进建议。

探讨如何通过数字化手段（如移动APP），进一步提升居家照护服务的效率和透明度。

9. 常见误区

误区：过于关注流程的复杂性，而忽视实际操作的可行性和客户体验。

走出误区：展示案例某居家照护服务企业的服务蓝图优化实践，强调流程简化和客户反馈的重要性。

课后思考

1. 服务蓝图的定义与作用是什么？如何通过服务蓝图优化服务流程？
2. 服务蓝图的绘制与分析步骤有哪些？如何识别关键接触点？
3. 服务蓝图的应用与改进策略有哪些？如何通过服务蓝图提升客户体验？
4. 如何通过服务蓝图提升服务流程的效率和质量？
5. 在老龄产业中，如何通过服务蓝图提升企业的市场竞争力？

项目十

养老服务人员管理与内部营销

项目导读

员工是企业最重要的资产。

——[美]托马斯·彼得斯、罗伯特·沃特曼《追求卓越》

养老服务人员管理与内部营销是企业通过系统化的人力资源策略和文化建设,构建"员工满意—服务优质—客户忠诚—利润增长"正向循环的战略体系。其本质是运用服务利润链理论,将人力资源从成本中心转化为价值创造引擎,在解决养老行业员工"高流失率、低认同感"痛点的同时,实现服务质量与经济效益的双重提升。在老龄产业中,养老服务人员管理与内部营销具有重要的战略紧迫性。养老服务的高度人性化特征使员工状态直接决定用户体验。在客户角色多元化的背景下,员工需同时满足老年人情感需求、家属专业期待及监管合规要求,唯有通过赋能培训和文化建设,才能支撑其胜任"服务者+营销者+情感支持者"的多重角色。这印证了"没有满意的员工,就没有满意的客户"的行业铁律。养老服务人员管理是价值链条的基线校准,聚焦服务利润链的量化解析,揭示薪酬激励不足、职业发展断层等痛点如何导致服务质量滑坡,其主要作用是诊断人员管理机制的症结;内部营销则是系统干预方案,通过深化员工培训与支持体系、优化管理支持与沟通机制、完善人力资源管理与职业规划、强化企业文化的塑造与团队建设、提升薪酬待遇与激励机制,以及加强资源支持与技术应用等一系列策略和方法,提升员工满意度和服务效率。

养老服务机构的竞争力本质是人的竞争力,需通过服务利润链与内部营销两大体系,将员工动能转化为客户价值与企业效益。养老服务的人力资源管理,需从工具化管控转向价值共生——当员工在服务中实现自我尊严,客户在体验中感受生命温度,利润便成为人性化服务的自然结果。未来的竞争终局,是让照护者与被照护者共同成为"银发生态"的尊严守护者。

项目导图

- **任务一：养老服务人员管理**
  - 服务人员的重要作用
    - 服务人员是服务的核心载体
    - 服务人员是企业的形象代表
    - 服务人员是营销者
    - 服务人员决定顾客感知服务质量
  - 客户角色的多元化
    - 服务设计的参与者
    - 服务生产的协作者
    - 服务传播的推动者
    - 服务创新的促进者
    - 服务体验的评价者
    - 服务社区的建设者
    - 服务资源的整合者
    - 服务标准的推动者
    - 服务伦理的监督者
    - 服务连续性的维护者
  - 服务利润链理论及其意义
    - 服务利润链理论
    - 服务利润链理论的意义

- **任务二：内部营销**
  - 内部营销理论
    - 内部营销的概念
    - 内部营销的目标
  - 内部营销的挑战
    - 一线服务员工面临的困境
    - 养老服务企业面对的挑战
  - 内部营销的实施
    - 深化员工培训与支持体系
    - 优化管理支持与沟通机制
    - 完善人力资源管理与职业规划
    - 强化企业文化的塑造与团队建设
    - 提升薪酬待遇与激励机制
    - 加强资源支持与技术应用
  - 内部营销与企业文化
    - 企业文化的核心要素
    - 内部营销如何塑造企业文化

任务一 养老服务人员管理

案例导入

老年公寓的服务利润链管理

某房地产开发商开发了一家老年公寓,为了提升公寓的盈利能力,他们注重服务利润链的管理。他们首先明确了服务利润链的概念和作用,想要通过服务利润链,将服务质量、客户满意度和利润增长有机结合起来。在利润链的优化与管理上,他们注重各个环节的优化,从服务质量提升、客户满意度提高到利润增长,都进行了详细的规划和管理。他们还建立了客户满意度与利润增长的关系,通过提高客户满意度,增加客户的忠诚度和口碑传播,从而促进利润的增长。通过这些服务利润链管理措施,老年公寓的服务质量和盈利能力不断提升。

问题:
1. 你认为该老年公寓在服务利润链管理过程中,主要采取了哪些措施?
2. 如果你是开发商,你还会采取哪些措施来进一步提升服务利润链的效果?

任务目标

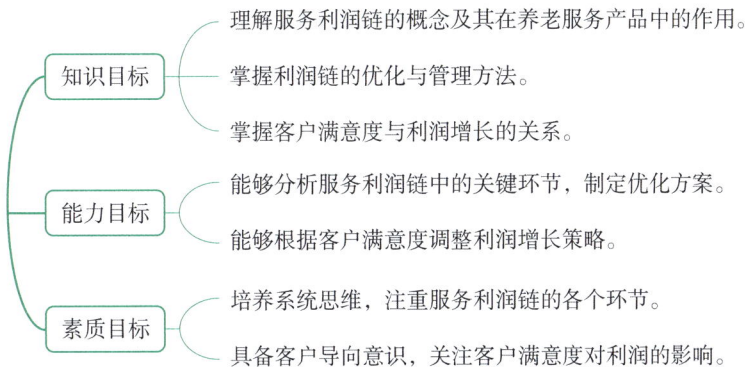

知识梳理

(一)服务人员的重要作用

1. 服务人员是服务的核心载体

在养老服务领域,服务人员是服务的核心载体,几乎承担了整个服务过程。服务人员直接与老年人及其家属接触,他们的言行举止、服务态度和专业能力直接影响老年人的生活质量和家属的满意度。例如,护理人员的日常照料、康复训练师的专业指导,以及行政人员的沟通协调等,都是养老服务的重要组成部分。服务人员的专业性和亲和力是养老服务机构赢得客户信任的关键。

2. 服务人员是企业的形象代表

服务人员是养老服务机构形象的直接展示者。在养老服务中,与老年人及其家属接触最多的就是一线服务人员,他们的一言一行都代表着机构的形象。服务人员的语言、动作、态度和着装都会影响客户对机构的感知。例如,护理人员的微笑、耐心和专业操作,能够让老年人感受到温暖和关怀,增强家属对机构的信任。因此,养老服务机构需要注重服务人员的培训和管理,确保他们始终保持良好的职业形象和服务态度。

3. 服务人员是营销者

服务人员在养老服务中不仅是服务的提供者,也是营销者。他们直接与客户接触,能够直接影响客户对服务的满意度和忠诚度。服务人员的每一次服务都是一次营销机会,他们可以通过专业的服务和良好的沟通,向客户传递机构的价值和服务优势。例如,护理人员在日常照料中结合老年人需求,向老年人及其家属介绍机构的特色服务和优惠活动,能有效促进老年人尝试体验、选择购买服务。

4. 服务人员决定顾客感知服务质量

(1) 服务人员本身就是服务质量有形性的一部分

服务质量评价的有形性维度包括实际设施、设备以及服务人员的外表等。可见,服务人员的着装、个人卫生情况以及精神状态等就是服务质量有形性的重要方面。服务人员的外在形象一方面体现了组织的社会形象,另一方面也体现了服务人员整体的服务态度。许多服务企业要求员工统一着装,并且注意自身的形象,原因就在于此。

(2) 服务人员的态度和行为影响服务质量的可靠性

可靠性是指服务企业准确无误地完成承诺的服务。如果服务出现失误,也主要由服务人员进行修正,服务人员良好的态度和专业的行为能使服务回到正轨。即使是在自助服务的情况下,后台服务员工的工作态度和行为对系统的正常运作也起到至关重要的作用。

(3) 服务人员的态度决定服务质量的响应性

响应性要求服务企业能够及时为顾客提供快捷、有效的服务,而这又取决于服务人员帮助顾客的意愿,对顾客要求漠然置之的服务人员必然会降低顾客对服务质量的评价。

(4) 服务人员的能力决定服务质量的安全性

服务质量的安全性依赖于服务人员的可信程度以及建立信任的能力,企业的信誉取决于员工建立信任的能力。尤其对于处于创业期的服务企业来说,组织的可信程度完全与员工的能力联系在一起。

(5) 服务人员的态度和行为与服务质量的移情性密切相关

移情性是指在服务过程中要给予顾客个性化的关怀,服务人员为顾客服务时要专注,听取顾客的意见,满足顾客个性化的需求。因此,服务人员的态度和提供的个性化服务行为决定了顾客对服务质量的评价。

(二) 客户角色的多元化

在养老服务产业中,客户不再仅仅是被动的服务接受者,而是扮演着多种角色,这些角色共同影响着服务的提供和体验。

1. 服务设计的参与者

在养老服务中,客户作为服务设计的参与者,其作用不可忽视。养老机构通过与客户的深度沟通和互动,能够精准把握老年人及其家属的真实需求和期望。这种参与不仅限于反馈意见,更包括共同策划和改进服务项目。例如,一些养老机构定期举办"客户参与日",邀请老年人及其家属与机构管理层和设计团队共同探讨服务流程、设施布局等问题。通过这种方式设计出的服务产品,不仅更贴近市场需求,还能增强客户的归属感和满意度。

2. 服务生产的协作者

客户在服务生产过程中的协作角色,对于提升服务效率和质量至关重要。在养老服务中,老年人并非单纯的服务接受者,而是积极参与服务生产的协作者。例如,在康复训练中,老年人的配合程度直接影响训练效果。养老机构通过培训和激励机制,鼓励老年人主动参与护理过程,如协助护理人员进行简单的生活自理活动。这种协作不仅提高了服务效率,还增强了老年人的自我价值感和生活满意度。

3. 服务传播的推动者

在数字化时代,客户作为服务传播的推动者,其影响力日益凸显。满意的客户通过社交媒体、在线评价平台等渠道,主动分享自己的服务体验,成为养老机构的"义务宣传员"。这种口碑传播具有高度的可信度和影响力,能够有效提升机构的市场知名度和美誉度。养老机构应通过优质服务和客户关系管理,激发客户的传播意愿,扩大品牌影响力。

4. 服务创新的促进者

客户的需求变化和反馈是养老服务创新的重要动力。养老机构通过建立客户反馈机制,及时捕捉客户的个性化需求和潜在需求,从而推动服务内容和形式的持续创新。例如,一些机构根据客户反馈,推出了"定制化营养餐""智能健康监测"等创新服务,满足了老年人多样化的健康和生活需求,增强了市场竞争力。

5. 服务体验的评价者

客户作为服务体验的评价者,其反馈对养老服务机构的改进和优化具有重要意义。通过客户满意度调查、意见收集等方式,机构可以了解客户对服务的评价和建议,及时发现并解决存在的问题。这种评价机制不仅有助于提升服务质量,还能增强客户的参与感和信任感。

6. 服务社区的建设者

在一些养老机构中,客户还扮演着服务社区的建设者角色。他们通过参与社区活动、志愿服务等方式,为机构营造积极向上的文化氛围,促进居民之间的交流与合作。例如,一些老年人发挥自己的特长和兴趣,组织书法、绘画、音乐等兴趣小组,丰富了社区文化生活,也增强了自身的社会归属感。

7. 服务资源的整合者

客户在养老服务中还可以作为服务资源的整合者,帮助机构优化资源配置。一些客户可能拥有丰富的社会资源,如医疗、教育、文化等领域的人脉关系。通过客户的引荐和合作,养老机构能够获得更多的专业支持和服务资源,提升服务的多样性和专业性。

8. 服务标准的推动者

客户对高质量服务的期望和要求,促使养老机构不断提高服务标准。为了满足客户的期望,机构需要持续优化服务流程、提升员工专业素质、引入先进的管理理念和技术。这种由客户需求驱动的服务标准提升,有助于整个行业的规范化和专业化发展。

9. 服务伦理的监督者

在养老服务中,客户还扮演着服务伦理的监督者角色。他们对机构的服务行为、员工职业道德等方面进行监督和评价,促使机构遵守伦理规范,保障老年人的合法权益。例如,客户对机构是否存在过度收费、服务质量是否达标等问题进行关注,并通过反馈机制促使机构改进。

10. 服务连续性的维护者

对于一些长期接受服务的客户来说,他们对服务的连续性和稳定性有着较高的要求。客户的这种需求促使养老机构注重服务的持续改进和优化,确保服务的连贯性和可靠性。同时,客户通过与机构建立长期稳定的关系,也有助于机构的可持续发展。

客户在养老服务中不再仅仅是被动的接受者,而是积极的参与者和推动者。这种角色的转变不仅提升了客户自身的服务体验,也为养老机构的管理和发展提供了新的视角和动力。养老机构应充分认识到客户角色多元化的重要性,积极创造条件,鼓励客户参与服务的各个环节,共同构建更加和谐、高效、优质的养老服务环境。

(三) 服务利润链理论及其意义

1. 服务利润链理论

服务价值链模型由詹姆斯·赫斯克特、厄尔·萨塞、伦纳德·施莱辛格等五位哈佛商学院教授在1994年正式提出。该模型强调员工满意度对企业提供高质量服务的重要性,并指出企业若要建立顾客满意的服务体系,必须首先关注员工的满意度。服务价值链模型将企业内部运作与外部客户服务联系起来,认为员工的满意度和忠诚度是提升服务质量的基础,而服务质量又直接影响顾客的满意度和忠诚度,最终影响企业的盈利能力。

这些成果共同构成了服务利润链理论的基础,为理解服务企业内部运作与外部客户服务之间的关系提供了重要的理论依据。服务利润链理论进一步阐述了员工满意度、服务质量、顾客满意度、顾客忠诚度和企业盈利的相互关系,为企业管理提供了全面的视角和战略指导(见图10-1-1)。

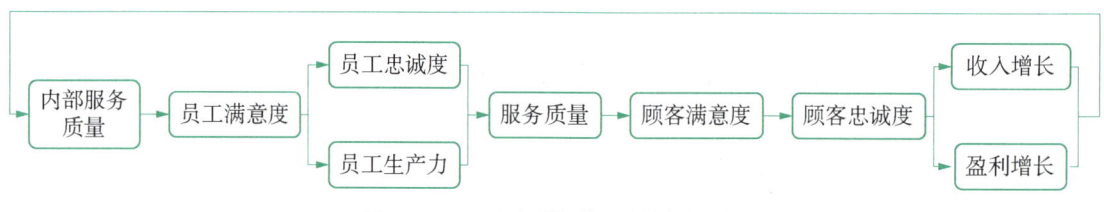

图10-1-1 服务利润链理论的内在逻辑

2. 服务利润链理论的意义

(1) 员工满意度是服务质量的基础

在养老服务中,员工的工作积极性和专业性直接受到满意度的影响。满意的员工更可能以饱满的热情和积极的态度投入工作中,主动学习和提升自己的专业技能,从而为老年人提供更优质、更贴心的服务。员工满意度通过影响工作积极性和专业性,进而决定服务质量的高低。在养老服务中,员工是服务的直接提供者,他们的每一个细微动作和表情都可能影响到老年人的感受。因此,养老机构必须高度重视员工满意度,将其作为提升服务质量的关键因素。

(2) 服务质量是客户满意度的关键

高质量的服务能够满足甚至超越客户的期望,从而提升客户的满意度。客户期望的满足不仅包括基本的生活照料和医疗护理需求,还涉及心理关怀、文化娱乐等多方面的内容。高质量的服务不仅能够在短期内提升客户满意度,还能长期维持客户的高满意度水平。在养老服务中,通过持续提供优质的服务,养老机构能够建立起良好的口碑和品牌形象,增强客户对机构的认同感和归属感。

(3) 客户满意度是企业盈利的前提

满意的客户更有可能对机构产生信任和依赖,进而发展为忠实客户。客户信任的建立源于机构提供的高质量服务和积极的情感体验。客户忠诚度的提高意味着老年人愿意长期选择某一机构,并向他人推荐,为机构带来稳定的业务和良好的声誉。

(4) 企业盈利是持续发展的保障

盈利不仅是企业发展的基础,也是提升服务质量和服务能力的重要保障。养老企业通过制订科学的财务规划,确保企业的盈利目标;通过优化服务流程、降低运营成本,提高企业的盈利能力;将盈利用于员工培训、设施升级和服务创新,提升企业的竞争力;通过持续的盈利,实现企业的可持续发展。

员工笑→客户笑——养老机构利润链优化试验

1. 案例背景

某养老机构近年来面临员工流失率高、客户满意度下降的双重困境。经过调研发现,员工工作压力大、薪酬待遇低、职业发展路径不清晰,导致工作积极性不高,这些问题直接影响了服务质量,进而影响了客户的满意度和忠诚度。管理层意识到,要提升客户满意度和机构盈利能力,必须从优化服务利润链入手,改善员工的工作环境和待遇,提升员工满意度。

同时,机构希望通过此次优化试验,体现"以人为本"的管理理念,反对单纯追求经济效益而忽视员工和客户的需求。

2. 案例目标

建立"员工满意→提升服务质量→客户留存→利润增长"的闭环模型,通过提升员工满意度来优化服务质量,进而提升客户满意度和机构盈利能力,同时体现"以人为本"的管理理念。

3. 思政融入点

倡导"以人为本"管理理念,如实行员工心理健康关怀计划。树立"员工第一、客户至上"的价值观,反对功利性管理,确保机构发展兼顾经济效益和社会效益。

4. 案例准备

材料:养老机构员工满意度调研报告、客户投诉记录、成本与利润数据、相关政策文件。

工具:PPT 模板、Excel 数据分析软件、员工培训计划模板。

5. 实施步骤(共 45 分钟,最后展示时间可适度延长)

表 10-1-1 实施步骤

阶段	任务	时间	要求
1. 数据采集	模拟员工满意度调研与客户投诉数据交叉分析	15 分钟	使用散点图展示两者相关性,标注关键问题点
2. 模型构建	绘制利润链逻辑图并标注关键驱动因素(如培训投入、薪酬激励)	15 分钟	结合实际数据,明确各环节之间的因果关系
3. 策略设计	制订 3 项优化措施(如"月度明星员工评选""心理健康关怀计划"等)	10 分钟	预算不超过 5 万元,需具体可行
4. 效果预测	估算策略实施后利润提升比例	5 分钟	基于历史数据进行假设,展示预测结果

6. 案例考评标准(满分 20 分)

表 10-1-2 案例实施评价表

维度	评 分 细 则	分数
数据分析深度(5 分)	数据分析是否深入,是否能准确揭示员工满意度与客户满意度的关系	
模型逻辑性(5 分)	利润链是否逻辑清晰,各环节之间的因果关系是否明确	
策略可行性(5 分)	优化策略是否具体可行,预算是否合理	

(续表)

维度	评 分 细 则	分数
预测合理性(3分)	利润提升预测是否基于合理假设,是否具有说服力	
团队协作(2分)	组内分工是否合理,协作是否顺畅	

7. 案例总结
知识复盘:回顾服务利润链的核心要点,强调员工满意度对服务质量和服务利润的直接影响。
价值观引导:如何在管理中平衡员工需求和机构效益?请带着这个问题继续学习。

8. 延伸思考
调研本地养老机构的管理现状,分析其在员工满意度和客户满意度方面的不足,并提出改进建议。探讨如何通过企业文化建设,提升员工归属感和工作积极性。

9. 常见误区
误区:过于关注短期经济效益,而忽视员工满意度对长期发展的关键作用。
走出误区:领会员工满意度提升对客户满意度和机构利润的正向影响。

课后思考

1. 服务利润链的原理与构成要素有哪些?如何通过服务利润链提升企业利润?
2. 利润链的优化与管理方法有哪些?如何通过优化提升服务质量和客户满意度?
3. 客户满意度与利润增长的关系是什么?如何通过客户满意度提升利润?
4. 如何通过服务利润链管理提升企业的市场竞争力?
5. 在老龄产业中,如何通过服务利润链管理实现可持续发展?

任务二 内部营销

案例导入

老年旅游公司的内部营销

老王经营一家老年旅游公司,为了提升员工的服务意识和工作效率,他注重内部营销。他首先明确了内部营销的概念和重要性,想要通过内部营销,让员工了解公司的产品和服务,增强员工的归属感和责任感。在内部营销的策略与方法上,他采用了多种方式,如培训、激励、沟通等,提升员工的服务意识和工作效率。他还注重员工满意度与服务效率的关系,通过提高员工满意度,增强员工的工作积极性和创造力,从而提升服务效率。通过这些内部营销措施,老王的老年旅游公司员工的服务意识和工作效率不断提升,客户满意度也不断提高。

问题:
1. 你认为老王的老年旅游公司在内部营销过程中,主要采取了哪些措施?
2. 如果你是老王,你还会采取哪些措施来进一步提升内部营销的效果?

任务目标

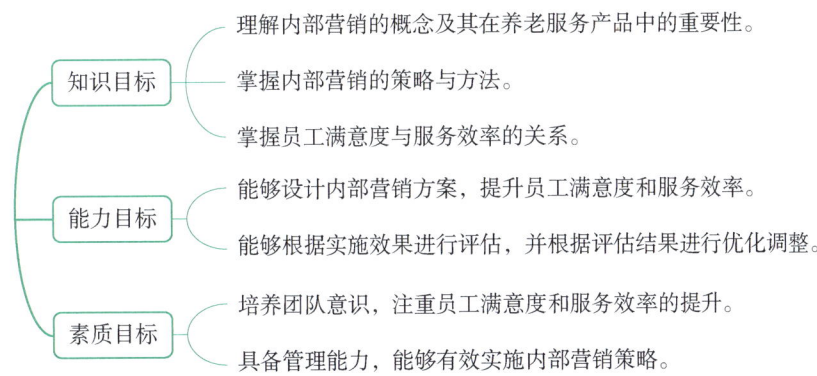

知识梳理

(一) 内部营销理论

1. 内部营销

内部营销是在服务意识驱动下,通过积极的、目标导向的方法为创造顾客导向的业绩做准备,并在组织内部开展各种积极的、具有营销特征的、协作方式的活动及其过程。在这种过程中,处于不同部门和过程中的员工的内部关系得以巩固,并共同以高度的服务导向为外部顾客和利益相关者提供最优质的服务。

内部营销涉及两个具体管理过程,分别是态度管理和沟通管理。一方面,对员工的态度、顾客意识和服务意识进行管理是企业实施内部营销的先决条件;另一方面,企业内各层次的员工和支持人员都需要各种信息完成工作,这些信息包括工作规定、产品和服务特征,以及对顾客的承诺等,这需要内部营销的沟通管理。态度管理和沟通管理相互影响,员工是否可以充分沟通,共享信息对员工态度有重要影响。

2. 内部营销的目标

内部营销的目的在于创造、维护和强化组织中员工(不管他们是与顾客接触的员工和支持人员,还是团队领导、主管或经理)的内部关系,更好地促使员工以顾客导向和服务意识为内部顾客和外部顾客提供服务。实现上述目标的前提是员工要拥有必要的知识技能,并能获得各层管理人员、系统和技术的支持。具体来讲,内部营销有五个目标。

第一,确保员工顾客导向和服务意识的行为能够得到激励,使员工成功地履行兼职营销人员的职责。

第二,吸引、留住优秀员工。

第三,在组织内部和网络组织中的合作伙伴之间,彼此提供顾客导向的内部服务。

第四,为提供内部服务、外部服务的人员,提供充足的管理和技术支持,使他们顺利履行兼职营销员的职责。

第五,创造内部环境和实施内部活动,使员工乐于进行兼职营销工作。

(二) 内部营销的挑战

1. 一线服务员工面临的困境

养老服务企业的一线员工往往陷入组织目标与客户期望的矛盾之中。企业追求盈利,希望控制成本、提高效率，而客户则期望高质量、个性化且价格合理的服务。这种矛盾让一线员工在完成工作任务的同时，还要承受客户不满的压力，陷入角色冲突。例如，企业可能要求员工推销高价位服务套餐，但客户可能对此反感，认为推销干扰了服务体验。此外，一线员工还需应对不同客户群体的多样化需求，老年人注重舒适和情感关怀，家属则关注安全性和专业性。当这些需求冲突时，如家属要求严格健康监控而老年人认为隐私被侵犯，员工难以平衡各方，工作难度加大。

养老服务企业一线员工通常承担繁重任务，需照料老年人生活起居并关注其心理需求，同时与家属保持沟通。这种高强度工作使员工身心疲惫，缺乏休息时间。且许多企业缺乏完善的职业晋升体系和培训机制，限制员工职业发展。员工难以看到长期发展前景，降低了工作积极性，也使企业难以吸引和留住人才。例如，护理人员多年辛勤工作后，因缺乏晋升机会和专业培训，仍无法获得更高职业资格和薪资待遇。

一线员工薪酬待遇较低，与工作强度和付出不成正比，导致经济压力大。同时，社会对养老服务工作认知存在偏见，认为这是"伺候人"的职业，社会地位低。这种观念导致员工在社会交往中受歧视，专业性得不到认可，努力和付出被忽视，影响职业认同感和归属感。

2. 养老服务企业面对的挑战

养老服务企业在开展内部营销时，面临着诸多自身发展问题。首先，养老服务行业投入大，回报周期长，利润低。企业需要投入大量资金用于设施建设、设备购置、人员招聘与培训等，而养老服务的收费标准相对较低，导致企业盈利困难，资金回笼速度慢。这使得企业在内部营销方面的资金投入有限，难以提供丰富的培训资源、完善的福利体系和有效的激励机制，从而影响员工的积极性和忠诚度。

其次，许多养老服务企业发展时间较短，缺乏成熟的企业文化和管理经验。内部营销需要深厚的企业文化基础和科学的管理体系来支撑，但新成立的养老服务企业往往在这方面存在不足。企业文化建设不完善，难以形成有效的凝聚力和向心力；管理经验不足，导致内部沟通不畅、工作流程不规范、部门协作不顺畅等问题，严重影响内部营销的效果。

再次，由于养老服务行业利润较低，企业难以吸引和留住优秀人才。薪酬待遇不高，福利体系不完善，导致员工流失率较高。这不仅增加了企业的人力成本，也使得内部营销难以持续有效地开展。此外，企业对内部营销的重要性认识不足，缺乏明确的内部营销战略和规划，往往注重外部营销而忽视内部营销，导致内部营销在企业营销体系中处于边缘地位，难以发挥其应有的作用。

最后，养老服务企业在内部营销方面缺乏系统的理论指导和实践案例。内部营销是一个相对复杂的管理过程，需要理论与实践相结合。但目前养老服务企业在这方面的研究和应用较少，企业往往不知道如何制订科学合理的内部营销策略，如何评估内部营销的效果，以及如何根据评估结果进行优化调整。这些问题都制约了养老服务企业在内部营销方面的深入发展，影响了企业的整体竞争力和服务质量的提升。

（三）内部营销的实施

1. 深化员工培训与支持体系

员工培训是内部营销的基石。企业需构建全面的培训体系，贴合养老服务实际需求。培训内容应涵盖服务理念、专业技能和心理调适三方面。服务理念培训旨在强化员工的顾客导向思维，使其深刻理解"以老年人为本"的服务宗旨。专业技能培训则包括老年照护、康复辅助和沟通技巧等，以提升员工的实际操作能力。心理调适培训帮助员工应对工作压力，保持积极心态。在培训形式上，理论讲解与实践操作相结合，案例分析与角色扮演相补充，同时引入线上学习平台，让员工灵活安排学习时间，实现自我提升。

2. 优化管理支持与沟通机制

管理支持是内部营销的关键保障。企业需建立多层级的管理支持体系，为员工提供全方位的指导和帮助。基层管理者应加强日常巡查和现场指导，及时解决员工在服务过程中遇到的问题。中高层管理者则需定期召开员工座谈会，倾听员工心声，了解其需求和困难。企业应搭建多元化的沟通平台，确保信息流通顺畅。内联网、即时通讯工具和线下公告栏等平台相辅相成，实现自上而下与自下而上的信息交互。同时，建立定期的跨部门会议机制，打破部门壁垒，促进员工之间的经验交流与知识共享。

3. 完善人力资源管理与职业规划

人力资源管理是内部营销的重要环节。企业需建立科学的招聘与选拔机制，注重候选人的服务意识、耐心和爱心等职业素养。在招聘过程中，通过情境模拟和案例分析等方式，综合考查候选人对养老服务工作的认知和适应能力。为员工提供清晰的职业发展规划，拓宽职业晋升通道，鼓励员工向高级护理师、康复治疗师和养老机构管理人员等方向发展。设立专项职业发展基金，支持员工参加专业培训和考取职业资格证书。

4. 强化企业文化的塑造与团队建设

企业文化是内部营销的精神纽带。企业需积极培育和践行具有养老服务特色的企业文化，以"尊老、爱老、敬老、助老"为核心价值观，通过文化墙、内部刊物和宣传视频等形式，营造浓厚的文化氛围。组织丰富多彩的文化活动，如"敬老之星"评选和"最美护理员"表彰大会等，激发员工的职业自豪感和荣誉感。加强团队建设，定期组织团队拓展训练、主题团建活动和员工生日会等，增进员工之间的了解与协作。

5. 提升薪酬待遇与激励机制

合理的薪酬待遇是内部营销的重要物质保障。企业需建立具有市场竞争力的薪酬体系，综合考虑当地经济水平、行业标准和岗位价值等因素。在基本工资方面，确保其不低于当地同行业平均水平，并根据员工的工作年限和技能水平定期进行调整。绩效工资则与员工的工作业绩、客户满意度和团队协作能力紧密挂钩，通过设立月度、季度和年度绩效奖金等方式，激励员工不断提升工作效率和服务质量。设立专项激励基金，对表现优秀的员工给予及时奖励。此外，完善福利体系，为员工提供包括五险一金、带薪年假、节日福利、健康体检和工作餐等在内的全面福利保障。

6. 加强资源支持与技术应用

企业需加大对内部营销的资源投入，为员工提供丰富的工作资源和支持。在人力资源方面，合理配置员工岗位和工作量，避免因人员短缺导致员工工作负荷过重。物力资源方面，配备完善的设施设备，如舒适的员工休息室、先进的护理设备和便捷的办公用品等。财力资源上，设立专项的内部营销经费，用于员工培训、团队建设活动和激励奖励等方面。企业还应积极引入现代信息技术，通过建立客户关系管理系统，实现对老年人及其家属的信息管理和服务跟踪，提高服务的精准性和个性化水平。利用大数据分析技术，收集和分析员工的工作数据和客户需求信息，为内部营销决策提供科学依据。

（四）内部营销与企业文化

在养老服务行业，企业文化是企业的灵魂，也是内部营销的核心纽带。它不仅凝聚着员工的心，更传递着企业对老年人的关怀与承诺。企业文化是企业在长期服务、发展过程中，逐步形成并被全体员工所认同和遵循的价值观念、行为准则、使命愿景，以及员工对企业的认同感和归属感。它像"无形的基因"，渗透在企业的决策、沟通、协作等方方面面，塑造着企业的独特性和竞争力。

1. 企业文化的核心要素

（1）价值观

这是企业倡导的核心信念，是企业文化的核心。在养老服务企业中，价值观通常包括"尊老、爱老、敬老、助老",这些价值观不仅是企业服务的宗旨,也是员工行为的准则。例如,某养老机构将"像家人一样关怀老年人"作为核心价值观,要求员工在日常工作中始终以老年人的需求为出发点,提供贴心、周到的服务。

(2) 使命与愿景

企业的使命是企业存在的意义和目的,而愿景则是企业长期发展的目标和方向。养老服务企业的使命通常是为老年人提供高质量、个性化的服务,让他们安享晚年;愿景则是成为行业内领先的服务提供商,树立良好的社会形象。例如,某养老机构的使命是"让每一位老人都能享受有尊严的生活",愿景是"成为国内领先的养老服务品牌"。

(3) 行为规范

这是员工在日常工作中需要遵循的行为准则,是企业文化的外在表现形式。在养老服务企业中,行为规范通常包括尊重老人、耐心细致、团队协作等。例如:员工在与老年人交流时,要使用温和、礼貌的语言,避免使用过于专业或生硬的词汇;在工作中,要与同事密切配合,共同为老年人提供服务。

(4) 符号与仪式

企业的符号和仪式是企业文化的具象化表达,能够增强员工对企业文化的认同感和归属感。养老服务企业的符号可以包括企业的品牌标识、口号、标志性的服务项目等;仪式则可以包括员工入职仪式、年度表彰大会等。

(5) 故事与榜样

企业历史中的关键事件或人物是企业文化的生动体现,能够激发员工的情感共鸣和学习动力。养老服务企业的故事可以包括创始人的创业经历、员工与老年人之间的感人故事等;榜样则是那些在工作中表现出色、践行企业价值观的员工。例如:某养老机构的创始人在创业初期,为了节省资金,亲自为老年人做饭、打扫卫生,这种艰苦奋斗的精神成为企业的一种文化传承;那些在日常工作中,始终以老年人为中心,提供优质服务的员工,则成为其他员工学习的榜样。

2. 内部营销如何塑造企业文化

企业文化不是贴在墙上的标语,而是员工在无监督状态下依然选择的行为模式。

(1) 企业文化定义与传播:从抽象到具象

明确核心理念是内部营销塑造企业文化的首要任务。养老服务企业的高层管理者需要清晰地定义企业文化的核心,如价值观、使命等,避免口号化。

在养老服务企业中,企业文化定义与传播的过程需要更加贴近行业特点。企业可以通过多种方式将抽象的企业文化理念具象化,让员工能够直观地理解和接受。同时,利用真实案例诠释文化,如讲述某员工因坚持"尊老、爱老"而获得老人家属感谢信的故事,让员工明白践行企业价值观能够带来实际的回报。此外,将企业文化融入绩效考核,这种制度化的措施能够促使员工将企业文化理念转化为实际行动。

(2) 员工参与:从被动接受到主动认同

员工的参与是内部营销塑造企业文化的关键环节。养老服务企业需要建立双向沟通机制,鼓励员工积极参与企业文化讨论和建设。定期举办企业文化研讨会,让员工分享自己对价值观的理解和践行经验;通过匿名反馈渠道,如内部论坛,收集员工对企业文化的疑问或建议,及时回应员工的关切。

此外,设计体验式活动能够增强员工对企业文化的认同感。养老服务企业可以组织与企业文化相关的团队挑战,如公益项目、创新大赛,让员工在实践中感受企业文化的魅力。通过角色扮演或情境模拟,让员工体验企业文化冲突的解决方式,增强他们对企业文化内涵的理解。

(3) 领导示范与激励机制:从言语到行动

领导的示范作用是内部营销塑造企业文化的有力保障。养老服务企业的高层管理者需要在决策中体现企业文化优先级,如为长期价值放弃短期利润,让员工看到企业文化的实际价值。同时,公开表彰符合企业文化的员工行为,强化示范效应,激励其他员工效仿。

建立奖励与惩罚机制能够进一步推动企业文化的落地。奖励践行价值观的团队或个人,让他们成为全体员工学习的榜样。对于违背企业文化的行为,如对老年人态度冷漠、服务不周到,企业必须零容忍,通过严格的惩罚措施维护企业文化的严肃性。

（4）持续迭代:从固化到进化

企业文化不是一成不变的,它需要根据市场变化和员工反馈进行动态调整。养老服务企业可以从市场趋势、老年人需求变化、员工建议等多个方面收集信息,优化文化内涵。例如,随着智慧养老技术的兴起,某养老机构将"科技助老"理念融入企业文化,鼓励员工探索创新服务模式。

数据化监测是持续迭代的重要手段。养老服务企业可以通过员工满意度调查、离职率分析等手段,了解企业文化落地的效果。利用数字化工具,如内部社交平台,追踪企业文化关键词的提及频率,及时发现企业文化传播中的问题和不足,进行针对性的改进。例如,某养老机构通过内部社交平台定期发布企业文化相关的内容,并通过数据分析工具监测员工的互动情况,及时调整企业文化宣贯策略。

（5）传统管理与内部营销的差异

在养老服务企业中,传统管理与内部营销在塑造企业文化方面存在显著差异。传统管理强调员工作为执行者的角色,通过单向传达(命令—执行)的方式,依赖制度约束来实现企业文化落地。而内部营销则将员工视为文化共建者,通过双向互动(倾听—反馈)的方式,激发员工的认同感,驱动自发行为。

这种差异在实际工作中表现为:传统管理下,员工可能只是机械地执行企业规定,缺乏主动性和创造力;而内部营销下,员工能够积极参与企业文化建设和传播,成为企业文化的忠实拥护者和践行者。例如,在传统管理模式下,员工可能只是按照流程完成工作任务,而在内部营销模式下,员工会主动思考如何更好地服务老年人,提出创新性的建议和方案。

内部营销的本质是通过"影响人心"来降低管理成本,当员工真正认同文化时,他们会主动维护企业利益,甚至超越岗位职责去创新。这一过程需要长期投入,但回报是打造一支价值观一致、凝聚力强的团队,成为企业可持续发展的核心动力。

打造"银发事业共同体"——养老机构内部文化重塑

1. 案例背景

某养老机构员工缺乏归属感,工作积极性不高,导致服务质量参差不齐,客户满意度下降。市场调研发现,员工对机构的文化认同感较低,认为机构缺乏关怀和职业发展机会。此外,机构内部沟通不畅,团队凝聚力不足,影响了整体运营效率。为了提升员工的归属感和工作积极性,机构决定通过内部营销重塑机构文化,打造"银发事业共同体",让员工感受到自己是机构发展的重要组成部分,从而提升服务质量和客户满意度。

2. 案例目标

设计包含"价值观传递＋技能提升"的内部活动体系,通过文化重塑和员工关怀,提升员工的归属感和工作积极性,进而提升服务质量。

3. 思政融入点

强调"敬老爱老"职业信仰,如在养老机构内组织老年人故事分享会。树立"服务至上"的职业价值观,反对功利性工作态度,确保员工在工作中体现人文关怀。

4. 案例准备

材料:养老机构员工满意度调研报告、企业文化手册、相关政策文件。

工具:PPT模板、活动策划表格、宣传物料设计软件。

5. **实施步骤**(共45分钟,最后展示时间可适度延长)

表10-2-1 实施步骤

阶段	任务	时间	要求
1. 文化诊断	通过匿名问卷分析文化短板(如"机械式服务")	10分钟	提炼3项核心问题,如沟通不畅、职业发展受限
2. 活动策划	设计"技能大赛+价值观工作坊"组合方案	20分钟	需包含日程表与预算,突出员工参与感
3. 传播设计	制作内部宣传物料(如海报、口号"用心守护每一程")	10分钟	使用PPT模板快速制作,突出文化理念
4. 模拟落地	分组演示活动启动仪式(如院长致辞、员工宣誓)	5分钟	突出情感共鸣,展示活动的感染力

6. **案例考评标准**(满分20分)

表10-2-2 案例实施评价表

维度	评分细则	分数
问题诊断准确性(5分)	是否准确提炼出机构文化的核心问题	
活动创新性(5分)	活动设计是否新颖,是否能有效提升员工归属感	
传播感染力(5分)	宣传物料是否具有感染力,是否能传递机构文化	
落地可行性(3分)	活动方案是否具有可操作性,预算是否合理	
团队协作(2分)	组内分工是否合理,协作是否顺畅	

7. **案例总结**

知识复盘:回顾内部营销的核心要点,强调文化重塑和员工关怀的重要性。

价值观引导:如何在工作中体现"敬老爱老"的职业信仰?请带着这个问题继续学习。

8. **延伸思考**

调研本地养老机构的企业文化建设现状,分析其在员工归属感和职业发展方面的不足,并提出改进建议。探讨如何通过数字化手段(如内部社交平台),进一步提升员工的沟通效率和团队凝聚力。

9. **常见误区**

误区:过于关注活动的形式,而忽视文化内涵和员工实际需求。

走出误区:强调文化理念与员工需求相结合的重要性。

课后思考

1. 内部营销的定义与重要性是什么?如何通过内部营销提升员工满意度?
2. 内部营销的策略与方法有哪些?如何通过培训与发展策略提升员工能力?
3. 员工满意度与服务效率的关系是什么?如何通过提升员工满意度增强服务效率?
4. 如何通过内部营销策略提升企业的运营效率和服务质量?
5. 在老龄产业中,如何通过内部营销增强员工的归属感和责任感?

主要参考文献

References

书籍

[1] [芬]格罗鲁斯.服务管理与营销:服务利润逻辑的管理[M].4版.韦福祥,姚亚男,译.北京:电子工业出版社,2019.

[2] [芬]格罗鲁斯.服务管理与营销:基于顾客关系的管理策略[M].2版.韩经纶等,译.北京:电子工业出版社,2002年.

[3] [美]菲利普·科特勒,加里·阿姆斯特朗.市场营销:原理与实践[M].17版.楼尊,译.北京:中国人民大学出版社,2020.

[4] [美]菲利普·科特勒,凯文·莱恩·凯勒等.营销管理[M].16版.陆雄文,蒋青云等,译.北京:中信出版社,2022.

[5] [美]霍夫曼,贝特森.服务营销精要:概念、战略和案例[M].2版.范秀成,译.北京:北京大学出版社,2010.

[6] [美]莱维特.营销想象力[M].辛弘,译.北京:机械工业出版社,2007.

[7] [美]迈克尔·所罗门.消费者行为学[M].12版.杨晓燕等,译.北京:中国人民大学出版社,2018.

[8] [美]沃茨,洛夫洛克.服务营销[M].8版.韦福祥,译.北京:中国人民大学出版社,2018.

[9] [美]小威廉·D.佩罗特,尤金尼·E.麦卡锡.基础营销学[M].梅清豪,周安柱,译.上海:上海人民出版社,2000.

[10] 杜慕群,朱仁宏.管理沟通[M].3版.北京:清华大学出版社,2018.

[11] 郭国庆.服务营销[M].4版.北京:中国人民大学出版社,2017.

[12] 王广宇.客户关系管理[M].3版.北京:清华大学出版社,2013.

[13] 王永贵.服务营销[M].2版.北京:清华大学出版社,2023.

期刊

[1] 陈宇彤.人口老龄化背景下养老品牌的建构与推广——基于整合营销的视角[J].今日财富,2024,(35):1—4.

[2] 戴锦.基于元模式视角的保险养老社区商业模式研究[J].兰州学刊,2020,(05):196—208.

[3] 何倩,张雨琪,陈琦.湖南城市老年人旅居养老市场开发策略研究[J].中国市场,2021,(17):32—34.

[4] 蒋中恒,朱博淇,任馥瑛.困局与突破:后疫情时代的赣州市养老旅游市场开发[J].现代商贸工业,2021,42(33):19—21.

[5] 李兵,刘旭东.定位于服务科学的养老服务逻辑:概念来源、基本主张和政策意义[J].老龄科学研

究,2024,12(06):1—18.

[6] 刘蓓.基于需求层次理论模型探究居家养老辅具产品的消费需求——以广州市为例[J].现代商业,2022,(02):3—5.

[7] 刘华.老龄化背景下居家养老服务营销问题研究[J].中国市场,2022,(03):131—132.

[8] 刘晓萍.基于大数据分析的精准营销策略研究——以 A 老年康养中心为例[J].中国管理信息化,2025,28(04):105—107.

[9] 卢宇佳."互联网+"下养老社区项目的营销环境及营销策略[J].中国管理信息化,2024,27(20):82—84.

[10] 马跃如,王清,黄尧.代际支持对老年人机构养老消费选择的影响[J].消费经济,2021,37(02):47—56.

[11] 沈一文,何军.民营养老企业商业模式构建——基于九如城养老集团淮安公司的案例分析[J/OL].(2025—01—24)[2025—06—08].https://www.cnki.com.cn/Article/CJFDTotal—JYGU20250123004.htm.

[12] 宋翱翔,龙勤.基于顾客价值的养老服务企业核心竞争力培育对策[J].西南林业大学学报(社会科学),2020,4(03):64—67.

[13] 孙嘉鸿,刘珂羽.关于"东北养老产业发展与品牌运营模式创新"的研究报告[J].产业创新研究,2023,(06):54—56.

[14] 王斌.养老产业的企业成本控制与效益分析[J].中国产经,2024,(09):170—172.

[15] 徐天昊,李纯,张嘉玲,等.基于SWOT分析的民营智慧养老企业发展策略研究[J].市场周刊,2024,37(12):112—115.

[16] 杨海军.银发营销创意与城市美好生活的建构[J].中国广告,2022,(09):29—33.

[17] 杨诗童.乡村旅游与新型养老模式的融合与发展研究[J].西部旅游,2025,(04):38—40.

[18] 杨婷,秦思怡,刘佳怡.老年人智能陪伴机器人策划及营销方案的初步设计[J].互联网周刊,2022,(21):60—62.

[19] 易丹,胡俊,胡韩莉,等.考虑集成商营销努力的养老服务提供商服务质量激励研究[J].技术经济,2023,42(12):152—161.

[20] 张平.老年人群机构养老偏好成因及其对茶企业营销方式的影响[J].福建茶叶,2020,42(12):39—40.

[21] 赵璐璐,陈子昂,王子涵,等.茶元素融入康养旅游模式推进养老社区建设[J].福建茶叶,2023,45(09):87—89.

[22] 赵淑婧.基于服务营销理论对中国智慧养老服务的实践研究——以 A 公司为例[J].现代农业研究,2020,26(06):123—124.

[23] 赵惜然."急"不来的养老大市场:产业初探和品牌公关思考[J].国际公关,2023,(19):35—37.

[24] 赵雅恒.老年人产品营销现状特点评述及发展方向[J].商场现代化,2022,(08):57—59.

[25] 赵志宏.客群动态分层与科技赋能养老金融创新(下)[J].当代金融家,2020,(12):105—107.

学位论文

[1] 陈洋洋.C 养老合作社服务营销策略优化研究[D].北方工业大学,2024.

[2] 陈颖.Y 养老公司服务营销策略研究[D].西安理工大学,2024.

[3] 高蕊.基于用户画像的DT公司寿险精准营销策略研究[D].河南财经政法大学,2024.

［4］高瑞.基于医养结合模式下 S 养老院服务营销策略研究［D］.宁夏大学,2024.

［5］郭朗.华栎健康管理有限公司康养旅游产品营销策略研究［D］.吉林大学,2024.

［6］贺亚洲.HND 养老服务公司营销策略优化研究［D］.河南财经政法大学,2024.

［7］胡佳玮.基于消费价值模型的 X 医养公司 CCRC 养老社区购买意愿研究及营销启示［D］.江西财经大学,2024.

［8］刘彤彤.A 民营医院养老服务项目营销策略优化研究［D］.青岛大学,2024.

［9］汤艺凡.智慧养老背景下 M 公司盈利模式研究［D］.西安石油大学,2024.

［10］王延龙.天水麦积康养城营销策略优化研究［D］.兰州财经大学,2024.

［11］文菲菲.泰康之家粤园养老社区营销策略改进研究［D］.南华大学,2024.

［12］吴晓敏.LX 养老机构商业模式创新研究［D］.广西大学,2024.

［13］徐月英.杭州 H 养老地产项目风险识别与评价［D］.浙江大学,2024.

［14］詹先凤.J 银行 G 支行银发客群市场营销策略研究［D］.华中科技大学,2024.

［15］张曼.F 居家养护公司营销策略优化研究［D］.西南大学,2024.

［16］周万林.泰康公司保险医养结合商业模式创新路径及对策研究［D］.安徽财经大学,2024.

［17］周艳丽.深圳 M 养老机构品牌建设策略研究［D］.华中农业大学,2024.

图书在版编目(CIP)数据

老龄产业市场营销基础/李来酉,赵静主编.
上海:复旦大学出版社,2025.6. -- ISBN 978-7-309
-18036-7
Ⅰ. F264
中国国家版本馆 CIP 数据核字第 20256C5X72 号

老龄产业市场营销基础
李来酉　赵　静　主编
责任编辑/张彦珺

复旦大学出版社有限公司出版发行
上海市国权路 579 号　邮编:200433
网址:fupnet@fudanpress.com　http://www.fudanpress.com
门市零售:86-21-65102580　团体订购:86-21-65104505
出版部电话:86-21-65642845
上海四维数字图文有限公司

开本 890 毫米×1240 毫米　1/16　印张 12.75　字数 359 千字
2025 年 6 月第 1 版第 1 次印刷

ISBN 978-7-309-18036-7/F・3113
定价:55.00 元

如有印装质量问题,请向复旦大学出版社有限公司出版部调换。
版权所有　　侵权必究